U0099445

大雅叢刊

虛偽不實廣告與公平交易法

—公平法與智產法系列三

朱
鈺
洋

著／三民書局印行

國立中央圖書館出版品預行編目資料

虛偽不實廣告與公平交易法／朱鈺洋
著.--初版.--臺北市：三民，民82
面；　　公分.--（大雅叢刊）
參考書目：面
ISBN 957-14-2040-9（精裝）
ISBN 957-14-2041-7（平裝）

1.廣告　　2.公平交易法
587.19　　　　　　　　　82008918

ⓒ 虛偽不實廣告
與公平交易法

著　者　朱鈺洋
發行人　劉振強
著作財
產權人　三民書局股份有限公司
印刷所　三民書局股份有限公司
　　　　復興店／臺北市復興北路三八六號五樓
　　　　重慶店／臺北市重慶南路一段六十一號
　　　　郵　撥／〇〇〇九九九八一五號

初版　中華民國八十二年十二月

編　號　S 58005

虛偽不實廣告與公平交易法

三民書局

ISBN 957-142-041-7（平裝）

總　序

　　專利法之目的，在提升產業技術，促進經濟之繁榮。商標法之目的，在保障商標專用權及消費者之利益，以促進工商企業之正常發展。著作權法之目的，在保障著作人之權益，調和社會公共利益，以促進國家文化之發展。公平交易法之目的，在維護交易秩序與消費者利益，確保競爭之公平與自由，以促進經濟之安定與繁榮。專利權、商標權及著作權，可稱之為智慧財產權，此種權利在先天上即具有獨占性質，而公平交易法則在排除獨占，究竟彼此之間，係互相排斥，抑或相輔相成，其間關係密切，殊值在學理上詳細探究，乃開闢叢書，作為探討之園地，並蒙三民書局股份有限公司董事長劉振強先生鼎力協助及精心規劃，特定名為「智產法與公平法系列」。

　　余曩昔負笈歐陸，幸得機緣，從學於當代智慧財產權法及競爭法名師德國麻克斯蒲朗克外國暨國際專利法競爭法與著作權法研究院院長拜爾教授 (Prof. Dr. Friedrich-Karl Beier)，對於彼邦學術研究之興盛與叢書之出版，頗為嚮往。數年後，本叢書終能在自己之領土上生根發芽，首先應感謝何孝元教授、曾陳明汝教授、甯育豐教授、王志剛教授、王仁宏教授、楊崇森教授、廖義男教授、黃茂榮教授、梁宇賢教授、林誠二教授、周添城教授、賴源河教授、林欽賢教授、蘇永欽教授、李文儀教授、蔡英文教授、劉紹樑教授、莊春發教授、何之邁教授、蔡明誠教授及謝銘洋教授等前輩先進之指導鼓勵。本叢書首創初期，作者邱志平法官、李鎂小姐、徐玉玲法官、朱鈺洋律師及李桂英律師等法界後起之秀，勤奮著述，共襄盛舉，謹誌謝忱。

　　本叢書採取開放態度，舉凡智產法與公平法相關論著，而具備相當水準者，均所歡迎，可直接與三民書局編輯部聯絡。本叢書之出版，旨在拋磚引玉，盼能繼續發芽茁壯，以引發研究智產法與公平法之興趣，建立經濟法治之基礎。

徐　火　明

八十二年十月一日

自　序

　　今日鼎盛工商業，商品或服務種類繁多，商品或服務之品質、內容、價格，雖係消費者決定消費之因素，但仍賴事業者藉著引人入勝的廣告去告知消費大眾，並冀以引起潛在之消費者注意、消費或使消費者轉向選擇廣告主之產品或服務。由於消費者並無充分之知識，廣告是消費者獲取消費資訊之最主要來源，據以決定消費最主要判斷依據。廣告和工商業的關係多以「廣告是生產者與消費者之間的橋樑」一句形容。

　　正因商場激烈競爭所致，事業者為了生存，除了採取正當經營手段——降低成本、提昇品質及加強服務等提高競爭力之外，事業者為加深消費者之印象，促進銷售量，其所為之廣告自是竭盡心智，日益出奇翻新，但亦有不肖事業者不思正途，而製作了虛偽不實或引人錯誤之廣告，攫取競爭者之顧客與之交易，其所利用之方式、形態不一而足，常見之態樣不外是歪曲、隱匿、誇張常被消費者決定交易與否之主要因素，如價格、數量、品質、內容、製造方法、製造日期、有效期限、使用方法、用途、原產地、製造者、製造地、加工者、加工地等。

　　廣告是否真實而不虛偽、妥當而無誤導，正足以產生「效能競爭」與「不正競爭」之不同效果。真實而妥當的廣告將告知消費者真實之市場資料，使消費者足以知悉商品或服務品質與價格之高低，以便選擇交易之對象，而影響及事業者之營業與盈虧，鼓勵事業者從事品質之改良與價格之降低，而達到市場效能之競爭，優勝劣敗之目的；反之，虛偽不實或引人錯誤之廣告，廣告主以不正當手段誘使消費者淪於錯誤而作不正確之選擇，導致市場競爭秩序喪失其原本應有之效能，並使競爭同

業蒙受失去顧客或其他可能之損害。虛偽不實或引人錯誤之廣告，將使消費者利益受損，同時破壞競爭秩序而應予禁止，故為各國公認之一種不正競爭行為，成為不正競爭防止法主要規範條文之一。

本書共六章，第一章緒論，第二章就不正競爭防止法概念做一概述，其中於第一節介紹營業自由之意義與界線，並就何謂競爭、不正競爭的概念予以釐清，同時就國外學者將不正競爭行為類型化予以比較分析。第二節則就各國不正競爭防止法之沿革大略敘述，並於第三節不正競爭防止法之基本原理稍加描寫。第四節不正競爭防止法之地位，則就不正競爭防止法與民法、工業財產權法、著作權法、營業競爭限制防止法、消費者保護法做一比較。

第三章虛偽不實及引人錯誤廣告，分四節：第一節內容包括廣告之意義、經濟分析、效果及廣告與言論自由。第二節防止虛偽不實及引人錯誤廣告之目的與法理，做一介紹。第三節各國虛偽不實及引人錯誤廣告之規範，做一簡單敘述。第四節虛偽不實及引人錯誤廣告之區別及判斷，本節可謂是本章之重心，亦為實務上爭議最多之處，本節將詳細敘明。

第四章虛偽不實及引人錯誤廣告之類型，大略為：價格、數量、品質、內容、製造方法、製造日期、有效期限、使用方法、用途、原產地、製造地、加工地、製造者、加工者、及其他虛偽不實及引人錯誤廣告類型，如誘餌廣告、推薦廣告、保證廣告、見證廣告、寄生廣告、消極不表示廣告、內容客觀真實但引人錯誤廣告、比較廣告等就日本、德國、美國與我國之立法例、實務見解、學者論述做一通盤介紹、批評與修改法律之管見。

第五章責任規範，分五節：第二節至第四節分別就廣告主、廣告代理業、廣告媒體業之民事、刑事、行政責任就各國之立法例、判決例及學者見解予以介紹以供將來修法之參考，其中有關消費者是否有請求權

及是否要引進團體訴訟制度，有較深入論述。第五節自律委員會之設置
與競爭規約之建立，係參考日本作法，能够就部分行政權下放給地方自
治團體，以輔助公平交易委員會，使虛偽不實或引人錯誤之廣告問題能
迅速解決，成效卓著，值得借鏡。第六章結論。

　　本書得以完成，應感謝國立中興大學法律系徐火明教授及何之邁教
授之鞭策與鼓勵，內人秋薇多年來之照顧與支持。由於筆者學殖未深，
所論恐有所未當、誤謬疏漏之處，尚祈各方賢達，不吝賜教是幸！

虛偽不實廣告與公平交易法

目　次

第一章 緒 論

虛偽不實及引人錯誤廣告，琳瑯滿目，花樣百出，從房地產的「五分鐘抵達車站」至彩色電視畫面的「尺寸誇大」，30％果汁硬說成純天然，一瓶五十元的「奶粉沖泡式鮮乳」，百貨公司不實折扣，一般小商店小海報「99 元起」（那個起字寫的極細），醫藥的「包妳三天藥到病除」，美食瘦身的「讓妳兩天瘦十公斤」，增高健胸的「使妳立刻高十公分、長三寸」，甚至旅遊業的「品質縮水」等等，不勝枚舉，消費者「破財傷身」的例子比比皆是（注一），而一部維護交易秩序與消費者利益，確保公平競爭，促進經濟之安定與繁榮為目的的公平交易法，是否能制止廣告亂象，還其清純眞實之面目？

消費者在做消費前無不追求價廉物美之商品、超值之服務，在過去事務簡單農業社會，消費者憑藉著經驗及交易之際即可以做合理的決定。但今日繁忙複雜工商社會，消費者所面對之商品或服務種類繁雜且不斷推陳出新，又因細密分工之產銷網路，零售商無法面對所銷售之商品或服務提供足夠的說明，因此不得不借助其他資訊來源，在實行自由經濟之國家，主要便由商業廣告來負起這項任務（注二）。

廣告已成為今日工商社會中生活不可或缺的一部分，報章雜誌中含有大量的廣告，電視廣播中之廣告聲音，不絕於耳，而根據美國一項調

注一 周紹賢，廣告? 你少蓋了，工商時報，八十一年九月二十三日，第二十一版。

注二 蘇永欽，民法經濟法論文集(一)，國立政治大學法律系法學叢書（二十六），七十七年十月，頁541。

查報告顯示，平均一個美國人每天大約會接觸到二千個廣告訊息，以我國為例，臺灣地區企業每年投入廣告之資金占生產成本比例高居不下，而廣告代理業之成立如雨後春筍般增加，全年廣告總量與已開發國家相比較毫不遜色，只因為廣告是工商業社會中有效交易媒介，生產者藉廣告提供產品資訊給消費者，並冀以刺激其購買欲，消費者則常依據廣告來決定購買商品或享受服務。廣告縮短了生產者與消費者之距離，一方面使生產者得以順利銷售其產品，另一方面則使消費者得以最經濟快捷之方法滿足生活之需要。是故一個正確而品質優良之廣告具有情報功能、勸服功能、教育功能、藝術功能、娛樂功能、形象功能及競爭有效功能（注三）。

正因廣告對消費者之購買行為具有相當之影響力，加上消費者欠缺判斷能力，只見及那廣告中誘人一面，卻忽視其所隱含不實與虛偽，而做下不利於己之消費行為，縱令是一位經驗豐富之消費者也因現代產業的進步和科技的發達，新產品及服務的內容越來越複雜深奧，在專業知識缺乏情況下，淪為虛偽不實或引人錯誤廣告之受害者，並非罕見。即使消費者知道受騙上當，基於受害權益小或國人根深蒂固息事寧人的心理而不願求償，倘欲起而捍衛權益者又覺力單勢薄。受害的消費者縱是多數，但卻是一盤散沙，缺乏組織，當然不能與生產者相抗衡。廣告主在賺錢為前提之下，廣告代理業視廣告主為衣食父母，廣告媒體本是社會大眾精神食糧之泉源，肩負社會教育重任，原應拒刊各種虛偽不實或引人錯誤廣告，但是媒體之廣告收入額占營業收入總額中百分比例舉足輕重，媒體因沒有廣告收入而停業、倒閉者不在少數，加上廣告利潤可觀之誘因下，能堅持道德良知拒刊不實廣告者，實不多見（注四）。在工商

注三　陳玲玉，論引人錯誤廣告與廣告主之法律責任，臺大法研碩士論文，六十八年度，頁9-12。

注四　陸俊賢，廣告主、代理業、媒體明年起要小心了，不實廣告將以公交法處罰，經濟日報，八十年四月二十七日，第七版。

業競爭愈來愈激烈之下，不實廣告之發生及其態樣隨之不斷推陳出新，要爲之類型化，實屬不易，以下幾種係臺灣習所常見之不實廣告型態（注五）。

一、不實之價格標示：

例如廠商於其商品廣告中標榜「市價二萬元，售八千元」，而實際上其所稱之市價係虛構不實之價格，又如廠商於廣告中稱「買一送一」，而事實上其標示價格爲實際價格之兩倍。

二、不實之品質、內容或數量標示：

(一)如標示「天然純蜂蜜」，其實蜂蜜中混有異質之其他糖分。

(二)如標示「花生油」，其實是少量花生油與較大比例黃豆油之混合。

(三)如標示重量一公斤，其實重量僅0.9公斤。

三、不實之製造方法、製造日期、有效期限等之標示：

(一)例如機械製造之產品，卻標示手製品或天然產品。或者未經過高溫除菌或耐熱加工等程序處理之產品，卻標示經過特殊加工處理等。

(二)例如於食品類或藥品類擅自塗改日期或重複標示不同日期。又如進口商獨自貼上不實之期限於過期之商品。

四、不實之原產地、製造者或加工者等標示：

(一)例如國內生產之產品標示外國生產。

(二)例如外國之商品標示該商品原產國以外之國名，致使一般消費者難以辨認出該產品之原產國。

(三)又如茶葉或柚子冠以不實之「凍頂茶」或「麻豆文旦」標示。

五、其他營業狀況、交易條件、交易環境之不實標示：

例如房屋廣告，最流行之訴求焦點，莫過是交通便捷，那怕是遠在

注五　不實廣告的規範，公平交易法宣導手冊8，行政院公平交易委員會，八十一年元月。

天邊的車站，在廣告中所表示之位置，都是近在眼前；都市計畫之風吹草動，也會廣告成增值雄厚的遠景；工地附近環境也被描寫成有山有水之世間仙境，美化成繁花綠葉之人間天堂；廣告中之景致優美的中庭花園只有小樹幾棵，氣派豪華的游泳池，實際上卻是戲水池，凡此種種情形，理想與現實差異實在太大。於其他行業之廣告，如醫藥美容、瘦身健胸等虛偽不實或引人錯誤廣告，撿拾可見。

廣告內容如有引人錯誤，乃至於虛偽詐騙違法情事發生，則消費者勢必因陷於錯誤而蒙受損害，尤有甚者，由於虛偽不實或引人錯誤的結果，使消費者於商品或服務上作了不正確之選擇，非僅影響廣告主同業的商業利潤，更破壞市場競爭秩序。由此可見，虛偽不實或引人錯誤廣告顯然危及公眾利益及社會安全，應係不正行為之一種，已為外國學者及法規所確認，我國公平交易法亦將虛偽不實或引人錯誤廣告列入第三章不正競爭第二十一條予以規範。公平交易法第二十一條：

「事業不得在商品或其廣告上，或以其他使公眾得知之方法，對於商品之價格、數量、品質、內容、製造方法、製造日期、有效期限、使用方法、用途、原產地、製造者、製造地、加工者、加工地等，為虛偽不實或引人錯誤之表示或表徵。

事業對於載有前項虛偽不實或引人錯誤表示之商品，不得販賣、運送、輸出或輸入。

前二項規定，於事業之服務準用之。」

廣告代理業在明知或可得知情況下，仍製作或設計有引人錯誤之廣告，應與廣告主負連帶損害賠償責任，廣告媒體業在明知或可得知其所廣播或刊載之廣告有引人錯誤之虞，仍予傳播或刊載，亦應與廣告主負連帶損害賠償責任。

果真本條能夠對今日充斥氾濫不實廣告，當頭棒喝，予以抑制，還係充充老虎面具，最後讓消費者亦如往昔，如俎上肉，任廣告主隨意宰割？

第二章　不正競爭防止法概述

第一節　不正競爭之概念

　　不正競爭防止法的概念係在近代市民社會確立營業自由、自由競爭為前提下形成。產業自中世紀封建束縛解放後，進展至以自由競爭之經濟生活，營業自由與自由競爭成為初期資本主義指導原則。由於經濟蓬勃發展，營業競爭活動日益激烈，難免產生了一些不正當的營業競爭行為，競爭自由應受限制之論調逐漸高漲而成共識，對於第三人不當拘束或放任自由之不當行為應予以制止，營業自由應以維持等價交換，亦即保持價格之調和、限制內為正當。換言之，在資本主義經濟體制之下，對等價交換法則有所妨害之行為人，具有競爭關係之經濟人得要求其遵守公平競爭規則之義務。因此不正競爭之法理即表現在公正(fair play)倫理之法規則上 (注一)。隨著資本主義經濟發展，從初期市民法之不正競爭防止法至以調整企業間利益為主要目的商法之不正競爭防止法，進而發展到社會法或經濟法之不正競爭防止法。也就是從利益之保護發展到公正競爭秩序之維護。本節就營業自由、競爭、不正競爭、不正競爭行為類型概略予以敍明。

第一項　營業自由

注一　小野昌延編著，注解不正競爭防止法，青林書院，平成三年十月，初版二刷，頁5。

營業自由範圍包括開業自由、繼續營業自由、停止營業自由及交易自由，於茲討論者係營業交易自由。

營業自由權，乃因過去封建權力之侵害及給予特定人不當特權之歷史而來，並成為憲法上基本人權之一（注二）。憲法保障選擇職業自由的基本人權其理由無非係現代經濟制度基礎以意思自由及自己責任為原則，承認私人所有，而私法上以契約自由、移轉自由、營業自由為基礎（注三）。在資本主義之下，自由交換商品並確保價格調和為其重要構成要素，在維持價格調和範圍內營業活動自由，沒有政治權力介入營業活動，營業人之間競爭自由，如此而發展出自由競爭原理。

營業自由之界限蓋限制在確保價格之調和，因此不當壟斷及不正競爭，拘束他人營業自由，破壞價格調和並不允許，不當壟斷剝奪競爭自由，不正競爭破壞競爭公正（注四）。故為對破壞競爭秩序及防止不正競爭行為予以規範，於是有競爭限制防止法及不正競爭防止法之立法。關於防止競爭限制之立法代表即所謂反托拉斯法，日本名之為禁止私的獨占及確保公正交易法（簡稱獨禁法），其內容大致為禁止控制經濟力之濫用及聯合壟斷。防止不正競爭之立法代表即所謂不正競爭防止法，但從廣義來說包括了專利法及商標法。

第二項　競爭與營業競爭

多數人追求同一目的，而此一目的並非全體皆可達成者，則多數人為追求時，各人即會竭盡所能，以使自己達到目的，此種現象，即是

注二　小野昌延編著，注解不正競爭防止法，青林書院，平成三年十月，初版二刷，頁5。

注三　廖義男，企業與經濟法，自版，六十九年四月出版，頁65。

注四　廖義男，西德營業競爭法，臺大法學論叢，第十三卷第一期，七十二年十二月，頁90。

競爭 (注五)。而多數企業爲爭取同一經濟目的，爭取同一顧客所做之努力，卽是營業競爭。申言之，(一)競爭須二企業以上爲了達成限定目的而活動 (注六)，如僅一企業則非競爭，例如製造香煙販賣之公賣制度下，製造香煙並無競爭。但在競爭製造販賣範圍內，其目的擴張至以香煙作爲贈品，則與其他製造贈品販賣業之間卽具有競爭關係。(二)競爭的目的係有限的與共通性，如無有限目的則非競爭。亦卽競爭者間具有共同有限目的，如個人爲個人各別目的去努力活動不叫競爭。但競爭並不必限於爲自己的目的活動，爲第三人目的去努力達成有限目的，亦可謂競爭。(三)須具競爭意思，典型之競爭係認識有競爭者相互對立，亦卽存在所謂競爭意思，但未認識競爭者之相互對立存在亦不失爲競爭。(四)競爭目的不必限於同一，一方奪取他方活動目的之有效性亦存在競爭，例如醫業與賣藥業卽具競爭關係。(五)競爭係具有優先獲得性，亦卽改變下列條件，使其獲得顧客優先性亦隨之變動，(1)增加有利於己條件（例如自己商標成爲著名商標或盜用著名商標；商品品質改良或不實廣告），(2)他人不利益條件增加（例如他人因損失而信用減少或營業被誹謗，Know-How 被竊取等）。但競爭者並不須意識到上述條件之變化，例如不實廣告，並不必要有侵害競爭者之意思，僅有害競爭者爭取顧客之可能性卽可。(六)須具營利意思，營業上之競爭不單僅有營業活動，並須有營利意思。但不正競爭防止法上之營業活動除營利事業外，是否包括營利事業以外之事業如自由業 (注七)？又是否包括農、礦、水產事業等原始產業 (注八)？是否包括補助競爭者，如竊取營業秘

注五　廖義男，企業與經濟法，自版，六十九年四月出版，頁107。
注六　陳清秀，公平交易法之立法目的及其適用範圍──以德國法爲中心──植根雜誌，第八卷第六期，八十一年七月，頁216。
注七　田倉整、元木伸編，實務相談不正競爭防止法，財團法人商事法務研究會，平成元年五月三十日，頁127-131。
注八　田倉整、元木伸編，實務相談不正競爭防止法，財團法人商事法務研究會，平成元年五月三十日，頁127-131。

密是否規範員工？依通說不正競爭防止法規範之主體應採廣義解釋，包括營利事業以外「採經濟上收支平衡計算之事業」，及農、礦、水產業等原始產業，亦包括競爭者之輔佐人員（注九）。(七)營業競爭，不問係提供商品之營業或提供服務之營業，亦不必兩者兼具。一般來說係指廣義之營業競爭。例如洋酒商與國產酒商當然具有競爭。啤酒商亦與清涼飲料商之間，甚至與一般食品商之間存有競爭。因為贈品具有代替性，故酒商與電器商之間亦存有競爭（注十）。(八)不法營業競爭，不止於對被害者之不法行為，應注意其對業界造成之混亂，進而造成經濟生活之不安，尤其在不正競爭防止法來說，應從是否破壞競爭秩序觀點來看，例如不實廣告，甲牛肉罐頭製造廠商，以鯨魚肉、馬肉充當牛肉販賣，於此營業競爭指甲對乙個對個關係或個對營業羣之關係，增加自己（甲）有利條件，但如全體業者均為不實廣告，則不是甲對營業羣關係而是侵害消費者之不正競爭，換言之係破壞競爭秩序之不正競爭，這些不正競爭行為也應包括在體系中予以規範，故營業競爭概念應係廣義的。(九)營業競爭不考慮行為者營業規模之大小。

第三項　不正競爭

不正競爭指破壞競爭秩序之行為，亦卽逾越自由競爭之範圍，競爭之自由，係以競爭秩序之存在為前提，在建設性、效能性為努力目標之下，方有競爭自由，如破壞此目標卽逾越自由競爭容許範圍（注十一）。具體而言，何謂「不正」只有由經濟社會通念來決定（注十二）。

注　九　小野昌延編著，注解不正競爭防止法，青林書院，平成三年十月，初版二刷，頁8。
注　十　小野昌延編著，注解不正競爭防止法，青林書院，平成三年十月，初版二刷，頁8。
注十一　乾昭三、平井宜雄，企業責任——企業活動に因る法律の責任を問う——有斐閣選書，頁187、188。
注十二　蘇永欽，民法經濟法論文集（一），國立政治大學法律系法學叢書（二十六），七十七年十月，頁379、422。

　　不正競爭和違法競爭不同，競爭必須在制定法之範圍內為之，如違反制定法即所謂違法競爭。違法競爭被包括在不正競爭之內。不正競爭指違反交易上公序良俗、信義衡平之一切競爭行為（注十三）。正如德國不正競爭防止法第一條：「對於為競爭目的而於營業交易中從事有背於善良風俗之行為者，得請求不作為及賠償損害」。瑞士不正競爭防止法第一條：「本法所謂不正競爭，係指以欺瞞或其他之方法，違反信義誠實原則，濫用經濟上之競爭而言。」（注十四）巴黎條約第十條之二第二項：「違反工商業務上善良習慣之任何競爭行為，均構成不公平之競爭行為。」（注十五）而所謂違反公序良俗或誠信習慣之觀念，因時而異，乃相對概念，完全委諸法院依具體事件判斷之。

　　不正競爭與冒騙（passing off）之關係，乃不正競爭理論和冒騙理論相同，均存在於判例中，英美法學者對不正競爭防止，最初乃基於商標與商號名稱之剽竊行為，亦即以贗品冒充他人之產品或冒充他人企業以達商業目的，對此侵權行為得請求不作為或損害賠償之訴，即所謂「冒騙訴訟」（Action for passing off）。英國係以此達成商標之保護，其理論為任何人無權推出或出售自己之產品，以冒充他人之產品，致使發生混淆誤認之原則。但往後因商標侵害之態樣，層出不窮，不法之徒利用各種手段，剽取他人營業信譽（注十六），至此不正競爭概念乃被擴大至保護一切營業上之信用，之後出現了欺瞞行為（fraudulent conduct）亦是不正競爭行為之判例，更者亦包括了誘引破壞契約及營

注十三　蘇永欽，民法經濟法論文集（一），國立政治大學法律系法學叢書
　　　　（二十六），七十七年十月，頁422、426。
注十四　滿田重昭，不正競業法の研究，社團法人發明協會，昭和六十年七
　　　　月，初版，頁446。
注十五　曾陳明汝，巴黎工業財產權保護同盟公約之研究，臺大法學論叢，第
　　　　十三卷，第一期，七十二年十二月，頁84。
注十六　鄧振球，商標不正競爭之研究，輔大法研碩士論文，七十七年六月，
　　　　頁30、43。

業誹謗，但仍未包括引人錯誤及虛偽不實廣告行為。但今日則發展至更廣之意義，卽如同巴黎條約十條之二所謂：違反工商業務上之善良習慣之任何競爭行為，均構成不正之競爭行為。比普通法上之不正競爭概念更廣（注十七）。

至於不正競爭和不公正交易方法之關係，乃美國普通法上之不正競爭概念與英國冒騙的意義相同，但當時是否涵蓋大陸法之不正競爭（包括引人錯誤廣告）在內，仍有疑義，於是在聯邦貿易委員會法導入不公平競爭方法（unfair methods of competition）之概念，包括了普通法上的不正競爭，是比較廣義之概念。又因休曼法其主要目的在禁止以契約、托拉斯或其他方式作成之結合或共謀，用以鉗制各州間或與外國間之貿易或商業者，因此難以對普通法認為不正競爭予以規範以達公正競爭秩序之維持。於是乎在一九三八年 Wheeler-Lea Act 修正聯邦貿易法第五條（a）項一款：「商業上或影響商業上之不公平競爭方法（unfair methods of competition）」追加了「及不公平或欺罔行為或慣行（unfair or deceptive acts or practice）」，增加非競爭的不公平行為，以貫徹保護消費者（注十八）。深受美國反托拉斯法影響之日本獨禁法，該法第一條、第二條第九項、第十九條所稱「不公正之交易方法」乃繼受美國聯邦貿易委員會法而來，致使與不正競爭防止法均對某些不正競爭行為競合規範現象（注十九）。

注十七　小野昌延編著，注解不正競爭防止法，青林書院，平成三年十月，初版二刷，頁12。

注十八　小野昌延編著，注解不正競爭防止法，青林書院，平成三年十月，初版二刷，頁13。
　　　　蘇永欽，民法經濟法論文集(一)，國立政治大學法律系法學叢書（二十六），七十七年十月，頁421。

注十九　田中誠二、菊地元一、久保欣哉、福岡博之、阪本延夫合著，獨占禁止法，勁草書房，1981年7月31日，第一版，頁14。
　　　　蘇永欽，民法經濟法論文集(一)，國立政治大學法律系法學叢書（二十六），七十七年十月，頁423。

　　不正競爭之範圍，從沿革來看係逐漸擴大（注二○）。初期其典型係指與他人營業或商品之混淆行爲，以保護他人營業上信用爲主旨。但不正競爭行爲並非只存在個人對個人之不正競爭行爲，個人對營業羣體之關係的不正競爭行爲亦值重視，如虛僞商品之原產地等欺瞞行爲。其次超越個人對營業羣體之關係，如使消費者引起錯誤的不正競爭行爲，最後如破壞了競爭秩序卽是不正競爭，如此不正競爭之概念擴展至違反公序良俗、信義衡平原則之行爲卽爲不正競爭行爲。此由巴黎條約第十條之二第二項之規定：違反工商業務上善良習慣之任何競爭行爲，均構成不正競爭行爲最爲適切妥當。因此沒有個對個之競爭情形亦存有不正競爭。「不正競爭」用語擴大至「不公正交易方法」用語，來表示其範圍，是否完全稀釋了競爭（competition）概念，值得深思問題（注二一）。

第四項　不正競爭行爲類型

第一款　不正競爭行爲種類

　　所謂不正競爭行爲係以違反公序良俗、信義衡平之手段從事競爭之行爲。不正競爭行爲之態樣呈現各式各樣（注二二），茲舉其大要列於後（非依體系列舉）（注二三）：

　　一、商標、商號、其他標識或表徵之冒用 —— 商標、商號、商品之外觀、營業活動之標識、作品之標題、植物品種名等之冒用。

　　　　例如虛僞不實或引人錯誤廣告行爲，在獨占禁止法第二條第九項第三款及其特別法——不當贈品類及不當表示防止法第四條，不正競爭防止法第一條第三四五款均予以規範。
注二○　鄧振球，商標不正競爭之研究，輔大法研碩士論文，七十七年六月，頁43。
注二一　小野昌延編著，注解不正競爭防止法，靑林書院，平成三年十月，初版二刷，頁14。
注二二　廖義男，企業與經濟法，自版，六十九年四月出版，頁76-78。
注二三　小野昌延編著，注解不正競爭防止法，靑林書院，平成三年十月，初版二刷，頁14。

二、虛僞不實或引人錯誤廣告 —— 商品或服務之價格、品質、數量、原產地、製造地、加工地等之虛僞不實或引人錯誤之廣告。

三、他人之信用或努力成果之榨取 —— 引人混同之模仿、依附他人之廣告、營業秘密之竊取等。

四、他人營業或商品信譽之毀謗 —— 比較廣告、商品比較試驗之公開表示結果等。

五、他人營業之侵害 —— 杯葛、賄贈、收買他人員工、不當之商業糾察 (picketer)、傾銷、誘引他人破壞約定、金錢援助他人員工罷工等。

六、不當價格競爭 —— 折扣、傾銷、維持轉售價格、不當限制競爭、不當販賣組織（如老鼠會販賣方式）等。

七、其他不正競爭行爲 —— 回扣、傭金、減價、附超額贈品販賣及違反法規而獲得優越地位等。

第二款　不正競爭行爲類型化

依前款可知不正競爭行爲之種類係多樣的，但各種不正競爭行爲之中，某些行爲間具有共同之特質，於是乎各國學者嘗試予以類型化（注二四）。

Lobe 將之區分爲 (1) 有利於己之行爲及 (2) 不利他人之行爲。Nipperdey 區分爲 (1) 有利之競爭行爲及 (2) 有害之競爭行爲，然此種分類並未就不正競爭行爲予以區分。

Kohler 首先將不正競爭行爲體系化之學者，其將之區分爲 (1) 誤導行爲（如引人錯誤廣告、使用他人標章）及 (2) 強制壓迫或敵對行爲（如誹謗、竊取營業秘密行爲）（注二五）。

注二四　蘇永欽，民法經濟法論文集(一)，國立政治大學法律系法學叢書（二十六），七十七年十月，頁391。

注二五　蘇永欽，民法經濟法論文集(一)，國立政治大學法律系法學叢書（二十六），七十七年十月，頁391。

Alexander-katz 則依不正競爭行爲之對象區分 (1) 與個別競爭者之競爭行爲及 (2) 與多數或全體同業競爭者之競爭行爲。

日本學者豐崎光衞教授區分爲 (1) 特定同業利益之侵害行爲及 (2) 全體同業利益之侵害行爲。

Hefermehl 區分爲 (1) 獲取顧客行爲, (2) 防害行爲, (3) 剽竊行爲, (4) 違反法規獲取優越地位行爲, (5) 防礙市場機能（注二六）。

Nestmacker 區分方式和 Hefermehl 類似, 卽 (1) 侵害競爭者之營業 (卽 Hefermehl 所稱防害行爲, 如營業誹謗), (2) 不正當獲得顧客行爲 (如虛僞不實或引人錯誤之廣告、超額抽獎贈品行爲), (3) 冒用他人具有經濟價值之無形、有形產物 (如竊取營業秘密、模仿他人商品), (4) 違反法規獲取優越地位行爲 (如逃稅而降低成本增加競爭力)。

Callmann 於 *"The Law of Unfair Competition Trademark and Monopolies"* 中不正競爭部分區分爲 (1) 不正廣告及價格 (如虛僞不實或引人錯誤之廣告、不當價格競爭、維持轉售價格、不當贈品抽獎活動), (2)不正侵害營業者間之營業關係 (如侵害競爭者契約上之權利、誹謗競爭者之商品、商業之贈賄與妨害、侵害競爭身體), (3)冒用競爭者之價值 (營業秘密、競爭者之努力、勞力、投資、技能等不法利用), (4) 不法營業行爲 (違反法規或契約義務)。

Hubmann 區分爲 (1) 競爭者之保護, (2) 關係者之保護, (3) 競爭秩序之保護, 第一者係保證個個競爭者活動之自由及營業成果, 第二者保護供給自由決定之市場競爭者之利益, 第三者係保護競爭秩序之公共利益。

法國學者 Houin 區分爲 (1) 營業誹謗, (2) 誤認混同行爲, (3)

注二六　蘇永欽, 民法經濟法論文集 (一) 國立政治大學法律系法學叢書 (二十六), 七十七年十月, 頁392。

破壞競爭者內部營業，（4）破壞市場秩序行為。

法國學者 Desbois 區分為（1）誤認混同行為，（2）誹謗競爭者之事業，（3）破壞競爭者之事業，（4）破壞市場。

第二節　防止不正競爭行為法制之沿革

社會羣體生活所有面均存有競爭。於經濟生活中利用不正競爭手段可以預想亦係極古老的問題。但現今之不正競爭，係營業在經濟上確立自由後及自由競爭為前提之經濟生活的市民社會下，予以探討。因此關於不正競爭防止法和經濟發展係同步調，以下就各國之法制發展予以介紹。

第一項　緣　起

社會羣體生活競爭問題，即使在普通法亦存有防止不正競爭手段之法制。亦即有關的法制自古即存在，如侵害營業秘密即不正競爭行為。有關技術秘密之保全，於西元一〇八年蔡倫發明了紙及東西通商之新商業路線（絲路）中即被討論。

中世紀時，勉強可從特許營業者或同業公會會員間可以見不正競爭，但於此時只要以領主之權力即可抑止不正競爭。但是領主權之衰退、中世都市之勃興、商工業自治權之擴大，同業公會規約是抑止不正競爭行為之依據。例如德國在西元一四〇〇年即有禁止營業誹謗、不當引誘顧客、竊取洩漏秘密之同業公會規約（Zunft）。法國路易王朝時代有不正競爭禁止令。英國同業公會會員有裁判權以及不依公正競爭規約即不得營業，西元一五八〇年出現了冒騙（passingoff）判例（**注二七**）。

注二七　鄧振球，商標不正競爭之研究，輔大法研碩士論文，七十七年六月，頁55。

第二項 法 國

中世紀之法國，不正競爭行為，以其侵害領主之支配權及公會自主權而予以制裁。有關禁止不正競爭法理，係在確立營業自由前提之下被形成的。

法國大革命後，一七九一年三月十七日宣言：「每個人能自由地從事被認為正當之一切商業或職業行為」。但此宣言本來之意義在打倒封建特權，不正競爭防止法係隨著十九世紀法國資本主義而形成的。

雖然有如此長久之傳統，法國始終沒有制定類似德國不正競爭防止法的法律，以便對一般不正競爭行為均能適用。而係依民法第一三八二條（不法行為）及第一三八三條（準不法行為）規定為基礎，形成不正競爭防止之判例(比、荷、義、在法國統治之萊茵地區亦同)。此類判例卽成為規範正當競爭法體系，舉凡產品、商號或行銷術之仿冒、毀損商譽、不實廣告、惡性殺價、剽竊營業秘密、惡性挖角等，都在規範之列**（注二八）**。

至於部分不正競爭防止法令，法國於西元一八二四年防止製品名冒用模做之法律，一九〇五年商品、食品、農產品販賣詐欺取締法等部分不正競爭防止法令被制定。整部不正競爭防止法曾在二次世界大戰時「維琪政權」（Vicky 政府係法國第二次世界大戰期間傀儡政府)，由營業秩序委員會公布，但戰後卽失去法之效力**（注二九）**。

注二八　蘇永欽，民法經濟法論文集(一)，國立政治大學法律系法學叢書（二十六），七十七年十月，頁441。
中山信弘編集，工業所有權法の基礎，基礎法律學大系 35，青林書院，昭和五十九年四月二十八日初版，頁343。
何之邁，限制競爭的發展與立法——從法國限制競爭法觀察，中興法學二十二期，七十五年三月，頁356、362。
曾陳明汝，專利商標法選論，自版，六十六年三月臺初版，頁103。
注二九　小野昌延編著，注解不正競爭防止法，青林書院，平成三年十月，初版二刷，頁18。
何之邁，限制競爭的發展與立法——從法國限制競爭法觀察，中興法學二十二期，七十五年三月，頁356，注 5。

第三項　英　　　國

英國法上除了個別商業上的侵權行為類型外，沒有所謂「不正競爭」，儘管美國已發展與大陸法約略相當的法律概念，但英國處理此類不正競爭行為，仍是侵權行為法（law of torts）。不正競爭法理之形成與法國不同在法國判例法以民法典，特別是第一三八二條為中心逐漸形成，而英國則從數個形態之不法行為發展形成，非從單一形態發展，亦即一五八〇年冒騙（passing off）判例法，十六世紀末之信用毀損（slander of title）判例法，不正競爭法理逐漸形成。更者利用「惡意」（malicious falsehood）、「信用毀損」（defermation），「過失」（negligence）、「共謀」（conspiracy）及其他衆多法理（注三〇）。今日英國防止不正競爭行為和絕大部分之大陸法並無多大差別。

英國和法國相同在特別法部分內存有不正競爭行為防止之規範，如收買禁止令法（Prevention of Corruption Act of 1906）、賞牌法（Exhibition Medals Act of 1863）（注三一）。為了配合保護消費者的世界潮流，有些補充的立法，如貿易標示法（Trade Description Act, 1968, 1972）、公平交易法（Fair Trading Act, 1973）、度量衡法（Shops Act, 1950, 1965）等。

英國對商業競爭問題持著較為傳統自由主義的態度，傾向於把這類問題留給商會自律，如各種商會、職業公會通過自律公約發揮制裁作用（注三二）。

注三〇　蘇永欽，民法經濟法論文集(一)，國立政治大學法律系法學叢書（二十六），七十七年十月，頁386。
　　　　曾陳明汝，專利商標法選論，自版，六十六年三月臺初版，頁179。
注三一　小野昌延編著，注解不正競爭防止法，靑林書院，平成三年十月，初版二刷，頁18。
注三二　蘇永欽，民法經濟法論文集(一)，國立政治大學法律系法學叢書（二十六），七十七年十月，頁439。

第四項　美　國

美國係繼受英國法之原理，在侵權行爲法對不正競爭行爲的規範，基本上與英國相同，但美國之產業發展比英國來得顯著、快速，特別是大資本之威力在各種行業顯出競爭之弊端，因此有必要超越英國法之原理發展獨創之法理，予以解決問題，其典型者係反托拉斯法理。

在不正競爭領域，可見聯邦貿易委員會法 (Federal Trade Commission, 1914,1938) 第五條 (a) 項第一款，爲最早有關對不正競爭行爲規範的成文法。亦卽對商業上或影響商業之不公平競爭方法或欺罔行爲或慣行，視爲非法，以便對引人錯誤廣告行爲施以制裁，另對食品、藥品、化妝品、醫療器材之廣告則依第十二條至第十五條予以規範。

一九四六年蘭哈姆法 (Lanham Act, 1946)，再爲不正競爭防止法作了明文揭示，其中第四十四條 (h) 與 (i) 項：「凡屬本條 (b) 項所列享有本法案利益之任何人以及美國公民或居民均得受不正競爭法則之保護，並爲適當制止不正競爭之行爲，本法案有關商標侵害之救濟亦有其適用。」將商標保護範圍擴及於不正競爭侵害行爲 (注三三)。更於第四十三條 (a) 項對虛僞廣告及仿冒未經註冊標章、名稱、商品外觀的行爲予以具體的保護 (注三四)。

對不正競爭行爲之制裁行動，聯邦貿易委員會及各種行政委員會等行政機關相當活躍、發達。聯邦貿易委員會在下列法案被賦予各種權限 (1) 一九三七年毛製品表示法 (Wool Products Labeling Act)，(2) 一九五一年毛皮製品表示法(Fur Products Labeling Act)，(3)

注三三　曾陳明汝，美國商標制度之研究，自版，七十五年九月增訂再版，頁148。

注三四　張澤平，商品與服務表徵在公平交易法上的保護規範，中興法研碩士論文，八十年六月，頁31。
　　　　蔡神鑫，美國商標法上虛僞廣告之探討，法學評論，第五十一卷十一期，頁27。

一九五三年防燒纖維法 (Flammable Fabrics Act) 等有關特定商品表示法。除了聯邦貿易委員會之外，其他如食品藥品委員會等各種行政機關對引人錯誤、虛偽不實廣告等規範，亦相當積極、發達。

像美國從普通法或商法性質之不正競爭防止，發展至行政的或經濟法性質的不正競爭防止，其意義深遠，頗值深思。

第五項　德　國

德國不正競爭防止之法制，受法國之影響，又德國係較晚發展之資本主義國家，而確保營業自由之法制亦遲至十九世紀後半葉方建立，在此之前同業公會規約亦能防止不正競爭行爲，故勉强可以稱得上是不正競爭防止法。不過與其稱不正競爭防止法，勿寧謂不正競爭防止法之緣起來得恰當。

德國確立營業自由之法制係一八六八年七月八日及一八六九年六月二十一日頒布營業條例，該條例廢止强制加入公會制度，禁止國家干涉營業，因此自由競爭方有可能。但營業條例並非不正競爭防止之規定，故有關競爭如在特別法中沒有禁止，總體來說即被允許。十九世紀之德國民法中並無競爭法概念存在，勉强在特別法中，例如舊商標法中部分可以窺見到。

一八八〇年，法院認爲不正競爭並不適用民法之侵權行爲規定予以防止，例如不正的意圖使用類似商號之行爲，對此行爲並無法防止之狀態 (1880 年，3RGZ 67)，法院認爲營業並無保護之利益 (1895 年,35 RGZ 166)，法院並不像法國從民法第一三八二條中發展不正競爭防止法制，因此在一八九六年不正競爭防止法 (Gesetz zur Bekampfung des unlauteren Wettbewerbs) 制定前，不正競爭之概念並不存在。但十九世紀末，逐漸意識到不實廣告、營業毀謗、妨害信用、不當傾銷、產業間諜等不正競爭之弊害，法院也開始改變了判例。

　　一八九六年，制定不正競爭防止法，當時並無「一般概括條款」而是列舉五種不正競爭類型（注三五），其中最重要規定為第一條，依其規定，凡於公告或在不特定之多數人所為之通知中，就營業關係，尤其就商品或服務之性質、製造方式、價格計算、進貨方法、進貨來源、所得獎賞、出售之動機或目的為不正確之表示，足以引起特別有利之供給者，得請求其停止不正確之陳述。此種規定之內容與德國現行不正競爭防止法第三條規定相當，而能有效制止不實之廣告（注三六），除了有民事救濟之外，亦有刑事救濟。但採取列舉立法方式在對抗其他形態之不正當營業競爭活動即常感不足，故一九〇〇年民法典制定後，法院改變從前之態度，變更判例，依民法第八二三條、八二六條來防止不正競爭行為（注三七）。

　　但採限制列舉主義之不正競爭防止法難免掛一漏萬，並未符合社會一般要求，於一九〇九年擴大列舉不正行為種類，並加上一般條款規定，即現行法第一條：「於營業交易中，以競爭為目的而為背於善良風俗之行為者，得向其請求不作為及損害賠償」，此種概括條款，是制止不正競爭行為非常有效之武器（注三八）。該法於一九二五年三月二十一

注三五　廖義男，西德營業競爭法，臺大法學論叢，第十三卷第一期，七十二年十二月，頁91：從事營業活動，為不實廣告；對他人營業，妨害其信用或加以誹謗；對他人之姓名、商號或營業之特別標示仿冒使用；不法侵害他人營業秘密。

注三六　徐火明，論不當競爭防止法及其在我國之法典化（一），中興法學二十期，七十三年三月，頁371。

注三七　廖義男，西德營業競爭法，臺大法學論叢，第十三卷第一期，七十二年十二月，頁92：德國實務上即認為企業故意對同業為杯葛及對顧客為差別待遇之行為而使顧客或同業受損害者，符合民法第八二六條之要件時得請求救濟。又引用八二三條承認「營業經營權」，即認為對企業之存在，營業行為之事實上活動，或屬於其營業活動領域內之業務，加以直接不法侵害者，應不受許可，被害人得依侵權法則請求救濟。

注三八　徐火明，論不當競爭防止法及其在我國之法典化（一），中興法學二十期，七十三年三月，頁371。

　　　　廖義男，公平交易法應否制定之檢討及其草案之修正建議，法學論

日、一九三二年三月九日、一九三五年二月二十六日、一九四〇年三月八日、一九五七年三月十一日、一九六五年七月二十一日均曾修正，其中特別值得注意者，是在一九六五年為加強對消費者保護，增訂第十三條第一項之一規定，明定依章程以開導及忠告之方式保護消費者利益為其任務之團體，具有民事訴訟當事人能力，對虛偽不實廣告等得請求不作為。此項規定明白表示「不正競爭防止法」保護之法益，不僅是同業競爭者及營業活動交易中特定交易相對人之利益而已，並且包括一般消費者之公共利益，故賦予消費者團體擁有獨立請求不作為之訴權，藉此團體力量，阻遏不正營業競爭手段（注三九），尤其引人錯誤之表示、廣告及不實之標示（注四〇）。一九六九年修正第三條，將原僅禁止不實廣告之行為擴大為「引人錯誤之表示」之禁止（注四一）。

　　除了這部比較完整的法律外，還有若干特別法令，在納粹帝國時代頒布諸多監督法，如贈品令（1932）、折扣法（1932）、商業宣傳法（1932）、價格表示法（1940）、第二次戰後頒布之夏冬季結束拍賣辦法（1950）、特別促銷活動辦法（1950）等。

第六項　日　　本

　　明治維新後，工商業自由經營，一八八四年（明治 17 年）商標條

壇，第十五卷第一期，七十四年十二月，頁91：法院適用此條款形成及累積許多判例，部分學者依行為性質之不同而予以類型化，例如將其化分成五種類型（一）不當招攬顧客，（二）不公平阻礙同業競爭，（三）不當榨取他人努力之成果，（四）利用違反法規或破壞約定以圖取競爭上之優勢，（五）防礙市場機能。

注三九　廖義男，西德營業競爭法，臺大法學論叢，第十三卷第一期，七十二年十二月，頁93。

注四〇　廖義男，公平交易法應否制定之檢討及其草案之修正建議，法學論壇，第十五卷第一期，七十四年十二月，頁95，注27。

注四一　廖義男，西德營業競爭法，臺大法學論叢，第十三卷第一期，七十二年十二月，頁94。

例，主要以商標權為中心之法規而非防止不正競爭行為，「不正競爭」
文字首先出現於一八九九年（明治32年）商標法第二十、二十二條。

　　日本受德國一九〇九年（明治42年）修正之不正競爭防止法刺激，
開始注意不正競爭行為之問題，唯當時商工業界並未痛切感到不正競爭
之弊害。至日俄戰爭後資本主義發達，農商務省於明治四十四年起草不
正競爭防止法案，本法條可以說是以德國一八九六年不正競爭防止法為
樣版，但各方面對本法案強力反對，並未被制定成法律。

　　一九三四年（昭和 9 年）為參加倫敦會議，必先批准海牙修正條
約，亦即條約第十條之三：「各國必先制定防止不正競爭之法律」，因此
無不正競爭防止法之國家應先制定，日本商工省於是草擬法案提出於第
六十五次帝國議會，一九三四年三月公布法律第十四號，次年一九三五
年一月一日施行。本法只因為滿足條約之要求，僅簡單的六條文，第一
條僅有三項不正競爭行為類型，並無不作為請求權，雖然如此，但亦為
日本劃時代之產物。

　　往後雖曾修正，但不正競爭行為類型仍不十分完整亦被限於列舉項
目，無一般概括條款，修正主因在於國際社會必要性使然，換言之，一
九三八年（昭和13年）之修正，係因一九三四年同盟條約在倫敦修正會
議，修改如同巴黎條約第十條之二：不正競爭防止法保護之對象不僅係
生產物亦含營業在內。一九五〇年修正係依一九四九年九月九日聯合國
遠東委員會之指令，加強了不作為請求權及刑事制裁規定，同時擴大了
不正競爭行為類型，增加了原產地虛偽不實廣告；生產地、製造地、加
工地引人錯誤廣告；商品品質、內容、數量引人錯誤廣告等禁止規定。
一九五三、一九六五年之修正與馬德里協定、里斯本協定有關，一九九
〇年（平成 2 年）則加入營業秘密之保護條款（**注四二**）。

注四二　　小野昌延編著，注解不正競爭防止法，青林書院，平成三年十月，初
　　　　　版二刷，頁21。

　　從上可見日本不正競爭防止法與前述各國相較，則顯遲緩，主因在(1)資本主義較慢起步，(2)昭和初年營業競爭才逐漸遂行，(3)碰上戰爭，一切均在戰時體制之下被管制。但昭和三十年代(1955)，隨著國家經濟發展，今日本法成為日本維持競爭秩序之重要法律，漸漸發揮其效果，日益受日本經濟界重視。

　　雖然本法經過多次修正，仍顯諸多缺失，學者紛紛提出建議（**注四三**），大致如下：(1)增加不正競爭類型（**注四四**），(2)增加一般概括條款（**注四五**），(3)擴大原告範圍。第(1)、(2)項建議，乃因日本現行法採列舉主義，難免掛一漏萬，不符現時需要，而第(3)項乃因現行法規定得為原告者僅限「營業上之利益有被侵害之虞者」，範圍極為狹窄，不足規範刁頑之徒，故建議仿照德國「同業團體」，「消費者團體」，甚至如同瑞士法「消費者」亦得為原告適格（**注四六**）。使本法之特色不僅保護特定之業者，延伸至業界全體，甚至消費者保護等，本法將成為維持廣義經濟秩序，保護國民全經濟生活之重要法律。同時出現各種理論如「廣義之混同」、「free-rider 搭便車」、「dilution 稀釋」等，被視為從

　　　　中山信弘編集，工業所有權法の基礎，基礎法律學大系 35，青林書院，昭和五十九年四月二十八日初版，頁344。
　　　　中山信弘，不正競爭防止法の改正向けて，ジュリスト，第1005期，1992年7月25日，頁8。

注四三　中山信弘，不正競爭防止法の改正向けて，ジュリスト，第1005期，1992年7月25日，頁8。

注四四　田村善之，不正競爭行為類型と不正競爭防止法，ジュリスト，第1005期，1992年7月25日，頁11。

注四五　松尾和子，不正競爭防止法における一般條項，ジュリスト，第 100₅期，1992年7月25日，頁16。

注四六　滿田重昭，不正競業法の研究，社團法人發明協會，昭和六十年七月，初版，頁13-16，19-20，47-49。
　　　　小橋馨，不正競爭防止訴訟における原告適格，ジュリスト，第 100₅期，1992年7月25日，頁21。
　　　　小野昌延，不正競爭防止法改正の諸問題，收於無體財產權法諸問題，法律文化社，1980年12月，頁484。
　　　　水田耕一，實踐不正競業，社團法人發明協會，1982年，頁151。

新的消費者保護觀點而來，令人側目以觀（注四七）。

第三節　不正競爭防止法基本原理

營業自由、私有財產尊重、私法自治是近代經濟法上基本指導理念，亦形成市場經濟體系之要素，在自由經濟體系下，企業爲爭取、保有顧客，恒致力於成本之降低及品質之提升，而消費者亦希能享受價廉物美之產品或服務，透過競爭使優勝劣敗法則，因競爭功能之發揮而淋漓盡致，競爭是維持自由經濟市場之利器，唯有在正常競爭體系下運作，市場經濟制度才能存續發展，然企業爲規避營業競爭或企圖謀取不當利益，常以各種不正當競爭手段獲取利益或優越地位，營業活動不依公平競爭原則而放任其營業交易行爲，卽不能確保競爭之公正，於是乎有調和自由競爭與限制競爭之立法必要，不正競爭防止法在此背景之下制定，自然地卽顯示出下列特徵:

（一）競爭應遵守誠信原則之特徵: 在具體情況下，不正競爭是否存在，端看競爭者利用之方法、手段是否正當，而判斷行爲是否正當，則依競爭上之誠信原則，違反此原則可謂不正競爭行爲（注四八）。亦卽在競爭活動中利用非建設性手段破壞競爭秩序，例如欺罔、毀謗他人營業、信用，違法獲取優越地位等行爲，均爲反誠信原則之不正競爭行爲。

（二）禁止濫用自由競爭權利之特徵: 營業自由權乃基本人權，受憲

注四七　小野昌延編著，注解不正競爭防止法，青林書院，平成三年十月，初版二刷，頁23。

注四八　蘇永欽，民法經濟法論文集（一），國立政治大學法律系法學叢書（二十六），七十七年十月，頁422、426。

滿田重昭，不正競業法の研究，社團法人發明協會，昭和六十年七月，初版，頁3: 一般認爲不正競爭防止法係一種禁止企業的不道德競爭手段爲目的之法律。

法保障，但亦僅限於保障營業自由界限之內，如逾越界限之外，而藉自由競爭之名，濫用權利爲法所不許（注四九）。

(三)維持所謂公正競爭秩序之公共福祉特徵：不正競爭行爲不只侵害被害人營業利益，且造成業界混亂，更使一般經濟生活秩序造成不安，故不正競爭防止法之理念在維持公正競爭秩序之純正，其結果不僅保護營業的利益且達成維持公正競爭秩序之目的，如此來說本法實具保護消費者之功能。本法保護營業秩序範圍非常廣，包括了藝術、文化等事業活動，除了不以收益爲目的事業外，自由業及農水產業均包含之（注五〇）。

(四)利益衡量原則之特徵：競爭秩序之公正，卽在競爭者間基於自由競爭而作之行爲調和，亦卽競爭者利益衡量。故本法一方面規定了不正競爭類型，另一方面有除外規定。今日經濟結構複雜，交易行爲多樣化，當事人間利害關係複雜錯綜，不正競爭防止法可謂此錯綜複雜經濟環境中扮演度量衡角色之法律（注五一）。

第四節　不正競爭防止法之地位

第一項　不正競爭防止法與民法

注四九　滿田重昭，不正競業法の研究，社團法人發明協會，昭和六十年七月，初版，頁10。
　　　　乾昭三、平井宜雄，企業責任──企業活動に因る法律的責任を問う──有斐閣選書，頁187。
注五〇　陳清秀，公平交易法之立法目的及其適用範圍──以德國法爲中心──植根雜誌，第八卷第六期，八十一年七月，頁21。
　　　　田倉整、元木伸編，實務相談不正競爭防止法，財團法人商事法務研究會，平成元年五月三十日，頁127-131。
注五一　小野昌延編著，注解不正競爭防止法，靑林書院，平成三年十月，初版二刷，頁25。

　　依前述各國不正競爭防止法之沿革，法國一向對不正競爭行為視為民法上之侵權行為，行為人對於權利之被害人應負損害賠償責任。故原告提起不正競爭之損害賠償之訴，其所根據之主要條文為法國民法第一三八二及一三八三條等有關侵權行為之概括規定。第一三八二條規定:「人之行為造成他人之損害者，該因過失促成損害之行為人，負賠償損害之義務」。第一三八三條:「任何人不僅對於因其行為，且對於因其疏忽或輕率所造成之損害，應負責任」。並逐漸形成判例，對於不正競爭行為之防止非常有效，且相當順利，已發展成為獨立之一般法則之救濟體系，迄今尚無以另立特別法替代之意圖（**注五二**）。

　　英國對於不正競爭之防止，並無確切之法條為其根據，而係依一般習慣，此亦與英國之一般法則相符。英國判例創設了一種特別的民事訴訟（Action for passing off），此一訴訟係基於任何人無權推出或出售自己的產品，以冒充他廠商之產品，致使發生混淆誤認之原則而來，其目的在於保護消費大眾。除此之外，英國法院亦創設了信用毀損（Slender of title）、惡意（malicious falsehood）等各種不同形態之訴訟以對抗虛偽之主張，亦即所有誹謗或損害他人信譽之行為（**注五三**）。

　　美國多數法院將不正競爭行為認為是一種侵權行為，不正競爭觀念亦由法院在過去一世紀以來之判決經驗中，逐漸演進，其理論根據，主要在於防止基於詐欺與不誠實之交易，以及促進商務之完整與公平之競爭，倘使公平交易之要素欠缺，對於受害人即得以衡平之原則加以保護，故美國法院將不正競爭行為認為係屬於一種侵權行為，一般侵權責任之原理，自應予以適用（**注五四**）。

注五二　曾陳明汝，專利商標法選論，自版，六十六年三月臺初版，頁163、199。

注五三　曾陳明汝，專利商標法選論，自版，六十六年三月臺初版，頁179。

注五四　曾陳明汝，專利商標法選論，自版，六十六年三月臺初版，頁173。

德國於一九〇九年制定「不正競爭防止法」第一條卽一般規定，凡在營業上之交易，以競爭爲目的而違反商業上善良風俗之行業者，被害人得對其請求停止其行爲及損害賠償。而瑞士一九四三年制定之不正競爭防止法第一條亦明文稱不正競爭行爲係以欺瞞或其他方法，違反信義誠實原則，濫用經濟上之競爭行爲（注五五）。

保護工業財產權巴黎公約第十條之二第二項，則認違反工商業上善良習慣之任何競爭行爲，均構成不公平之競爭行爲。並於第三項列舉三種不正行爲之態樣：（1）對於一競爭者之廠號、商品或工商活動，不論用何方法，足使製造混淆之一切行爲，（2）在貿易進行中，對競爭者之廠號、商品活動，足以損害其信譽之虛僞傳述，（3）在貿易進行中假借足以引起大衆誤信商品之性質、製造過程、特徵、適用性或分量之說明或傳述。

其次在學說方面，如 Josserand 認爲不正競爭乃屬於一般權利濫用之一型態。Roubier 則謂不正競爭之訴並非基於對原告權利之侵害，而係自由之過分運用，或違反正常關係之運用，且侵犯基於善良風俗之義務。而瑞士、德國學者，亦有主張不正競爭行爲侵犯人格權（注五六）或企業權（注五七）。Allart 認爲：「不正競爭係指所有以欺騙任一廠商之顧客爲目的之行爲與手段」。

由上述各國立法例與學說，可知防止不正競爭行爲，正如前節所述卽要求競爭應遵守誠信原則，禁止濫用自由競爭權利，維持公正競爭秩

注五五　滿田重昭，不正競業法の研究，社團法人發明協會，昭和六十年七月，初版，頁446。

注五六　曾陳明汝，專利商標法選論，自版，六十六年三月臺初版，頁 173。
　　　　徐火明，論不當競爭防止法及其在我國之法典化（一），中興法學二十期，七十三年三月，頁374。

注五七　廖義男，企業與經濟法，自版，六十九年四月出版，頁80。
　　　　徐火明，論不當競爭防止法及其在我國之法典化（一），中興法學二十期，七十三年三月，頁374。

序及利益衡量原則（注五八），凡逾越正常競爭之領域，或違反商業誠實習慣之行爲，均得名之不正競爭行爲（注五九）。

我國民法第一百八十四條：「因故意或過失，不法侵害他人之權利者，負損害賠償責任。故意以背於善良風俗之方法，加損害於他人者，亦同。」第一百四十八條：「權利之行使，不得違反公共利益或以損害他人爲主要目的。行使權利，履行義務，應依誠實及信用方法。」民法係著重個人特定法益及權利之保護，而不正競爭防止法則主要禁止及防止不正當之營業競爭手段，亦卽後者限於競爭行爲，前者則不限於競爭行爲（注六〇），後者所謂善良習慣或善良風俗並非單純之風俗或倫常，並應與道德之觀念區別，故判斷競爭行爲是否背於善良風俗時，常須考量一般理性而公正營業主體之觀點，如涉及大衆之利益時，亦須斟酌大衆之見解，亦卽競爭行爲之動機、目的、方法、相關情形與效果是否違反參與交易圈之禮儀感，或爲一般大衆所非難而視爲不可忍受爲決定標準（注六一）。

企業因他人爲營業競爭目的，故意或過失，不法侵害構成其組織體之個別權利，如商標權、機器設備之所有權等，而影響整個企業之營運活動，以致受損害者，企業得依民法第一八四條第一項前段求損害賠償。企業如因他人故意以背於善良風俗之營業競爭行爲，業務受到阻擋或妨害，以致受有損害者，企業主可不問其「企業」之受害究係權利或其他利益之受害，皆可依民法第一八四條第一項後段請求損害賠償（注六二）。故有時同一行爲，除構成民法第一八四條侵權行爲外，尚違

注五八　小野昌延編著，注解不正競爭防止法，靑林書院，平成三年十月，初版二刷，頁25。
注五九　曾陳明汝，專利商標法選論，自版，六十六年三月臺初版，頁162。
注六〇　徐火明，論不當競爭防止法及其在我國之法典化（一），中興法學二十期，七十三年三月，頁376。
注六一　徐火明，論不當競爭防止法及其在我國之法典化（一），中興法學二十期，七十三年三月，頁385。
注六二　廖義男，企業與經濟法，自版，六十九年四月出版，頁80。

反不正競爭防止法，如營業競爭手段係利用違反法規或破壞契約而造成競爭上之優勢，卽發生請求權競合之問題，而可依照補充原則來解決此種競合問題。所謂補充原則，係指民法侵權行爲規定，於企業權受到侵害，依其他法律之規定無特別保護時，始有適用，而具有塡補漏洞之性質（注六三）。

第二項　不正競爭防止法與工業財產權法

第一款　與商標法之關係

商標權乃具有排他之權利，對企業之經營有其莫大之重要性。商標法一方面確保商標權人使用其創設之標誌以表彰商品之信譽，他方面則在保證其不受侵害以及不法行爲之干預，使消費者不致於受仿冒影射之商標所混淆、誤認、欺騙，以保障社會交易之安全，此等法律因局限於其固有之立法目的，往往有不備之處，若干條文具有刑法之性質，更須嚴格解釋，因此不正競爭防止法之立法乃就商標法無特別規定或不完備時，予以補充、輔助，在各種不同情況下，盡量彌補法規之欠缺，對法律未規定制裁之侵害事實加以防止之一種商標救濟方法（注六四）。例如將著名商標或服務標章使用於不同類商品或服務，仿冒商品之包裝、容器、色彩、標籤、廣告使人產生主體或來源混同情形，誠非一般商標之保護所能克盡厥職，必有賴不正競爭防止法始能收其宏效。故日本不正競爭防止法第一條第一項第一款：「對本法施行地區內所共知之他人……商標、商品之容器、包裝以及其他表示他人商品之標記，作同一或類似之使用，或將該項使用之商品予以販賣、散布或輸出而與他人商品混

注六三　徐火明，論不當競爭防止法及其在我國之法典化（一），中興法學二
　　　　十期，七十三年三月，頁377。
注六四　曾陳明汝，專利商標法選論，自版，六十六年三月臺初版，頁158-
　　　　160。

淆行爲」，第二款：「對本法施行地區內所共知之他人……商號、標章或其他表示他人營業及商譽之標記，依同一或類似之使用，而與他人營業設施或活動混淆之行爲」等不正競爭行爲予以禁止。德國不正競爭防止法第十六條：「在營業交易中，對於營利事業、工商企業或印刷物之名稱、商號或特殊標誌之利用，足以與他人有權使用之名稱、商號或特殊標誌造成混淆者，得請求其不爲此種利用。……營業之標記及其他用以區別該營業與其他營業之特定裝置，在所參與交易圈中被視爲營利事業之記號者，視同營利事業之特殊標誌。……」（注六五）我國公平交易法第二十條：「一、以相關大衆所共知之他人姓名、商號或公司名稱、商標、商品容器、包裝、外觀或其他顯示他人商品之表徵，爲相同或類似之使用，致與他人商品混淆，……。二、以相關大衆所共知之他人姓名、商號或公司名稱、標章或其他表示他人營業、服務之表徵，爲相同或類似之使用，致與他人營業或服務之設施或活動混淆者。三、於同一商品或同類商品，使用相同或近似於未經註冊之外國著名商標……」等行爲，不得爲之。均顯示各國對濫用他人商品或服務表徵行爲，而非商標法所能規範者，爲避免事業之信譽，遭受他人掠取、破壞，以及避免消費者產生混淆誤認，紛紛於不正競爭防止法予以補充規範。

　　另外有些行爲同時產生商標法與不正競爭防止法之法律效果，如有些廠商以「美國」、「日本」、「東京」、「慕尼黑」、「獨占」、「專賣」等字樣申請商標註冊，使購買人誤認商品之原產國、原產地、性質、品質，除構成不得註冊原因或異議商標原因或評定商標無效原因之法律效

注六五　徐火明，論不當競爭防止法及其在我國之法典化（二），中興法學二十一期，七十四年三月，頁346；商標或商品裝設，依德國不當競爭防止法第十六條第三項後段規定，不依第十六條之規定而受保護，因商標或商品裝設爲表彰商品之標章，其法律保護要件爲商標法，商標或商品裝設已經成爲企業標誌，而具備第十六條之要件時，仍受競爭法之保護。

果外，亦有可能成為不正競爭防止法上禁止之不正競爭行為。

在我國商標法與不正競爭防止法交錯領域中有下列問題尚待解決者：一、使用他人著名標章於不同類時，是否為公平交易法第二十條所謂「為相同或類似之使用，致與他人商品或營業或服務之設施或活動混淆」行為？二、使用他人著名商標做為自己營業服務標章行為，反之，使用他人著名服務標章做為自己商品之商標行為，公平交易法第二十一條是否足以規範？抑係由第二十四條概括條款予以規範？三、將他人商品或服務之價格、品質、內容、功能……等做比較廣告，必定會使用他人商標或標章，此行為是否構成仿冒標章行為？引人錯誤廣告？搭便車行為？

第二款　與專利法之關係

專利法係國家為獎勵發明人之智慧貢獻而授予之獨占權（我國專利法第四十二條、第一○二條、第一一九條），通常一項新穎而實用之發明須投資無數心力與財力，歷經無數次之實驗失敗，才能成功，其中之耗費和風險難以估計，故准許發明人在一定期間內享有獨占利用發明之權，一方面促其公開發明成果，使大眾能根據該思想從事進一步之發明，促進科技迅速傳播並發展，另一方面則使發明人得以收回成本並獲取相當之利益，從而雙方各蒙其利（**注六六**）。

不正競爭防止法所規範圍之不正競爭行為如前所述有仿冒、引人錯誤廣告、營業秘密之竊取、不法利用競爭者之努力、勞動、技能等，故廣義之不正競爭，即冒用他人精神產物之不正競爭於此意義之下，專利權之侵害當然包括在內。另外違反專利法第七十四條：「專利權人登載廣告，不得逾越申請專利之範圍，非專利物品或非專利方法所製物品，不得附加請准專利字樣，或足以使人誤認為請准專利之標記。」同時亦

注六六　林玲玉，專利授權與反托拉斯法，政大法研所碩士論文，七十年六月，頁1。

係不正競爭行爲之一卽虛僞不實或引人錯誤廣告。

其次專利法與不正競爭防止法兩交錯領域中有下列重要問題，一是沒有專利之精神產物竊取行爲，二是專利權濫用行爲。首先關於沒有專利權之精神產物竊取行爲與專利制度有關連者，有認爲不正競爭行爲，有認應採自由放任競爭。此問題牽涉到 idea 保護、營業秘密保護、酷似（奴隸）性模仿 (slavish imitation, slavish copy)，此類均係模仿問題，唯重點有所不同，卽營業秘密上有秘密之要件，在酷似的模仿有混同要件（**注六七**）。此三者在不正競爭防止法均有禁止規定。

再者關於專利濫用問題，尙可分成二，卽 1.未受專利保護之商品，控訴他人商品侵害其專利權之不當訴訟之不正競爭問題，此行爲可能構成侵害他人營業信用，毀謗事業名譽（**注六八**）。2.專利權人並不以在專利權範圍內獨占地位而滿足，而濫用專利權之行爲者，例如在專利授權契約爲價格、產量、使用限制、搭售、強制整批授權、過期專利收取權利金等。故我國公平交易法第四十五條：「依照……或專利法行使權利之正當行爲，不適用本法之規定。」但有專利法第四十六條例外規定「一、禁止或限制受讓人使用某項物品，或非出讓人、出租人所供給之方法者。二、要求受讓人向出讓人購取未受專利保障之出品或原料者。三、所訂讓與費或租用費過高，致實施人實施時不能得相當之利潤者。」之行爲時，是否卽得認爲公平法第四十五條不正當行爲？又濫用專利權行爲範圍何在（**注六九**）？均牽涉到不正競爭防止法及反托拉斯法。

注六七　小野昌延編著，注解不正競爭防止法，青林書院，平成三年十月，初版二刷，頁38。

注六八　小野昌延編著，注解不正競爭防止法，青林書院，平成三年十月，初版二刷，頁39。

注六九　林玲玉，專利授權與反托拉斯法，政大法研所碩士論文，七十年六月，頁176。

第三項　不正競爭防止法與著作權法

不正競爭防止從防止來源混同行為此觀點（冒用他人成果）與著作權並無差異（注七〇），但如仿冒受著作權法保護之著作物，例如盜版他人文藝創作、拷貝錄音、錄影帶出售等行為係屬著作權適用問題；如仿冒他人非著作權法所保護之精神產物行為，則係屬不正競爭防止法適用問題。

在防止主體或來源混同行為領域中，和著作權法競合者係著作名稱之保護，著作之名稱是否受著作權法之保護，長久已被議論（注七一）。在美國，一九七六年著作權法並未明文是否保護著作名稱，但美國的法院多數案例認為著作名稱不受著作權法保護，美國著作權局的註冊規則也拒絕著作名稱在著作權局註冊。日本於昭和四十一年（1966）文部省審議著作權制度時表示，著作名稱不能用著作權法來保護，日本學界通說亦同，唯亦有認為仍受著作權法保護（注七二）。但美日學者均認著作名稱最通常保護方式是不正競爭冒騙理論。在我國亦有此類案例發生，卽大然出版社出版「新腦筋急轉彎」消遣漫畫書涉嫌仿冒時報文化出版企業有限公司出版之「腦筋急轉彎」系列叢書，違反公平交易法處分案（注七三）。

其次，著作權之保護期間經過後，其著作名稱及著作物得自由使用，但並非亦允許得與其發生混同行為，在此意義之下，依不正競爭防

注七〇　小野昌延編著，注解不正競爭防止法，青林書院，平成三年十月，初版二刷，頁44。

注七一　小野昌延編著，注解不正競爭防止法，青林書院，平成三年十月，初版二刷，頁45。

注七二　蕭雄淋，談著作名稱之保護，著作權漫談（七十三），自立晚報，八十年十一月十八日，二十版。

注七三　公平交易委員會（81）公處字第007號。

止法所爲著作之保護，使著作權保護期間延續下去（注七四）。

再者，就他人之商品或服務與自己之商品或服務爲比較廣告，其亦涉及是否侵害他人著作權行爲與不正競爭防止法上之虛僞不實、引人錯誤廣告、誹謗事業聲譽、發生主體或來源混同等問題。

第四項　不正競爭防止法與營業競爭限制防止法

市場經濟之運作，主要繫於事業之競爭，因此法律自然著力於競爭之維護，唯維護之著力點有從競爭本身存在的維護、有從競爭公正性的維護（注七五），實際上有人卽以運動競賽爲比喻，卽前者係運動場、運動器材……等競技環境之整備，而後者是運動選手登場競技之公正規則之建立，二者相輔相成，故沒有競爭的市場，何在乎競爭的公正？不擇手段的競爭，則競爭自由又有何實質意義？因此不正競爭防止法與營業競爭限制防止法兩者之關係，正如車之兩輪，一是規範「如何」競爭，一是規範「是否」競爭，缺一則不足以遠行。

基本上，從二法產生背景來看，不正競爭防止法是扣牢在一般經濟倫理上，限制競爭防止法主要爲經濟政策的觀點所左右，旣不同的角度出發，所負任務迥異，在運作上應可以並行不悖，亦卽違反不正競爭防止法，不一定牴觸限制競爭防止法的公共政策，違反限制競爭防止法，也不一定牴觸不正競爭防止法的善良風俗（注七六），此結果或許在開放的市場經濟還不普及，或是一般社會倫理足以維持經濟秩序情形之下。

注七四　小野昌延編著，注解不正競爭防止法，靑林書院，平成三年十月，初版二刷，頁45。著作名稱是否得申請商標註册，請參閱徐火明，從美德與我國法律論商標之註册，瑞興圖書股份有限公司，八十一年一月一日，臺北出版，頁123。及注七二一文。

注七五　蘇永欽，民法經濟法論文集（一），國立政治大學法律系法學叢書（二十六），七十七年十月，頁432。

注七六　蘇永欽，民法經濟法論文集（一），國立政治大學法律系法學叢書（二十六），七十七年十月，頁397。

然生產型態發生丕變，大規模自由市場經濟和市場經營術出現，在處理市場上事業之事實行爲時，法律競爭和衝突情形卽常出現，亦卽事業活動之結果造成競爭限制或有限制競爭之虞，而行爲的手段、目的又違反善良風俗，二法就可能同時適用；反之，事業活動爲不正競爭防止法所禁止，卻爲限制競爭防止法所允許，或者爲限制競爭防止法所禁止，卻爲不正競爭防止法所允許，二法就可能衝突。漸漸地此種錯綜交疊情形爲人注意，而從司法、理論、立法三個角度觀察二法之間互補、互動以至逐漸整合的情形（**注七七**）。

就在本係各行其道漸至水乳交融之路徑上，並非一路順風而毫不齟齬，關於二法之關係，一則強調二法之差異，劃清界限，一則強調二法之大同，不分彼此（**注七八**）。前者認爲兩法的性質、功能不同，不正競

注七七　蘇永欽，民法經濟法論文集(一)，國立政治大學法律系法學叢書（二十六），七十七年十月，頁389。

注七八　立法院經濟委員會編印，審查公平交易法草案參考資料，民國七十六年九月：立法院審查「公平交易法草案」邀請專家、學者及業界代表提供之意見及專論中，亦對此二法立法方式，有分、合之說，茲整理摘錄如下：
　　一、合併立法：
　　（一）廖義男教授：
　　　　西德法制，對於仿冒、引人錯誤之表示及廣告、竊取他人營業秘密、妨害他人信用、誹謗他人營業、以及利用違反法規或破壞約定而取得競爭上優勢等不正當營業競爭行爲，係以「不正競爭防止法」對抗之；而對於獨占、企業結合、卡特爾之聯合壟斷等限制營業競爭行爲，則以另一法律「營業競爭限制防止法」規範之。此種法規之分立，係由於歷史之因素，立法之時代背景不同所致。但現今西德之學者，幾一致認爲兩個法域乃構成一體之營業競爭法。在法院實務上，適用「不正競爭防止法」時，必須斟酌「限制營業競爭防止法」規範之內容與精神，反之亦然。例如，營業競爭行爲是否「正當」或「不正當」，其標準，依「不正競爭防止法」第一條，原係以是否違反善良風俗爲斷。卽以其是否具有社會倫理之非難性爲衡量。但對於大企業挾其雄厚財力，以消滅同業之意圖爲低價傾銷，或爲卡特爾之企業聯合杯葛其他同業者，其行爲是否可認爲有社會倫理非難性，頗有疑問，但西德法院仍認爲該等行爲係「不正當」，因其乃經濟霸力之濫用並危害市場競爭之存在，違反「限制營業競爭防止法」之理念。另一

（承前頁注）
方面，依「營業競爭限制防止法」第一條，對於多數企業利用合意限制彼此間營業競爭，即組成卡特爾之行為，原則上乃加以禁止。但如約定，對於一些特定之不正當營業競爭手段，相互限制使用者，則此種營業競爭之限制，即不在禁止之列。可見不正當營業競爭行為之概念，也影響「營業競爭限制防止法」之適用。其次在立法趨勢上，「營業競爭限制防止法」曾因「不正競爭防止法」實務上運作而須配合修改，例如，1980年第四次修正時，增訂第三十七條之一第三項，確保效能競爭，加強保護中小企業，即其適例。另一方面，在「不正競爭防止法」之修正草案第二十七條，即擬增加卡特爾官署（「營業競爭限制防止法」之主管官署）介入不正競爭訴訟之權限。他山之石，可以攻錯。反托拉斯法及不正當營業競爭行為之規範兩個法域，在外國法上，縱令在形式上分為兩法，但在實際運用上，乃朝向整合之趨勢，不可不察。

　　(二)梁宇賢教授：

　　「防止不公平競爭」與「禁止獨占壟斷」，應一併同時立法。按法律制頒的目的，不僅在取締已然，更重要的是在防患於未然，而達到預期的目的。觀乎世界各國對於公平交易法的訂定，早期的立法，固然是先制頒不當競爭防止法，而後才有禁止獨占壟斷法，這是當時法律的思潮及立法技巧尚未成熟，所以頭痛醫頭，腳痛醫腳，沒有全盤的計畫所致。可是近年來各國對於不當競爭的防止及禁止獨占壟斷，均採合併立法，以期畢功於一役。因此我國亦應採合併立法為妥。

　　(三)顏吉利教授：

　　反托拉斯法與不正當競爭防止法應一併立法。

　　反托拉斯法在防範具有獨占或寡占力的廠商，濫用其市場力量，著眼點在於保護競爭之自由。至若不正當競爭防止法，則在防止仿冒、引人錯誤之廣告等情事的發生，其目的在保障競爭的公平性。兩者規範的對象雖然不同，但規範的行為仍有重疊的部分，一旦分立為兩個法，在兩法分由兩個機構執行的情況下，某些不易劃分歸誰轄屬的不當行為，在處置上將曠日費時。

　　再者，反托拉斯法一般係規範大型企業，而不正當競爭防止法則用以規範中小企業，兩者不可偏廢。若只訂定不正當競爭防止法而不訂反托拉斯法，不免使人民滋生政府僅要求中小企業守法，卻任由大型企業違法的想法。

二、分別立法：

　　劉紹樑律師：

　　1.草案中反托拉斯法部分牽涉重大經濟學理及政策之研討，不宜匆促立法。譬如寡占是否視為獨占（草案第五條），結合行為是否應予干預（草案第十一至十三條），垂直聯合之行為是否應予干預或逕視為無效（草案第十八及十九條）等問題，國內外研究反托拉斯法之學者、立法例及判例尚未獲致一致之結論，且草案就此部分之規定

爭防止法規範是「如何」的自由，傾向於「個體」—— 競爭同業者的保護、「質」的保護；限制競爭防止法規範的卻是「是否」自由，傾向於競爭秩序「整體」競爭制度的保護、「量」的保護，因此不正競爭防止法不應該插手屬於限制競爭防止法之範疇，不正競爭防止法之「正當」「不正當」評價，不能與具有濃厚經濟法性質的限制競爭防止法混同，至於「質」與「量」，「個體」與「整體」彼此扞格不入時，則以「只有正當的競爭才得到自由」公式，沒有競爭自由與競爭道德孰先的問題，只有如何正確釐清正當或不正當界限的問題（**注七九**）。後者有從價值理念的統一，有從運作方法的統一，卽（一）有認為既然一般人已經接受以社會倫理來取代個人倫理，那麼任何經濟政策的決定以及任何經濟政策的行為規範終究都是利益權衡的結果，也就都帶有社會倫理的性格，社會倫理在開放社會本來就應該與時推移，從而具有經濟秩序基本法地位的

與目前經濟發展之政策不一定完全配合，故宜就反托拉斯法部分再深入研究，而將不公平競爭部分先行立法。

2.草案中有關不公平競爭(第二十至二十四條)部分較無爭議，且為危害經濟紀律及競爭秩序之最烈者，其中反仿冒之行為甚至影響國家形象至鉅，故宜先行立法，以期儘早有效遏阻此類不正當競爭行為。

3.國外立法例就反托拉斯法及不公平競爭法分別制訂亦有著例。如美國卽採取分別立法及漸進立法之原則。反托拉斯法與不公平競爭法雖皆規律有關競爭之行為，其實理念甚有不同：

(1) 反托拉斯法牽涉整體經濟之利益，以保障競爭環境為目的，而不在於保護競爭者，否則卽淪為保護主義之立法。不公平競爭法之目的在於避免以混淆視聽之方式（如草案第二十條禁止之passing off 等行為）從事不公平競爭，旨在保護競爭者，二者理念涇渭有別。

(2) 不公平競爭之理念基礎與有關保護公司、商號之名稱、商標、姓名權及保護表彰商品或服務之表徵之法律息息相關，有保護準財產權之旨。國內外對於此種權益之保護已具共識，可先行立法。反托拉斯法則尚難謂屬於對準財產權之保障，故亦無合併立法之必要。

注七九　蘇永欽，民法經濟法論文集（一），國立政治大學法律系法學叢書(二十六)，七十七年十月，頁412。

限制競爭法防止施行以後，它所代表嶄新的社會倫理觀「投射」到不正競爭防止法的「善良風俗」條款，是理所當然的事，（二）有則認二法發展彼此影響不是單向，而是在「和平共存」的狀態中經由互動而不斷接近，（三）有則認為從「功能理論」，也就是「結果取向」的法學方法著眼，使二法的運作因為著眼點不同（行為或行為結果）而產生柄鑿情形減少，（四)有則認為把重點從市場結構的控制（卡特爾禁止，企業合併管制）轉移到市場行為（如價格行為）的控制，行為可依其方向區分為對平行競爭者、對垂直交易者、對消費者三種類型，分別找出典型的不法態樣加以控制（注八〇）。

第五項　不正競爭防止法與消費者保護法

不正競爭行為與消費者利益之關連性，可區分為下列三類型（注八一）：

一、直接侵害消費者權益：如1.商標、商號、商品之外觀、營業活動之標識之冒用行為。2.虛偽不實或引人錯誤廣告行為等，致消費者因不辨其異同、真實與否而陷於混淆、錯誤，不能為正確選擇其真正所需品。

二、直接侵害同業，間接侵害消費者權益：1.誹謗同業聲譽、信用行為，2.竊取營業秘密，不法利用競爭者之努力、勞力、投資、技術行為，3.利用違反法規或破壞約定圖取競爭上之優勢，4.挖角、賄贈、收買競爭者員工行為等。

三、以短期間讓消費者受利益之方法侵害同業者，致長期間接侵害消費者權益：意圖消滅競爭同業以低價傾銷或大量贈送方式，迫使競

注八〇　蘇永欽，民法經濟法論文集(一)，國立政治大學法律系法學叢書（二十六），七十七年十月，頁415。

注八一　陳俊斌，消費者保護立法之研究，臺大法研碩士論文，七十七年六月，頁57。

爭同業退出市場，就短期言有利消費者，長期則不利消費者。

　　雖兩法間具有如此緊密關係，但其立法目的是否相同？亦即消費者保護法係以保護消費者權益，促進消費生活安全，提升消費生活品質爲目的，而不正競爭防止法之目的，向來係以維護交易秩序，確保公平競爭，促進國民經濟之安定與繁榮爲目的，即以規律經濟競爭秩序及競爭行爲以發揮市場調節供需及促進進步之機能。故以保護競爭同業及交易相對人（上、下游產業）法益爲主（注八二）。但學者、實務及立法例認爲不正競爭防止法保護法益之見解，已因時間經過而有所改變，強調不僅保護競爭同業也保護消費者，消費者保護絕非附帶目的，甚至超越保護競爭同業之目的（注八三），例如德國法院自一九三〇年以來開始強調公衆保護，帝國法院亦指出，不正競爭防止法不僅保護誠實之競爭者，同時基於公共之利益而應控制競爭之障礙。德國學者亦認不正競爭防止法係在保護競爭者、其他市場參與者及一般公衆之保護，其意義即對消費者之保護（注八四），進而於一九六五年增訂消費者保護團體對於事業從事引人錯誤表示，或就特別之銷售活動爲不當之宣傳，或就商品之度量衡及產地爲不實表示，以及其他違反善良風俗之不正競爭行爲涉及消費者之重大利益者，得請求其不作爲，更是明白表示消費者之保護，也是「不正競爭防止法」之保護目的（注八五）。

　　既然兩法均對消費者權益予以保護，故在兩法交錯領域中，即產生

注八二　廖義男，消費者保護法之行政監督，臺大法學論叢，第十八卷第三期，七十八年六月，頁90，注8。

注八三　陳俊斌，消費者保護立法之研究，臺大法研碩士論文，七十七年六月，頁59。

注八四　徐火明，論不當競爭防止法及其在我國之法典化（一），中興法學二十期，七十三年三月，頁373。

注八五　廖義男，公平交易法應否制定之檢討及其草案之修正建議，法學論壇，第十五卷第一期，七十四年十二月，頁97，注釋。
　　　　蘇永欽，民法經濟法論文集（一），國立政治大學法律系法學叢書（二十六），七十七年十月，頁416。

如下問題: 一、不正競爭防止法是否爲廣義之消費者保護法（注八六）？
二、不正競爭防止法是否應與消費者保護法合併立法（注八七）？或與營
業競爭限制防止法合併立法（注八八）？抑係獨自立法？三、不正競爭防
止法是否賦予消費者不作爲及損害賠償請求權（注八九）？

注八六　鄧振球，商標不正競爭之研究，輔大法研碩士論文，七十七年六月，
　　　　頁47。
注八七　廖義男，消費者保護法之行政監督，臺大法學論叢，第十八卷第三
　　　　期，七十八年六月，頁90，注8。
注八八　蘇永欽，民法經濟法論文集(一)，國立政治大學法律系法學叢書(二十
　　　　六)，七十七年十月，論文部分第十一章、第十二章，頁385-460。
　　　　廖義男，公平交易法應否制定之檢討及其草案之修正建議，法學論
　　　　壇，第十五卷第一期，七十四年十二月，頁74。
注八九　廖義男，公平交易法應否制定之檢討及其草案之修正建議，法學論
　　　　壇，第十五卷第一期，七十四年十二月，頁97，注釋。

第三章　虛偽不實及引人錯誤之廣告

第一節　廣　　告

第一項　廣告之意義與功能

　　何謂廣告？依照字面解釋，廣告是「廣泛告知大眾」。根據辭源之解釋，「廣告」是「以其事布告於眾也」。並說明「如招貼及報紙所登告白之類」。上列解釋只能適用過去單純農業社會，大眾傳播不發達時代，於今日鼎盛工商社會，大眾傳播快捷時代，這樣解釋，已嫌籠統而不完整（注一）。

　　一般所稱廣告，有廣義與狹義之分，廣義之廣告，係指政令宣導廣告、社會服務廣告、競選廣告、懸賞廣告及商業廣告等而言，而狹義之廣告則指商業廣告。所謂政令宣導廣告，指宣揚政府政策、命令、法規等而言；社會服務廣告則指服務人羣之宣教、文化、道德、家庭服務宣傳等而言；競選廣告則指中央或地方民意代表或縣市鄉鎮長之選舉而宣傳、介紹候選人之學歷、能力、品德、政見等而言；懸賞廣告，則係民法第一六四、一六五條規定，以廣告聲明對完成一定行爲之人給予報酬者，對於完成該行爲之人，負給付報酬之義務，對於不知有廣告而完成

注一　顏伯勤，廣告學，三民書局，七十三年三月版，頁9。

該行爲之人亦同（注二）；而商業廣告之意義，又因學術領域或廣告經營學之重點（例如廣告之結果、形態、活動主體、目的、機能）而不同（注三），何謂商業廣告，學者間基於廣告學之觀點曾作過下述之各種定義：

一、美國廣告學者鮑爾頓（Neil H. Borden）認爲：「廣告爲凡以文字或口述之內容，向公衆傳述，其目的在通知、影響公衆購買商品或服務或使公衆對某一觀念、公司或特定之人物，懷持好感之種種活動。」

二、我國廣告學者樊志育認爲：「所謂廣告，乃以廣告主之名義，透過大衆傳播媒體，向非特定之大衆，傳達商品或勞務的存在、特徵和顧客所能得到之利益，經過對方理解、滿意後，以激起其購買行動，或者爲了培植特定之觀念，所做的有費傳播。」

三、日本小林太三郎認爲：「所謂廣告，乃於訊息中（電波訊息、印刷訊息）所明示之廣告主，對於選擇的多數人，爲了使依照廣告主之意向而行動，所爲之商品或服務乃至觀念等，而由廣告主自己負擔費用之非人的形態之情報傳播活動是也。」（注四）

另有法律學者，從法學之觀點所下之定義：

一、日本學者小松陽一郎及向田直範認爲商業廣告（宣傳）是以營業爲目的，對不特定之公衆所爲表示行爲者（注五）。

二、我國學者鄭玉波先生認爲廣告乃廣告人爲了推銷其商品或服

注二　辛學祥，論廣告之法律性，法令月刊，第三十六卷第八期，頁14。
注三　小野昌延編著，注解不正競爭防止法，青林書院，平成三年十月，初版二刷，頁234。
注四　陳玲玉，論引人錯誤廣告與廣告主之法律責任，臺大法研碩士論文，六十八年，頁1。
注五　向田直範，流通系列化と獨占禁止法，經濟法學會編，有斐閣，1982，頁131。
　　　小野昌延編著，注解不正競爭防止法，青林書院，平成三年十月，初版二刷，頁235。

務，對不特定之多數人，所爲之一種「要約引誘」（注六）。辛學祥先生認爲商業廣告，指推廣宣傳商品觀念或服務者之廣告（注七）。

　　本文所探討者以商業廣告所涉及之法律層面爲限，舉凡以營業爲目的，藉著媒體工具，向不特定之公衆表示之行爲即屬之。不論其所用之媒體是新聞紙、雜誌、電視、廣播、看板、車廂廣告、名片（注八）、圖片（注九）、商業用之書狀、書類、通信（注十）。表示方法不問言語或文字，或訴諸感覺不限視覺（新聞）、聽覺（廣播）、嗅覺（香水實物廣告）、味覺（試味廣告）、觸覺（化粧品實物廣告）。亦勿論其用語爲公

注六　鄭玉波，民法問題研究(二)，臺大法學叢書編輯委員會編輯，頁70。
注七　辛學祥，論廣告之法律性，法令月刊，第三十六卷第八期，頁14。
注八　行政院公平交易委員會公報，第一卷第五期，公研示〇一七號名片上學經歷記載不實是否違反公平交易法，頁29。茲就該會第三十五次決議內容摘其要如下：
　　　名片爲一種廣告物，其上記載之內容，如屬交易上重要事項，足以使可能交易之相對人誤信名片分發者，或其任職之事業所提供之商品或服務之內容或品質者，例如名片上關於學經歷之記載如有不實，且該學經歷與分發名片者所要銷售或推廣之商品或服務的品質或內容有關時，該名片上不實之記載即違反公平交易法第二十一條第一、三項關於事業不得在廣告上對於商品或服務之品質或內容爲虛僞不實或引人錯誤之表示的禁止規定。
注九　行政院公平交易委員會公報，第一卷第七期，海霸王餐廳股份有限公司印製使用虛僞不實之菜單圖片涉嫌違反公平交易法處分案，頁18。
注十　滿田重昭，不正競業法の研究，社團法人發明協會，昭和六十年七月，初版，頁190：
　　　日本爲了加入馬德里協定，而於昭和二十八年三月二十六日配合修正不正競爭防止法第一條第一項第三、四款，在「於商品或其廣告」之後增加「或以公衆得知之方法，在交易之文件或通信上」等字句。在第二條第一項第一款中的「商品的普通名稱」等字樣下再附注（以葡萄所生產的物品，其原產地的地方性名稱不包括普通名稱）等字樣，並規定要遵守協定第三條之二及第四條但書趣旨。
　　　R. Callmann, The Law of Unfair Competition Trademark and Monopolies, Vol. 1 (4th ed. 1987), §5.07：廣告並不限於報紙、電視及廣播，任何與大衆有關之符號文字與廣告有關係，如一封與某個人有關的文件通常不歸爲廣告，但若其內容涉及一般大衆則可歸於廣告類，故文具上之公司行號名稱、發票、明信片、價格清單及包裹，均可算是廣告媒介。

告、告示、公表、標示（注十一）、標記、告知、宣傳、公報、廣報等。至於營業目的亦不限私人目的（注十二）。

商業廣告既係事業者向公眾推廣宣傳商品或服務，故具有如下之功能：

一、提供資訊功能

廣告能提供消費者選擇所需物品之資訊，使消費者藉著廣告，得輕易簡捷的獲知產品名稱、性能、交易處所、價格、差異性，並知商品之優缺點，協助消費者對品牌之評價，故廣告具有提供資訊之功能。

二、說服性功能

廣告能創造欲望，生產者藉著廣告去刺激消費者欲望，把人類潛在之需求轉變為具體、明顯之需要，甚至改變消費者消費習慣，故廣告得稱為：「印刷出來之推銷員」，足見廣告具有說服性功能。

三、建立形象功能

事業者除了改善產品或服務之品質，降低價格之外，尚須對品牌之形象予以介紹、維護，尤其在產品或服務差異性不大時，品牌之形象乃決定消費重要因素之一，為使消費者決定消費或繼續消費，廣告正是建立品牌形象，保持聲望和地位不墜之最佳途徑。

四、教育功能

廣告能提供種種新知識，增廣見聞，讓消費者經由廣告內容得知今日社會各種新產品、新科技、新方法之誕生，凡此種種，透過廣告媒介，對公眾產生極為有效之教育功能。

五、藝術性、娛樂性功能

注十一　R. Callmann, The Law of Unfair Competition Trademark and Monopolies, Vol. 1 (4th ed. 1987), §5.08: 大部分之標示也是一種廣告，故錯誤的商標也是不實的廣告。

注十二　小野昌延編著，注解不正競爭防止法，青林書院，平成三年十月，初版二刷，頁234-235。

　　廣告經過一番精心設計，使內容充滿著藝術氣息，在視覺上，享受精采生動畫面與色彩，在聽覺上，聆聽悅耳動聽之曲調，優美雋永之辭藻，在其他方面亦充滿幽默、驚喜、趣味橫生之快樂，因此廣告具有藝術性、娛樂性功能。

六、競爭之有效工具，以至具有促進競爭之功能

　　透過廣告，消費者可以最低價格享受品質最好之商品或服務，而事業者相對的提供品質最好之商品或服務，以招徠消費者，尤其是新進的競爭者得利用廣告引人注意，順利進入該競爭市場，從而帶動該行業之競爭（注十三）。

第二項　廣告之經濟分析與效果

　　廣告在經濟分析及效果上，長期以來，從經濟文獻上可分爲兩派學說，爲廣告所扮演之角色的不同爭論不休。一派認爲廣告係廠商參進市場之手段，一派認爲廣告是廠商參進市場之障礙。

　　前一派主張廣告具有促進產品資訊流通功能，使消費者知道市面上有更多的替代產品，因此廣告對既有廠商有提高產品需求彈性功能。對於新進廠商而言，已破壞了消費者對既有廠商產品之忠誠性，是新進廠商進入市場工具之一。後一派則認爲廣告具說服性，廣告爲既有廠商產品建立忠誠性，使消費者不易移轉購買對象，而且廣告本身具有經濟規模的性質，對想參進市場之新廠商而言形成障礙，廣告使產品需求降低，市場競爭程度也因而降低，故廣告之作用是使廠商參進市場的障礙（注十四）。

注十三　董倚玲，論虛僞不實廣告，中興法研碩士論文，六十年六月，頁7-9。
　　　　陳玲玉，論引人錯誤廣告與廣告主之法律責任，臺大法研碩士論文，六十八年，頁9-13。
注十四　莊春發，廣告與競爭──參進障礙抑是參進手段（上），企銀季刊，第九卷第四期，頁98以下。

　　在理論上，雙方各有說詞，無法說服對方，於是由實證資料來證明
何者理論較接近事實，證明方式很多，不過文獻上研究最多者是廣告與
價格、利潤、產業集中度三者關係之印證，其次是廣告對廠商參進市場
之影響（注十五）。實證結果發現廣告與價格、廣告與利潤、廣告與集中
度、廣告與廠商參進市場之關係，沒有一致而被共同接受的理論。實證
的結果不能得到明確的答案來肯定廣告在市場所發揮的功能是促進競爭
或是阻礙競爭。但經過實證，發覺要由全面性產業找出廣告的角色並不
十分容易，而廣告所促成的影響也可隨著產品之市場結構、產品本身性
質、使用廣告媒體種類不同，而可能有不同的結果，致無法獲得一般性
的理論。或者可以把這個結果歸咎於廣告本身所擔負性質原本就具有訊
息性或說服性使然（注十六）。

第三項　廣告與言論自由

　　現今各國憲法均對言論自由特別加以保障,例如我國憲法第十一條：
「人民有言論、講學、著作及出版之自由」，美國憲法第一修正條款：
「國會不得制定法律……剝奪人民言論及出版的自由……。」憲法保障
言論自由的目的乃因言論自由具有（一）促成個人自我實現，（二）追求
真理，（三）健全民主程序，（四）維持社會安全等四項重要價值（注十
七）。至於憲法保障言論自由至何種程度，亦即對言論自由之保障是否
絕對的？憲法保障言論自由之程度向有二說，一是絕對保障論，二是非

注十五　莊春發，廣告與競爭——參進障礙抑是參進手段（下），企銀季刊，
　　　　第十卷第一期，頁118以下。
　　　　岩崎晃，廣告の經濟分析（下），競爭促進の觀點からの評論，公正
　　　　取引，第350期，1979年12月，頁30。
　　　　八田英二,廣告の經濟的效果,公正取引,第333期,1978年7月,頁26。
注十六　莊春發，廣告與競爭——參進障礙抑是參進手段（下），企銀季刊，
　　　　第十卷第一期，頁128。
注十七　周士臣，從言論自由之觀點論遊行法律規範之建立，政大法研碩士論
　　　　文，頁9。

絕對論。前說之基本思想，乃基於言論自由「優越地位」的肯定。由於
此一優越地位，使得任何利益與言論自由相衝突時，都必須退居次要地
位，也因此絕對論者根本反對「利益衡量原則」的方法，蓋言論自由已
居於優越地位，根本無須衡量（注十八）。後說則認爲前說從未被美國聯
邦最高法院接受。且其言論自由優越地位之主張，亦存有若干疑問，例
如生命權與言論自由，本人言論自由與他人言論自由相衝突時，何者應
優先保護？由於言論自由優越地位乃屬相對的，因此數利益相衝突時，
不可避免的要使用利益衡量方法加以判斷（注十九）。依我國憲法第二十
三條反面解釋可知自由權利如爲防止妨礙他人自由、避免緊急危難、維
持社會秩序或增進公共利益所必要者，得以法律限制之，卽採後說見
解。

　　商業廣告亦爲言論自由之一種，旣爲言論自由之一種，當受憲法之
保障，但基於言論自由並非絕對權，故於社會秩序、公共利益相衝突
時，商業廣告仍受某種程度之限制。商業廣告依法律受到限制可區分成
(一)廣告內容上之限制，(二)廣告標的上之限制，(三)行業上之限制。
首先關於廣告內容之限制，例如誹謗型、暴力威脅型、辱罵型廣告及
詐騙、錯誤、誤導廣告等。我國食品衛生管理法第二十七條、藥事法第
六十八、六十九條、農藥管理法第二十九條、化粧品衛生管理條例第二
十四條、醫藥法第六十至六十二條、廣播電視法第三十二條、電影法第
三十一條、出版法第三十五條，對於廣告均有明文限制，上述條文限制
廣告內容不得有虛僞、誇張、捏造事實、易生誤解或妨礙風化及其他不
當方式等。美、英、法、德、日等國亦同，容於第三節詳述之。其次廣
告標的上之限制，如違禁物、猥褻物等禁止販賣物品及墮胎藥、避孕藥、

注十八　周士臣，從言論自由之觀點論遊行法律規範之建立，政大法研碩士論
　　　　文，頁19。
注十九　周士臣，從言論自由之觀點論遊行法律規範之建立，政大法研碩士論
　　　　文，頁23。

煙酒等不禁止販賣物品。美國於一九七二年最高法院在 Capital Broad-
casting Co. V. Acting Attorney General 一案仍認爲國會有權
禁止大衆媒體做香煙廣告，卽使該香煙的製造、銷售及使用均完全合
法，但自一九七六年以後，最高法院改變態度，在 Virginia State
Board of Pharmacy V. Virginia Citizens Consumer Council
Inc. 一案，卽認爲眞實商業廣告可受言論自由條款的保護（注二〇）。
我國法律亦對食品、藥品、化粧品、農藥……等產品，於廣告多所限制
（如事先審查、許可）。最後有關行業上多限制，例如我國醫師法第十
八條：醫師對於其業務不得爲醫療廣告。醫療法第五十九條：非醫療機
構不得爲醫療廣告，均限制其廣告。而律師法第三十條、助產士法第二
十五條、獸醫師法第十二條，均限制其不得爲跡近招搖、恐嚇、虛僞、
誇張、或其他不當方法爲內容之廣告。外國立法例方面，許多國家雖逐
漸允許醫師、律師廣告，唯仍多僅限於基本資料方面，例如有關醫師部
分，日本規定醫師可以廣告之項目爲基本資料（住址與上班時間）及業
務範圍，但特殊技術或學位頭銜，則禁止之。丹麥法律僅允許醫師及獸
醫師廣告其基本資料。德國聯邦憲法法院一項關於醫師之判決卽指出：
「禁止損害自由業者尊嚴之廣告」。至於比利時、希臘、荷蘭則禁止醫師
廣告。有關律師部分，傳統上各國均禁止律師廣告或在媒體上宣傳，但
近年來已有改變，逐漸修正或廢止廣告之限制，唯多關於基本資料、業
務範圍及價格方面，至於廣告內容一般均禁止有誤導、欺騙、虛僞廣告

注二〇　周士臣，從言論自由之觀點論遊行法律規範之建立，政大法研碩士論
　　　　文，頁37。
　　　　R. Callmann, The Law of Unfair Competition Trademark
　　　　and Monopolies, Vol. 1 (4th ed. 1987), §5.07: 公平法案對香
　　　　煙廣告之應用中可見香煙廣告乃一種具爭論性議題，而播放香煙廣告
　　　　之廣播或電視臺亦有義務須撥出一適量的時間播放禁止香煙之廣告。
　　　　……其他與大衆有關之產品，其商業廣告亦能引起爭議，亦須給與反
　　　　對者表示反對意見之空間。

（注二一）。前述中比較可議者有二，一是禁止自由業爲廣告（注二二），二是自由業（如律師、醫師、會計師等基於廣泛且充分之敎育背景，爲智慧或技術性個人服務之提供）是否適用公平交易法？關於第一問題，禁止醫師之廣告，其理由大致有三：（一）維護自由業之尊嚴；（二）使消費者確以品質而非價格爲挑選業者之根據；（三)避免此類服務之提供商業化。但現今自由業已不同往昔，傳統上自由業具有獨立作業、使用智力、非營利性等三大特色，　通常不能主動要求報酬，基於有別一般商業，但現今觀念，謀生方法無論以勞力或智力，均不應受輕視，刊登廣告有損尊嚴，乃牽強附會。又自由業其服務內容，可能因各人不同而不同，未據委任人陳述，無法判斷做何程度服務，非如一般商品事先可確定品質，故登廣告未必會降低品質。至於第二問題之理由，與第一個問題相同，亦卽應深入觀察自由業跟隨時代脈動的角色而變遷，其中獨立作業與非營利之特色都與時褪色，代之而起的是自由業的經濟性與企業性，自由業與其他行業之分野已經日趨泯沒，因此德、日學者多已改變其對自由業看法，而認爲除非有特別法之規定，自由業亦爲企業之一種，應適用競爭法之規定。自由業在活動（廣告）與競爭（收費）方面，逐漸與一般產業無異，　倘其行爲不構成反競爭政策，　各國均趨向容許之（注二三）。

第二節　防止虛僞不實及引人錯誤廣告之目的與法理

注二一　蕭富山，自由業適用公平交易法之研究，中興法研七十九學年度第二
　　　　學期期末報告，1991年5月24日，頁5。
注二二　翟宗泉，研論自由與律師業務廣告，法令月刊，第三十八卷第二期，
　　　　頁8。
注二三　田倉整、元木伸編，實務相談不正競爭防止法，財團法人商事法務研

　　一個合理的市場競爭，應係由各個企業就品質、價格、服務等因素所為之效能競爭，但現今工商業社會，商品種類繁多，商品品質之內容、價格、服務雖係消費者決定消費之因素，但仍賴事業者藉著廣告去告知消費大眾其生產之務商品或服務，藉以引起潛在之消費者注意與購買之行為或改變消費者之轉向選擇廣告主之產品或服務。又消費者並無充分之知識，廣告是消費者獲取消費資訊之最主要來源，亦是消費者據以決定購買之最主要判斷依據（**注二四**）。廣告和工商業的關係多以「廣告是生產者與消費者之間的橋樑」一句形容（**注二五**），職是之故，如生產者對其商品或服務不為任何之標示或虛偽不實或引人錯誤之廣告，將使消費者陷於無知與易於受騙之危險，從而其利益亦將深受影響，故為保護消費者，應先確認消費者獲知真實之權利，使消費者對於商品及市場情報得以認知與了解（**注二六**）。

　　廣告既是消費者獲取消費資訊來源，又是決定消費最主要判斷依據，事業者除以價格、品質、服務去從事實質商品或服務競爭之外，廣告自亦成為市場競爭之重要工具，廣告之是否真實而不虛偽、妥當而無誤導，正足以產生「效能競爭」與「不正競爭」之不同效果。正確的廣告將告知消費者真實之市場資料，使消費者足以知悉商品或服務品質與價格之高低，以便選擇交易之對象，而影響及企業者之營業及盈虧。一真實妥當之廣告將鼓勵事業者從事品質之改良與價格之降低，而達到市場效能之競爭，優勝劣敗之目的；反之，虛偽不實或引人錯誤之廣告，廣告主以不正當手段誘使消費者淪於錯誤而作不正確之選擇，導致市場

　　　　究會，平成元年五月三十日，頁127-131。

注二四　鈴木恭藏，書評內田耕作著「廣告規制的課題」，公正取引，第 488
　　　　期，1991年 6 月，頁80。

注二五　顏伯勤，廣告學，三民書局，七十三年三月版，頁23。

注二六　廖義男，消費者保護行政之研究，載於氏著企業與經濟法，自版，六
　　　　十九年四月出版，頁137。

競爭秩序喪失其原本應有之效能，並使競爭同業蒙受失去顧客或其他可能之損害（注二七）。

　　虛偽不實或引人錯誤之廣告，將使消費者利益受損，同時破壞競爭秩序而應予禁止，故為各國不正競爭防止法主要目的之一，例如德國不正競爭防止法第三條卽明文禁止引人錯誤之廣告，此種條款「有小型概括條款」之稱，乃因藉此條款，得迅速有效制止各種引人錯誤之廣告（注二八）。日本不當贈品類及不當表示防止法，第一條明文表示為確保公正競爭及一般消費者利益，防止有關商品及服務之交易上不當贈品及不當表示行為。美國聯邦貿易委員會法第五條（a）項等等。各國競爭法除了整備競爭環境，另外卽在確保競爭手段之正當性，競爭行為之不正當，概念上包括「不法」及「背於善良風俗」、「誠實信用原則」，前者如散布流言、洩漏工商秘密、仿冒等，後者如坐享利用他人成果（搭便車行為）、挖角等（注二九）。而利用虛偽不實或引人錯誤廣告之行為為國內外有關法規公認之一種不正競爭行為，違反法律精神及社會道德要求。亦卽「不法」、「背於善良風俗」、「誠信原則」。

　　廣告之目的在介紹產品，使消費者知悉某些產品已問世，因消費者對該產品一無所知，自信賴廣告內容判斷該產品是否合於己用，廣告主自應提供確實可靠資訊以供消費者參考，虛偽或誤導廣告係廣告主對產品未為誠實之陳述，使消費者受損害，同業競爭者喪失顧客，損害其利益，由此可知生產者之廣告內容須符合法律維護誠實信用原則、公序良俗之精神及達於社會一般水準（注三〇）。

注二七　陳玲玉，論引人錯誤廣告與廣告主之法律責任，臺大法研碩士論文，六十八年，頁112。
注二八　徐火明，論不當競爭防止法及其在我國之法典化（一），中興法學二十一期，七十四年三月，頁308。
注二九　廖義男，企業與經濟法，自版，六十九年四月出版，頁77。
注三〇　董倚玲，論虛偽不實廣告，中興法研碩士論文，六十年六月，頁16。

第三節　各國對虛偽不實或引人錯誤廣告之規範

　　有關規範虛偽不實或引人錯誤廣告之各國法制度，有從競爭政策的觀點，亦有基於消費者保護之觀點；有設計特別規定，亦有一般性禁止規定。規範方法，從消費者個人的民事訴訟至特定團體（如消費者團體、同業團體）的民事訴訟；有的具有刑罰規定，有的僅有行政救濟途徑等等多樣形態（注三一）。以下概述各國法制及運用情形。

第一項　美　　國

第一款　普通法

　　早期因虛偽不實廣告致受害當事人，得依普通法，由以下三種途徑尋求救濟：一、由受害消費者提起民事訴訟，二、由同業競爭者提起民事訴訟，三、刑事訴訟。但由受害消費者提起民事訴訟，因法院要求之舉證責任太嚴苛致令多數受害者望而卻步。原告不能提出充分證據即受駁回其訴之判決。故普通法雖允受害消費者起訴但形同具文。又競爭者常因他人對產品品質、功能為虛偽不實等不公正陳述、廣告而得提起民事訴訟，但除非係對商標權之侵害、冒騙係他製造商之產品或誹謗他人產品，否則仍不得提起民事訴訟，或謂此類損害之範圍難以舉證亦係過去無法救濟之因。最後關於刑事訴追，也因當時觀念上加重消費者注意義務，仍不能公平解決虛偽廣告而受害之消費者（注三二）。

注三一　向田直範，先進諸國におけるおとり廣告の規制，公正取引，第382
　　　　期，1982年8月，頁54。
注三二　董倚玲，論虛偽不實廣告，中興法研碩士論文，六十年六月，頁60。

第二款　聯邦貿易委員會法 (Federal Trade Commission Act)

　　由於工商業急速發展興盛，廣告宣傳日顯重要，廣告技術日益進步，廣告種類推陳出新，廣告花樣令人眼花撩亂，往昔法規已難以規範而顯不足應付與管理之窘態，制定統一聯邦法規以應需要乃必然趨勢，於西元一九一四年制定了聯邦貿易委員會法，保障生產者不因他競爭者虛偽廣告致營業受損。該法對虛偽不實或引人錯誤廣告規範大致如下：一、一般虛偽不實或引人錯誤廣告依第五條(a)項：「商業上或影響商業上之不公平競爭方法及不公平或欺罔行為或慣行，視為非法」(注三三)予以規範。二、食品、藥品、化粧品、醫療器具之廣告則依第十二條至十五條予以規範，第十二條 (a)項：「任何個人、合夥或營利團體以下列方法之一為虛偽廣告、傳播或使他人傳播者，均屬非法：(1)利用合衆國之郵寄或商業之任何方法，直接或間接引誘或可能引誘他人購買食品、藥品、醫療器材或化粧品，或 (2) 以任何方法直接或間接引誘或引誘他人在從事商業行為時，購買食品、藥品、醫療器具或化粧品。」(b) 項：「本條 (a) 項所定虛偽廣告之傳播或使他人傳播之行為，視為本法第五條所稱商業上或影響商業之不公平或欺罔行為或慣行」(注三四)。三、聯邦貿易委員會依第十八條 (a) 項有權制定防止不公平或欺罔行為或慣行規則 (trade regulation rule) (注三五)。

　注三三　經濟部編印，各國公平交易法有關法規彙編，七十五年四月一日，頁38。

　注三四　經濟部編印，各國公平交易法有關法規彙編，七十五年四月一日，頁50。

　注三五　田中壽編著，不公正な取引方法——新一般指定の解說——，社團法人商事法務研究會，昭和五十七年九月二十日，初版，頁111。
　　　　中川政直，米國における表示規制の動向 (上、下)，公正取引，第322期、第324期，1977年8、10月，頁40、57：聯邦貿易委員會具有制定交易規則之權力，現在進行制定作業之交易規則有十六個，其中規範廣告者有(一)關於食品廣告交易規則 (有關營養價格資訊標示之義務)，(二)關於處方藥零售價格規制，(三)關於助聽器交易規則 (廣告資料標示之義務)，(四)關於喪葬社交易規則 (價格及其他資

聯邦貿易委員會法原來第五條爲:「商業之不公平競爭方法爲不法」。本旨在維持商業競爭秩序，直接保護對象僅及出賣人，由於聯邦貿易委員會的妥善運用，終使該法足以制裁引人錯誤之廣告，保護消費者。但最高法院卻在一九三一年的 FTC v. Ralodom Company 一案採取不同往昔見解:「FTC 必須找到因引人錯誤之廣告而使現在或潛在的實質競爭者受到損害，或明顯的受到威脅，否則該會無權管轄。」爲了矯正前案判決之不良後果，並擴大 FTC 的職權，美國國會乃於一九三八年通過「魏勒斯—李 FTC 法修正案」(Wheeles-Lea Amendents to the Federal Trade Commission Act in 1938) 將該法第五條修正成現有之第五條文，基於該法條之修正擴張了 FTC 對欺騙消費者或對消費者不公平行爲，不論是損害到競爭者或競爭行爲等事項之裁決權（注三六）。

第三款 蘭哈姆法 (Lanham Act)

蘭哈姆法，於西元一九四六年制定，一九五七年七月施行，其中有關虛偽表意 (false representation) 條款，係美國聯邦法上對「虛偽廣告」(false advertising) 之重要規範，蘭哈姆法第四十三條 (a) 項規定:「任何人在其物品、服務、容器、或物品之容器，附上或應用於虛偽之來源說明，或任何虛偽之描述，此項描述包括文字、有意虛偽表示之標誌，而使上述物品或服務使用於商業上。任何明知其虛偽的來源說明、描述或表意，而在其他地區運送、使用於商業，其虛偽表意致使任何人相信而遭受可能之損害者，將負民事責任。」本條立法意旨主要

訊標示之義務），（五）關於蛋白質補助食品廣告標示規則，（六）關於纖維製品及皮製衣服的處理注意標示規則，（七）關於大衆制酸劑廣告交易規則，（八）關於大衆藥廣告交易規則。

注三六　羅傳賢，從程序保障觀點比較中美消費者保護行政法制，經社法制論叢，第五期，行政院經建會健全經社法規工作小組，七十九年一月，頁184。

在保護大衆免於仿冒之商標與虛偽的同業描述所矇騙（注三七）。

第二項　英　　國

第一款　習慣法

英國判例創設了一種特別的民事訴訟，稱爲「Action for passing off」，此一訴訟係基於任何人無權推出或出售自己之產品，以冒充他家廠商之產品，致使發生混淆誤認之原則而來，其目的在於保護消費大衆。而行爲人之虛偽表示(false representation)，不僅在商標有之，其他如營業、商號、商品之外觀亦可能有虛偽表示。

除此之外，英國法院亦創設了「Slender of title」、「trade libel」「injurious falsehood」、「Slender of goods」、「malicious false-hood」、「disparageme」等各種不同形態之訴訟以對抗虛偽之主張，亦卽所有誹謗或損害他人信譽之行爲（注三八）。

第二款　交易標示法

英國有關虛偽不實或引人錯誤之廣告規範之法典係西元一九六八年五月公布，同年十一月施行的交易標示法 (Trade Descriptions Act)，本法是修正過去之商品標示法 (The Merchandies Markise Acts 1887 to 1953)，面對新的商品或服務禁止虛偽不實或引人錯誤廣告之規定。本法主要規範有如下各點（注三九）:

一、禁止虛偽的交易表示，亦卽在交易過程中如 (1) 對商品爲虛偽之交易表示者或 (2) 供給或提議供給虛偽表示之商品者，爲犯罪行爲（第一條，第十八條）。

注三七　蔡神鑫，美國商標法上虛偽廣告之探討，法學評論，第五十一卷十一期，頁27。
注三八　曾陳明汝，專利商標法選論，自版，六十六年三月臺初版，頁179。
注三九　川井克倭，イギリスの取引表示法の成立の經緯とその內容，公正取引，第211期，頁12-18。

二、交易表示定義，所謂交易表示，不問係直接或間接，不問其方法爲何，在商品或商品之部分上，表示如有以下情形之一者均是：(a) 數量、大小、規格，(b) 製造、生產、加工、修理方法，(c) 成分，(d) 強度、性能、機能、精度、適合性，(e)前述各項之其他物理特色，(f) 由何人試驗或成績，(g) 由何人承認或型式之同一性，(h) 製造、生產、加工或修理場所、年月日，(i) 製造、生產、加工或修理者，(j) 以前之所有者或使用人的來歷（第二條）。

三、設計了不當價格對比或其他不當價格表示規定，此行爲亦爲犯罪行爲，例如爲顯示實際販賣價格便宜，虛僞地表示一更高的價格卽比較對照價格，使人誤認其實際販賣價格比其他商品供應者更低廉之印象（第十一條）。

四、禁止虛僞表示係受女王推薦、愛顧、受獎（第十二條）。

五、禁止就商品之輸入原產地爲虛僞表示（第十六條）。

第三項　德國與法國

第一款　德國

德國對於虛僞不實或引人錯誤之廣告，依不正競爭防止法予以規範。第一條：「對於爲競爭目的而於營業交易中從事有背於善良風俗之行爲者，得請求停止行爲及賠償損害」做爲概括條款，擬以涵蓋一切可能之不正當營業競爭行爲，而可據以對抗之。而事實證明此概括條款發揮極大作用，有豐碩之成果。法院適用此條款形成及累積之判例極多（注四○）。第三條：「對於爲競爭目的而於營業交易中，關於營業狀況，尤其就各個或總括提供之商品或營業上給付之性質、出產地、製造方法或價格計算或價目表、進貨方法或進貨來源、所得獎賞、銷售動機或目

注四○　廖義男，公平交易法應否制定之檢討及其草案之修正建議，法學論壇，第十五卷第一期，七十四年十二月，頁91，注24。

的或存貨數量，作引人錯誤之表示者，得請求其不爲該項表示。」(注四
一)。第三條對第一條而言，可謂有「小型概括條款」之稱 (注四二)，
本條於一九六九年修正，將原僅禁止「不實廣告」之行爲，擴大爲「引
人錯誤之表示」之禁止。值得注意係德國於一九六五年爲加強對消費者
保護，增訂第十三條第一項之一賦予以增進工商利益爲目的之團體及消
費者保護團體，對於特定類型之不正競爭行爲，尤其引人錯誤之表示、
廣告、不實標示等，得獨立訴請不作爲。此種團體請求不作爲之訴權，
在實務上發揮很大之功效，遏阻不少的不正競爭行爲之運作。但也產生
了若干所謂「收費團體」之弊端，也因此引發對團體訴權之制度，提議
作若干之修正(修正建議容於後述)，但團體訴權，在遏止不正競爭行
爲所生之作用上，仍被積極的肯定(注四三)。

第二款　法國

　　如前章所述，法國目前並無制定「不正競爭防止法」法典，而係基
於法律之一般原則予以防止不正競爭行爲，其主要依據條文係法國民法
第一三八二及一三八三條等有關侵權行爲之概括規定。

　　第一三八二條規定：「人之行爲造成他人之損害者，該因過失促成
損害之行爲人，負賠償損害之義務」。

　　第一三八三條規定：「任何人不僅對於因其行爲，且對於因其疏忽
或輕率所造成之損害，應負責任。」

　　除此之外，法國亦係巴黎同盟公約簽署國家，故亦適用第十條之三
第一項：「本同盟各國允對本同盟其他各國之國民，保證給予適當法律
救濟，以有效制止……等十條之二所指之一切行爲。」之規定保護被害

注四一　經濟部編印，各國公平交易法有關法規彙編，七十五年四月一日，頁
　　　　177。
注四二　徐火明，論不當競爭防止法及其在我國之法典化(一)，中興法學二十
　　　　一期，七十四年三月，頁308。
注四三　廖義男，公平交易法應否制定之檢討及其草案之修正建議，法學論
　　　　壇，第十五卷第一期，七十四年十二月，頁95，注27。

之外國廠商。

　　行爲人除負民事責任之外，亦有刑事責任，亦卽依一九七三年法律第七三～一一九三號商業及手工業指導法第四十四條一項一款：「禁止在包括陳述、說明書、提示方法等廣告物上就下列情形之一爲虛僞或引人錯誤之表示：廣告商品或服務之實體、性質、配合、品質、折扣、型式、原產地、量、製造方法及年月日、特性、價格及販賣條件、適合使用條件、期待之成果、販賣或服務履行之前提或方法、製造業者、批發商及擧辦人等提供服務人之資格、技量。」對違反本條者科以刑事制裁。且爲使本條落實，有諸多法令頒布，以補足法之不備（**注四四**）。

第四項　日本與韓國

第一款　日本

　　日本對於虛僞不實或引人錯誤之廣告之法規範有三，第一是關於禁止私的獨占及確保公平交易法，第二是不當贈品類及不當表示防止法，第三是不正競爭防止法，以下大略介紹其梗概：

一、禁止私的獨占及確保公平交易法

　　禁止私的獨占及確保公平交易法（以下簡稱獨禁法）第二條第九項第三款不當引誘或強制競爭者之顧客與自己交易行爲，經公平交易委員會指定足以妨礙公平競爭者。第七十二條：「第二條第九項之指定，以告示爲之」，目前日本公平交易委員會依第七十二條，對一般行業適用所謂「一定指定」，以便對不公正交易方法做基本之規定，一般指定制度係在昭和二十八年（1953年）修正獨禁法同時加入現行指定制度，

注四四　向田直範，先進諸國におけるおとリ廣告の規制，公正取引，第382期，1982年8月，頁55。
　　　　田中　壽編著，不公正な取引方法——新一般指定の解說——，社團法人商事法務研究會，昭和五十七年九月二十日，初版，頁112。

原本有十二種行為類型被指定為不公正交易行為，昭和五十七年（1983年）六月十八日，修改成十六種行為類型，同年九月一日施行。又於特殊行業適用所謂「特殊指定」，以便對特定行業之特定行為指定為不公正交易方法予以規範。特殊指定與一般指定之關係，如同特別法與一般法之關係，特殊指定之事業，優先適用特殊指定，一般指定於特殊指定未規定之行為類型方有適用機會（**注四五**）。依新的不公正交易方法第八條：「關於自己供給之商品或勞務的內容或交易條件或其他交易事項，使顧客誤認比實際的商品或服務，或比競爭者之商品或服務顯著優良、有利，進而不當引誘競爭者之顧客與自己交易」，其中虛偽不實或引人錯誤廣告行為即屬本條不當地引誘顧客形態之一（**注四六**）。

　　二、不當贈品類及不當表示防止法

　　日本於昭和三十年代（西元一九五五年）以來，隨著商業競爭激烈化，一些以誇大廣告或附贈高價贈品販賣來引誘消費者，而使消費者受害例子顯著增加，其弊害亦日益嚴重。雖以保護事業公正自由競爭與消費者利益為目的之獨禁法對誇大不實廣告或高額贈品之抑制有所規定（不公正交易方法一般指定第八項），但規定內容簡單且係原則性，又不受重視情形下，要有效抑制此類不正交易行為，顯得困難重重。於是昭和三十七年制定了補助獨禁法之單行法「不當贈品類及不當表示防止法」（以下簡稱贈表法），對超過一定限制之附不當贈品販賣行為與不當表示予以規範，訂定具體標準及簡化規範手續。於昭和四十七年修正第九條之二、之三、之四，修正目的在使消費者行政能適切有效執行，將國家權限一部依本法委任都道府縣知事，賦予地方行政機關對違法者使其改正而作適當措施之指示權，不從指示，報告公平交易委員會，由公平交

注四五　田中　壽編著，不公正な取引方法——新一般指定の解說——，社團法人商事法務研究會，昭和五十七年九月二十日，初版，頁3。

注四六　田中　壽編著，不公正な取引方法——新一般指定の解說——，社團法人商事法務研究會，昭和五十七年九月二十日，初版，頁58。

易委員會（以下簡稱公平會）下達指示，要求違法者遵守。

　　贈表法之特色有三：（一）有關贈品類及表示之具體內容委由公平會裁量。亦卽贈品類及表示之定義，一部表示之方法依公平會告示指定之，贈品類之價額、總額、提供方法依公平會告示禁止或限制之。（二）簡化審理手續，（三）設置了公正競爭規約制度。

　　贈表法之目的，依第一條：「爲防止商品或服務之交易，用不當的贈品或不當表示引誘顧客，確保公正競爭，保護一般消費者利益。」換言之，虛僞或引人錯誤廣告，高額贈品提供行爲，基於競爭事業之間具有波及性與行爲之昻進性，對此有迅速予以規範必要，方能確保公正競爭，贈表法爲此目的，乃以簡易手續代之獨禁法上愼重手續。又期待事業者間依自主規範相互約制監視，設計了公正競爭規約制度（注四七）。

　　三、不正競爭防止法

　　日本不正競爭防止法第一條第一項：「因左列各款之一之行爲而其營業上利益有被侵害之虞者，得請求行爲人停止其行爲：一、……二、……三、在商品或其廣告或以公衆得知之方法，於交易之文件或通信上作虛僞原產地標示，或將該項標示之商品予以販賣、散布或輸出而使人誤認原產地之行爲。四、在商品或其廣告或以公衆得知之方法，於交易之文件或通信上，作使人誤認其商品係生產、製造或加工地以外地區生產、製造、加工之標示，或將該項標示之商品予以販賣、散布或輸出之行爲。五、在商品或其廣告作使人誤認其商品之品質、內容、製造方法、用途或數量之標示，或將該項標示之商品予以販賣、散布或輸出之行爲。六、……。」（注四八）

　　第三款係規範原產地虛僞表示行爲，例如日本產葡萄酒虛僞表示

注四七　田中誠二、菊地元一、久保欣哉、福岡博之、阪本延夫合著，獨占禁止法，勁草書房，1981年7月31日，第一版，頁674以下。

注四八　經濟部編印，各國公平交易法有關法規彙編，七十五年四月一日，頁247。

成法國葡萄酒（**注四九**）。　第四款 出所地誤 認行爲係擴充 第三款之範圍（**注五〇**）。第五款商品品質、數量等誤認行爲，此係對典型之不實或誤認廣告予以規範（**注五一**）。

第二款　韓國

　　韓國對虛偽不實或引人錯誤廣告之規範與日本非常類似，韓國限制獨占及促進公平交易法第十五條第己款規定：對商品或勞務爲虛偽或誇大宣傳之行爲以及欺騙商品之質與量之行爲，經經濟企劃院長官認爲有影響公平交易之慮，而指定並公告爲不公平交易之行爲，不得實施（**注五二**）。不正競爭防止法第二條：「因左列各款之一之行爲而有侵害及營業上利益之虞者，得請求行爲人停止其行爲。1.……、2.……、3.商品以廣告、其他大衆傳播方法以及往來文書、通信作原產地之虛偽標幟以之販賣、分贈或輸出而誤認原產地之行爲。4.商品以廣告、其他大衆傳播方法以及往來文書、通信作誤認生產、製造或加工國家以外生產、加工之標幟，以之販賣、分贈、輸出之行爲。5.詐稱他人商品，或用宣傳、廣告等方法，對他人商品之品質、內容、數量，造成惡劣印象，引起誤認以之供販賣、分贈或輸出之行爲。」（**注五三**）

第四節　虛偽不實或引人錯誤廣告之意義、區別及判斷準則

注四九　小野昌延編著，注解不正競爭防止法，青林書院，平成三年十月，初版二刷，頁214。

注五〇　小野昌延編著，注解不正競爭防止法，青林書院，平成三年十月，初版二刷，頁222。

注五一　小野昌延編著，注解不正競爭防止法，青林書院，平成三年十月，初版二刷，頁232。

注五二　經濟部編印，各國公平交易法有關法規彙編，七十五年四月一日，頁290。

注五三　經濟部編印，各國公平交易法有關法規彙編，七十五年四月一日，頁303。

第一項　虛偽不實或引人錯誤廣告之意義與區別

　　法律對虛偽不實或引人錯誤廣告予以規範無非在保護消費者及競爭同業者，俾免因廣告而受到損害，影響公正競爭秩序。然何謂虛偽不實或引人錯誤廣告？兩者區別何在？各國公平交易法並無法律明文定義，而學者（**注五四**）所下定義及其範圍亦不一致。依一般用語，凡廣告之內容與該商品（或服務）實際上有不相符合者，均爲「虛偽不實廣告」，準此以解，其範圍包括：（一）詐騙、誹謗等違法廣告，或其他廣告內容與事實不符合之廣告（**注五五**），（二）客觀上不正確表示，如吹噓、誇大事實，但消費者能正確了解，不致陷於錯誤之廣告，（三）引人錯誤廣告（**注五六**）。但如法律對廣告要求內容與事實須完全一致時，將使廣告不足吸引消費者之注意，抹殺廣告應有之功能（說服性、藝術性、娛樂性等），阻礙商品或服務流通，致降低競爭，影響商業發展。職是之故，成爲法律規範對象之虛偽不實廣告，應限於其虛偽不實致使消費者陷於錯誤及導致其購買商品或接受服務決定之虞（**注五七**），亦即前述第(一)、(三)

注五四　周德旺，透視公平交易法，大日出版社，民國八十一年五月，一版，頁206。
　　　　陳玲玉，論引人錯誤廣告與廣告主之法律責任，臺大法研碩士論文，六十八年，頁70，注２：所謂欺騙性廣告是利用誇張的文字，鋪張或歪曲事實，使讀者陷於迷茫，誤信其言，造成精神或物質上之損失。

注五五　陳玲玉，論引人錯誤廣告與廣告主之法律責任，臺大法研碩士論文，六十八年，頁55。
　　　　行政院公平交易委員會公報，第一卷第五期：一憶有限公司虛偽不實廣告違法處分案，被處分人明知未獲美國 BALDOR寶德直流馬達在臺總代理，卻廣告爲臺灣總代理，顯然虛偽不實廣告。大度山寶塔廣告「啓用周年慶」不實廣告違法處分案，被處分人明知事實上未啓用，卻廣告成「啓用周年慶」。

注五六　陳玲玉，論引人錯誤廣告與廣告主之法律責任，臺大法研碩士論文，六十八年，頁56。

注五七　徐火明，論不當競爭防止法及其在我國之法典化(二)，中興法學二十一期，七十四年三月，頁309。
　　　　范建得、莊春發合著，公平交易法Q＆A，範例100，商周文化事業股份有限公司，1992年４月25日出版，頁199。

項所指之廣告。至於廣告內容誇大、吹噓（如某川辣素食麵廣告，其辣味足使食者噴火，又如大力水手吃了廣告食品，力能撼山）之廣告是否到達使消費者有陷於錯誤之虞的程度，則由具體個案判斷之。

　　而所謂引人錯誤廣告，係指廣告主利用廣告技巧、手法，誇張或歪曲事實、遺漏重要事實，使消費者有陷於錯誤之虞，並足以造成消費者或廣告主同業之損失（注五八）。但如廣告內容在客觀上即使真實之表示，仍會使消費者陷於錯誤之虞時，亦可能為引人錯誤廣告（注五九）。

　　從上可知，虛偽不實或引人錯誤之廣告兩者之重疊之處（如下圖），至於要為其下定義，實屬不易。

注五八　陳玲玉，論引人錯誤廣告與廣告主之法律責任，臺大法研碩士論文，
　　　　六十八年，頁56。唯本文以為虛偽不實或引人錯誤之廣告並不需要足
　　　　以造成消費者或競爭同業之權益達到損害為要件，僅需使消費者陷於
　　　　錯誤之虞即可，蓋消費者陷於錯誤之虞即表示消費者或競爭同業之權
　　　　益將遭受損害之危險，而權益受損係請求損害賠償之要件而已。
注五九　徐火明，論不當競爭防止法及其在我國之法典化(二)，中興法學二十
　　　　一期，七十四年三月，頁309。
　　　　公平交易委員會對世爵建設公司「中原至尊」預售屋廣告，僅將該案
　　　　屬工業用地的字眼以特別小字排列在廣告四周，除非消費者特別留意
　　　　才能發現，故雖廣告內容與事實相符，但顯然是故意隱藏該工地為工
　　　　業用地，有使消費者陷於錯誤之虞。
　　　　又其他房地產廣告詞：「距火車站五百公尺」，而事實上也是五百公尺
　　　　左右，但因受制於火車沿線柵欄阻隔，必須經廣告標的物二千公尺遠
　　　　的地下道，繞道結果距離火車站竟達四公里遠。
　　　　在百佳實業股份有限公司於「百佳超市」散發標明「在百佳，只要
　　　　$800」「即可以超值價換購」「只要在百佳購物滿100元即送印花一枚」
　　　　「集滿八枚即可換購五件餐瓷」及於廣告上之餐瓷旁標示「$149」之
　　　　廣告，違反公平交易法第二十一條處分案。百佳超市廣告內容如逐字
　　　　仔細地加以文法上之剖析，即可能得知「換購」之字義，須憑印花另
　　　　加若干費用「換購」餐瓷器具，廣告內容在客觀上即使正確，但整體
　　　　給予消費者印象卻不是如此。

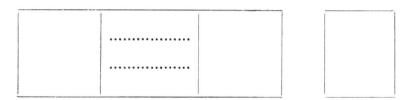

廣告內容≠事實　　廣告內容≠事實　　廣告內容＝事實　　廣告內容≠事實
虛偽不實　　　　　虛偽不實　　　　　但引人錯誤　　　　但未引人錯誤
　　　　　　　　　又引人錯誤

第二項　虛偽不實或引人錯誤廣告之判斷準則

依美國學者 Callmann 認爲廣告是否眞實或虛僞，其判斷準則與商標近似或混淆判斷準則相同（注六〇），卽（一）一般消費者施以普通注意原則，（二）通體觀察及比較主要部分原則，（三）異時異地隔離觀察原則（注六一）。

第一款　一般消費者施以普通注意原則

商業廣告之對象，通常都是向一般消費大衆爲之，而一般消費大衆在購買商品或接受服務時，欠缺仔細分析廣告內容之注意力，僅以普通注意所得印象，作爲選購之基礎，因此判斷之準則，應以一般購買人之注意力爲認定標準。所謂一般購買人，係指依一般交易觀念，通常可能

注六〇　R. Callmann, The Law of Unfair Competition Trademark and Monopolies, Vol. 1 (4th ed. 1987), §5.14。

注六一　徐火明，從美德與我國法律論商標之註冊，瑞興圖書股份有限公司，八十一年一月一日，臺北出版，頁203。
洪美華著，論商標法上商標近似的法律問題——兼論美商在華訴權之爭議，中華民國全國工業總會編印，七十四年十一月，頁117。
曾陳明汝，美國商標制度之研究，自版，七十五年九月增訂再版，頁91。
丹宗昭信，日本の不當表示法の問題點（上），公正取引，第205期，昭和四十二年，頁7。

消費該項產品之消費者（注六二）。商品或服務之消費者，有男女老幼，其知識水準不一，故其注意力迥異，均應予以合理之考慮，務期合乎一般購買人注意力之認定標準。通常做合理之考慮，常依購買者在購買時商品之價格、種類或性質之注意程度，亦即商品之價值高昂，常仔細分析比較，故注意程度高，大量生產價格低廉且廣泛使用之日常必需品，選購時常處於不在意之狀態，故注意程度極低。又在相同產品，但購買者是男是女，是成人或小孩，其注意程度亦不同，如男性選購煙酒，女性選購香水服飾時，均比異性來得謹慎。孩童使用品如文具、玩具等，通常由成人購買者以成人注意力為準，由孩童購買者則以孩童注意力為準（注六三），但比較困難者係一項產品銷售對象普及男女老幼，而購買者亦平均分布各階層時該如何決定其注意程度？本文認為如能輔以市場區域、時間等商品有關之交易圈因素來判斷何階層有受害之虞之機會較多者，即以之為注意程度。

商品之購買人如具有豐富經驗與專業技術，自應以該專業人士之注意力為準，如醫療器材、醫藥、高科技特殊產品等，其銷售對象並非一般購買人，故均以專業人員之注意力為準。

總之，判斷廣告是否虛偽不實或引人錯誤，應以平均消費者之典型購買狀況是否產生誤認之危險為準。亦即通常購買人之一般印象，在通常市場狀況下購買商品時，施以其通常購買此種商品之注意程度。

在巨人企業顧問股份有限公司主辦「西安秦始皇兵馬俑世界巡迴展」其廣告違反公平交易法第二十一條處分案，公平交易委員會在處分理由

注六二　R. Callmann, The Law of Unfair Competition Trademark and Monopolies, Vol. 1 (4th ed. 1987), §5.14。
周德旺，透視公平交易法，大日出版社，民國八十一年五月，一版，頁210。

注六三　徐火明，從美德與我國法律論商標之註冊，瑞興圖書股份有限公司，八十一年一月一日，臺北出版，頁203。

書中指出：「本件被處分人主辦之『西安秦始皇兵馬俑世界巡迴展』，……其文字表現之意義易使一般消費者認係『西安秦始皇兵馬俑』之『世界巡迴展』，而實際上，其所展兵馬俑為縮小仿製品，中國古青銅器系列文物為現代科技產品，並非真品『西安秦始皇兵馬俑』；至『世界巡迴展』乙節……然其大量表現於外之宣傳資料，卻多未如實表現其『秦俑世界』（仿製品）巡迴展之真實內容。亦即一般消費者未能從其廣告名稱及內容中獲得真實認識，致易對此項展覽之內容（例如展出是否真品及其展出性質）產生誤認。」是故本件被處分人之廣告行為已違反公平交易法第二十一條之規定（**注六四**）。

在海霸王餐廳股份有限公司印製使用「99專案」「199專案」菜單圖片廣告，違反公平交易法第二十一條第一項規定處分案，公平交易委員會在處分理由書中指出：「二、查一般餐飲業因消費者用膳時間集中，故前後所烹調出之同一道菜餚易產生微量增、減情事，此微量之差距，如屬一般消費大眾可容許或接受之範圍，則不具違法性。……」（**注六五**）

但在首案違反公平交易法第二十一條之上盟廣告事業有限公司所為「92"超級汽、機車暨摩登用品展」之引人錯誤廣告違法處分案，公平交易委員會於處分理由書指出：「二、查廣告之名稱及內容與實際上之活動內容如有不符，即足以生引人錯誤之結果，有無前開不符之情形，主要以閱讀廣告者是否已能自廣告之名稱及內容認識廣告主所要從事或實際從事之事業活動為斷。……惟經本會派員實地調查，發現……。又經本會派員實地訪查前後參觀之消費者，大多數表示展覽內容與廣告不一致。因而本會認定其廣告會使一般消費者於看過該廣告後對該展覽實際內容產生誤認。……」（**注六六**）可知公平會係以派員實地調查及派

注六四　行政院公平交易委員會公報，第一卷第三期，頁2。
注六五　行政院公平交易委員會公報，第一卷第七期，頁19。
注六六　行政院公平交易委員會公報，第一卷第一期，頁4。

員實地訪查前後參觀之消費者，大多數表示展覽內容與廣告不一致，因而認定其廣告會使一般消費者於看過該廣告後對該展覽實際內容產生誤認。然方法上仍顯不足，抽樣調查對象爲公平會官員和前往參觀之消費者（注六七），在立場上似顯偏頗，本文認爲應以一般可能去參觀之潛在消費者爲訪查對象，由其看過該廣告來認定展覽實際內容是否產生誤認爲判斷標準似更公平妥當。

第二款　通體觀察及比較主要部分之原則

廣告主利用廣告介紹其產品及刺激消費者之購買慾，故一般消費者看到廣告後，留下大略、模糊印象，以作爲消費之依據，而很少就廣告之每一細節仔細分析，故判斷廣告是否虛僞不實或引人錯誤，應就廣告整體加以觀察，以辨別其是否眞實或有無誤認之虞。此種觀察原則，謂之通體觀察（注六八）。又廣告有主要部分與附屬部分，所謂主要部分，係指廣告構成要素中，依一般消費者之認識爲準，其中最引人注意或最醒目之部分。如主要部分在外觀上、名稱上、觀念上使人陷於錯誤者，而附屬部分雖係眞實，仍應認爲虛僞不實或引人錯誤廣告。此種判斷原則稱之爲比較主要部分原則。惟在具體案例中，欲正確區分廣告之何者爲主要部分，何者爲附屬部分，不無困難，此時仍應兼採通體觀察原則，始較妥當。

在世爵建設公司使用「中原至尊」預售屋廣告違反公平交易法第二十一條處分案（注六九），公平交易委員會指出，被處分人世爵建設公司在桃園推出的「中原至尊」預售屋，於報紙上刊登廣告，卻僅將該案屬工業用地的字眼以特小字排列在廣告四周，除非消費者特別留意，才有

注六七　范建得、莊春發合著，公平交易法 Q&A，範例 100，商周文化事業
　　　　股份有限公司，1992年 4 月25日出版，頁186。
注六八　徐火明，從美德與我國法律論商標之註冊，瑞興圖書股份有限公司，
　　　　八十一年一月一日，臺北出版，頁208。
注六九　公平交易委員會(81)公處字第022號。

可能發現，顯然是故意隱藏該工地為工業用地。即採比較主要原則。

在百佳實業股份有限公司於「百佳超市」散發標明「在百佳，只要$800」「即可以超值價換購」「只要在百佳購物滿 100 元即送印花一枚」「集滿八枚即可換購五件餐瓷」及於廣告上之餐瓷旁標示「$149」之廣告，違反公平交易法第二十一條處分案，公平會在處分理由書:「一、……就該廣告內容而言，不論其文字（包括英文對照說明）或圖片，均無任何告知消費者於集滿八枚印花或購物滿八百元之後，另須再付一百四十九元才可「換購」該組餐瓷之表示，易使消費者誤認只要集滿八枚印花或購物滿八百元即可兌換該組餐瓷，該廣告傳單內容顯屬誤導消費者之引人錯誤表示。……二、……惟遍查檢舉人所提供之廣告單之文字內容、圖片，並無消費者須加付一百四十九元才可換購該組餐瓷之任何表示。……」(**注七〇**)即採通體觀察原則。

在就廣告內容之解釋，並非逐字的加以文法上剖析，而是應以該廣告整體給予消費者的印象，是否會造成誤解為準。美國聯邦最高法院即曾表示:「廣告的文字若分句唸，也許不失真實。但就整體來說，卻又引人誤信，……此等廣告皆屬非法。」(**注七一**)因此前開百佳超市廣告內容如逐字仔細地加以文法上之剖析，即可能得知「換購」之字義，須憑印花另加若干費用「換購」餐瓷器具，但整體給予消費者印象卻不是如此。

廣告內容之意義含混不明，產生兩種以上的不同意義時，只要其中之一足以引人錯誤時，即應受到法律之規範（**注七二**）。例如公平會對美加美國際事務股份有限公司所為「美國綠谷投資移民專案」之廣告違反公平

注七〇　行政院公平交易委員會公報，第一卷第七期，頁16。

注七一　陳玲玉，論引人錯誤廣告與廣告主之法律責任，臺大法研碩士論文，六十八年，頁66。

注七二　陳玲玉，論引人錯誤廣告與廣告主之法律責任，臺大法研碩士論文，六十八年，頁67。

董倚玲，論虛偽不實廣告，中興法研碩士論文，六十年六月，頁41。

交易法第二十一條處分案指出：「……九十天內取得綠卡，立即定居美國……故此廣告詞有引人誤認九十天內可取得永久居留權之虞，……廣告中央巨幅照片上方標明『領袖級信譽』，查被處分人過去未曾從事移民投資業務，卻以國家元首與美國可哈拉公司總裁照片上標『領袖級信譽』，即有虛僞不實及引人錯誤之情事；次查該廣告中央位置使用可哈拉公司總裁與李總統握手之巨幅相片……惟此與本投資專案無關，該相片置放於該廣告中，有攀附總統名望，使人產生總統默許移民專案，或與該移民專案有密切關係，可放心投資移民專案之誤認。復查廣告中所刊『僅十二個家庭配額……依序登記，額滿爲止』……此部分廣告詞亦與事實不符，其刊載目的旨在使人產生名額有限、機會不多之誤認……」（注七三）。

決定某一廣告是否足以引人錯誤時，除應考慮廣告之說明、文字、設計、道具、音響或其他相關事務所作成或提出之表示外，其上述表示應屬重要而廣告上未予披露之事實，或依廣告上之條件或通常習慣上之條件使用與該廣告有關之商品時，對於使用之後果有重大關係而廣告未透露之事實，均應併予考慮。總之，此種對重要事實保持沈默或隱匿不予表示者，亦應列爲判斷廣告是否引人錯誤之論據（注七四）。其理由在於規範虛僞不實或引人錯誤廣告眞正著眼點在競爭者之間，廣告如影響競爭即應加以禁止，亦即不實廣告得到消費者信賴，致競爭者受到傷害，而消費者之信賴在於廣告之主要事實之陳述、訴求，此陳述或訴求非常重要至足以吸引消費者去消費（注七五）。

在 In Hilton V. Hilton 案中，原告被允許在廣告文案中稱其係

注七三　行政院公平交易委員會公報，第一卷第五期，頁9。
注七四　陳玲玉，論引人錯誤廣告與廣告主之法律責任，臺大法研碩士論文，六十八年，頁68。
　　　　董倚玲，論虛僞不實廣告，中興法研碩士論文，六十年六月，頁43。
注七五　R. Callmann, The Law of Unfair Competition Trademark and Monopolies, Vol. 1 (4th ed. 1987), §5.20。

製造商，乃因廣告物品對購買者而言，不在乎誰是製造商，購買者只要該產品卽可，如此原告之行爲係被允許。但 CoCo-Cola Co. V. Koke Co. 案例中，因原告 CoCo-Cola Co. 在商品中具有顯著性，此時，他人稱自己係製造商是不被允許的（**注七六**）。

在公平交易委員會對山久開發建設股份有限公司、德昌建設股份有限公司刊登「臺中國宅登記公告」「臺中港路國宅公告」廣告違反公平交易法第二十一條處分案，在處分理由書指出：「三、⋯⋯被處分人於廣告中申購辦法刊稱 (1) 中華民國國民，男子年滿二十五歲，女子年滿二十二歲，無自用住宅者，不限戶籍。(2) 凡曾登記國宅承購者（無國宅承購者，可現場辦理）同時列有優惠條件，但事實上欲有國宅貸款，除應具備前述四項要件外，尚須經主管機關核定後轉請辦理國宅貸款銀行當地分行辦理國宅貸款，被處分人就此國宅貸款重要申請規定未予刊載，就該廣告之申請辦法及優惠條件合倂觀察，卽有引人錯誤之處。」（**注七七**）

在銀櫃有限公司刊登「憑本券可免費歡唱一小時，限六月二十日前有效」之 KTV 廣告違反公平交易法第二十一條處分案，公平會認爲所謂憑票免費歡唱一小時，事實上免費招待只有週一至週五、週末、例假日皆不適用，此一重要事實未予載明，卽違反公平交易法第二十一條。其他如「憑票根送○○」的廣告未註明贈送期限等（**注七八**）。

第三款　異時異地隔離觀察之原則

在判斷廣告是虛僞不實或引人錯誤，有所謂隔離觀察，亦卽將廣告

注七六　R. Callmann, The Law of Unfair Competition Trademark and Monopolies, Vol. 1 (4th ed. 1987), §5.20。
注七七　行政院公平交易委員會公報，第一卷第六期，頁30。
　　　　行政院公平交易委員會公報，第一卷第七期，頁4。
注七八　KTV 廣告不實，遭公平會處分，中國時報，八十一年十月二日，六版。

在不同時間與不同地點分別觀察而言，蓋判斷廣告是否不實或誤認，係以消費者看廣告後留下之模糊印象記憶爲依據，此原則稱之爲消費者記憶測驗原則（**注七九**）。　美國執法機關對電視廣告所採方式有兩種，其一，可稱爲「隔日印象」（Day after Recall）原則，執法機關會在電視廣告播出次日詢問觀衆的看法，以判斷有無誤導的情形。其二，則稱爲「人工印象」（Artificial Setting Survey），亦卽由執法者擇日於視聽室中放映給取樣的消費者觀看，再由觀看後爲誤導的人數來決定（**注八〇**）。

　　廣告經異時異地隔離觀察結果，發現多數一般消費大衆觀看廣告後留下之模糊記憶，認爲與事實不相符合，則此廣告可謂虛僞不實或引人錯誤廣告。但有一案例指出錯誤使用某字眼之習慣是否改變不正競爭行爲性質？美國學者 Callmann 認爲一個不公正競爭方法，並不因競爭者知此種方法通常在業界均如此錯誤使用下去而有所改變此不公正競爭性質，故不公正競爭行爲仍然存在，雖然經銷商已相當清楚此廣告是錯誤的或整個產業界均如此使用此錯誤廣告，但爲保護一般消費者公衆利益，並不會因此而使之正當化，如連一般消費者均已習慣此一個錯誤之使用時，法院認縱然已經經過相當時間，仍然不足被認爲有正當化，而否定其錯誤性，但如其錯誤使用方法已造成之誤解，普通廣泛而無法改變或不值更正時（例如某字已出現第二層意義），因每個人均如此使用，不公正競爭效果不會出現時，法院卽不會對其採取任何行動（**注八一**）。

注七九　徐火明，從美德與我國法律論商標之註冊，瑞興圖書股份有限公司，八十一年一月一日，臺北出版，頁212。
注八〇　范建得、莊春發合著，公平交易法 Q&A，範例 100，商周文化事業股份有限公司，1992年4月25日出版，頁188。
注八一　R. Callmann, The Law of Unfair Competition Trademark and Monopolies, Vol. 1 (4th ed. 1987), §5.23。

第四章　虛僞不實及引人錯誤廣告之類型

第一節　前　言

　　事業爲銷售其商品或服務，除直接在商品本身作標示或表徵以外，常透過宣傳廣告或其他公開活動傳達商品資訊，以招徠消費者之購買。事業所提供之商品資訊，涉及之範圍極廣，其中有關商品之價格、數量、品質、內容、製造方法、製造日期、有效期限、使用方法、用途、原產地、製造者等資訊，常被消費者引爲決定購買與否之主要判斷依據（注一）。因此事業者卽利用此消費者購買行爲之特性，藉著引人入勝之廣告保持和消費者之間的接觸，並冀以誘引其成立交易；於是乎事業者爲加深消費者之印象，並進而促長商品的銷售量，其所爲之廣告自是竭盡心智，花樣百出，日益出奇翻新，正因爲商場的激烈競爭所致，部分事業者乃不思正途而作虛僞不實或引人錯誤之廣告。

　　依前述第三章第三節各國對虛僞不實及引人錯誤廣告之規範可知，事業者所爲虛僞不實及引人錯誤廣告之類型大致區分成例舉規定及例示規定，前者如日本不正競爭防止法第一條第一項第三、四、五款中分別例舉虛僞原產地標示；使人誤認其商品係生產、製造或加工地以外地區生產、製造、加工之標示；在商品或其廣告作使人誤認其商品之品質、內

注一　公平交易法問答資料，行政院公平交易委員會，八十一年元月，頁21。

容、製造方法、用途或數量之標示。韓國不正競爭防止法之規定亦同。後者如德國不正競爭防止法除了例示事業提供之商品或營業上給付之性質、出產地、製造方法或價格計算或價目表、進貨方法或進貨來源、所得獎賞、銷售之動機或目的或存貨數量作引人錯誤之表示者之外並且有「其他營業狀況」之概括規定。我國公平交易法則屬例舉規定。本章第二節，即依公平交易法第二十一條所列舉類型依序敍述，至於探例舉規定是否應予修正容於第五節另述之。另就其他特殊廣告態樣、手法如利用專業人員、名人或典型之一般消費者推薦、見證、保證廣告，以特別優厚之交易條件（如低價）誘引顧客廣告、隱匿產品重大資訊（如交易條件、產品缺陷）廣告、比較競爭產品廣告等，另關專節詳述之。

第二節　法定虛偽不實及引人錯誤廣告類型

　　廣告乃為消費者選擇商品與服務之重要資訊，在競爭愈激烈之工商業社會，事業者為了生存，除了採取正當經營手段——降低成本、提昇品質及加強服務等提高競爭力之外，但亦有不肖事業者不思正途，而製作了虛偽不實或引人錯誤之廣告，攫取競爭者之顧客與之交易，其所利用之方式、形態不一而足，常見之態樣不外是歪曲、隱匿、誇張常被消費者決定交易與否之主要因素，如價格、數量、品質、內容、製造方法、製造日期、有效期限、使用方法、用途、原產地、製造者、製造地、加工者、加工地等。玆就虛偽不實或引人錯誤之廣告各種型態予以分析，其中包括日本、德國及我國實務上案例。於玆附帶一提者係某虛偽不實或引人錯誤行為常同時構成違反數個交易條件虛偽不實或引人錯誤，如工業用地建築廠房竟稱為住宅，即同時為商品之品質、內容、用途不實或誤導廣告；但有時一行為卻難以歸入任何法定項目，如真品平行輸入商品之貿易商消極不表示其係水貨，或交易對象、數量有限制而

不明載之誘餌廣告或其他寄生廣告、比較廣告等。

第一項　價　　格

第一款　概述

　　自由經濟制度的國度，各國企業在競爭市場，通常係以商品之價格、品質及服務來爭取顧客，其中價格競爭最爲重要，蓋商品品質之優劣或服務之良否，通常在交易後，經過一段時間始能見曉，且商品種類衆多、消費者知識及資訊有限，對商品之品質，未必在交易前，能體察認知清楚，反之，「價格高低」、消費者感受最直接且痛切，因此往往價格是決定交易成否的重要因素，也因此價格競爭始終爲事業者所重視（注二）。事業者於其所銷售之商品除法令有特別限制者外得自由決定其價格，唯對商品價格所爲之表示，必須眞實而不誤導消費者，然由於競爭之壓力及商情之變化，許多事業者卽在廣告上，大耍噱頭，以招徠顧客，例如以「廠價」、「批發價」、「成本價」、「分期不加價」、「價格對比」、「價格分歧」、「打折」、「淸倉大拍賣」、「倒閉貨」、「全面流血價格大奉送」，「工廠直營」……等等強調價格低廉、降價爲最大特色，以便刺激消費者購買慾，消費者甚至不加思索地購買不必要之商品，此類廣告，如係眞實則不成問題，反之，則成法律規範之對象。以下卽是許多常見以價格不實及誤導的廣告方式。

第二款　價格對比方式

　　一、價格對比之意義及形態

　　「市價五千元，僅售一千元」或將五千元之部分以明顯之筆劃除去，而留下一千元部分，如此併記實際價格和比較對照價格，其目的強調降價、實賣價格便宜，此類之廣告卽所謂價格對比（Preisgegen-

---

注二　廖義男，論不正當之低價競爭，臺大法學論叢，第十四卷第一、二期，
　　　七十四年六月，頁212。

überstellung）（注三），日本稱之爲「二重標價」（注四）。

價格對比形態大略有：①以市價爲比較對照價格，如臺北地區Ａ百貨公司在毛衣廣告「100％毛料市價八千元，僅售三千二百元」，事實上該同一商品在Ａ公司附近相當數量之毛衣服飾店、百貨公司價格三千五百元至四千五百元之間。②以上游廠商要求轉售（或建議）價格或同業相互約定價格爲比較對照價格，如Ｂ電器量販店之電視廣告：「一流品牌××電視現金二萬五千元，售二萬元」，事實上同品牌電視機，上游廠商要求轉售或建議零售價格爲二萬一千元。③以自家店以前之舊價格爲比較對照價格，如Ｃ服飾店廣告：「本店西服平常價八千元，售四千元」，事實上，該西服，通常只賣五千元，或根本未賣過或該西服價格係數年前，或最近二、三天以前之價格。④以新品價爲比較對照價格，如Ｄ服飾店廣告：「襯衫一千二百元，售八百元」，事實上該襯衫衫口已汚染並非新品。⑤以新型價格爲比較對照價格，如Ｅ電器行廣告：「電腦全自動洗衣機市價二萬元，售一萬元」，事實上係一年前發售且僅半自動之舊型洗衣機（注五）。

違反事實之價格對比廣告，於日本直接依「不當贈品類及不當表示防止法」（以下簡稱贈表法）第四條第二款禁止就商品或勞務之價格、其他交易條件之不當表示予以規範，公正取引委員會爲停止此行爲或防止行爲再發生，得爲排除命令（注六）或警告措施，而都道府縣知事亦得爲行政指導（注七）。營業上利益有被侵害之虞者，得依不正競爭防止法

注三　徐火明，論不當競爭防止法及其在我國之法典化(一)，中興法學二十一期，七十四年三月，頁314。

注四　日本不當の價格表示に關する不當表示防止法第四條第二號の運用基準。

注五　田中誠二、菊地元一、久保欣哉、福岡博之、阪本延夫合著，獨占禁止法，勁草書房，1981年7月31日，第一版，頁748。
廖義男，論不正當之低價競爭，臺大法學論叢，第十四卷第一、二期，七十四年六月，頁220。

注六　日本不當贈品類及不當表示防止法第六條。

注七　日本不當贈品類及不當表示防止法第九條之二。

第一條第一項第五款請求行為人停止其行為，受有損害時，更得請求損害賠償（注八）。

二、具體案例

日本富士傢俱服飾之友協會事件

本事件係以欺騙性文字「倒閉貨」、「二重標價」事件。所謂「富士傢俱服飾之友協會」係由販賣傢俱服飾等流動攤販組合成，於昭和五十八年九月三日至三十日止為展示期，並散發六百萬張傳單，其廣告詞大致有「倒閉貨大拍賣」、「緊急拍賣」、「跳樓拍賣」、「承您所知全國知名富士傢俱服飾股份有限公司倒閉，庫存貨大拍賣」「××，倒閉前價格

注八　日本不正競爭防止法是否能規範二重標價問題，在日標實務上曾發生爭論，即所謂鑽石直接從比利時進口事件（東京高判昭五十三年五月二十三日刑裁月報10卷4.5號頁857)，本事件屬刑事案件，被告上訴理由謂：二重標價非屬不正競爭防止法第五條一款所謂商品內容。但法院認「一般所謂商品品質、內容，不只直接表示商品本身，亦包括價格高低之趣旨，亦即一般所理解商品之價格高低常能顯示商品之品質、內容優劣。本事件廣告，以相當市價之極高標價相對照顯示商品品質、內容之優良，又以鑽石係直接從比利時輸入，縮短了商品流通路徑，故以市價之1/2至1/3價格出售，吸引消費者。」從判決可知商品品質內容含商品之價格。但學者認為1.價格高之商品即表示商品品質、內容優良之見解不是不能接受，但商品價格和品質並非成正比例，價格高之商品並不表示品質好，此亦為多數消費者所認同。在理論上商品之品質、內容係指商品本身之性能、結構、有效性而言，而價格係交易時商品和交換貨幣數量之表示，係商品交易條件，與商品本身有所區別。故「倒閉大拍賣」「倒店庫存貨大清倉」之廣告，不是商品品質、內容而係指交易條件及交易環境罷了。2.又從贈表法第四條一款（係禁止商品或服務之品質、規格或其他內容之不當表示）和二款（係禁止商品或服務之價格或其他交易條件之不當表示）兩相比較即知「內容」與「交易條件」不相同。3.不正競爭防止法第一條一項五款「……商品之品質、內容、製造方法、用途或數量之標示……」，此款規定第一僅規範商品不包括服務，第二僅禁止商品品質、內容、製造方法、用途、數量之引人錯誤廣告，全部皆限定在商品本身屬性，不包括商品交易之際之條件。4.因此依日本現行不正競爭防止法就有關「二重標價」「倒店大拍賣」等之引人錯誤廣告係指販賣時有關價格、交易條件、交易環境而非商品本身品質內容，法院如此判決不甚妥當，也暴露出日本不正競爭防止法之缺失，不少學者紛紛建議增加「其他交易條件」之立法條例。本事件亦係加工地引人錯誤事件，請參閱本節第四項。

××元，減××元，僅以××元出售」……等等廣告用語，事實上根本沒有「富士傢俱服飾股份有限公司」，當然無倒閉事實，也就無「倒閉前價格」之存在，此類流動攤販係依通常方法向製造商購買商品再加以販賣而已，且二重價格，僅為強調實際出售價格便宜而虛構倒閉前價格。

本事件除係二重標價虛偽不實廣告之外，如前述「倒閉拍賣」手法，日本公平交易委員會亦認為違反「贈表法」第四條第二段「商品或服務交易條件」虛偽不實廣告。

三、不實價格對比廣告判斷基準

價格對比，給人感覺實際售價比「市價」、「維持轉售價格」、「建議價格」、「同業約束價格」、「舊價格」等等特別便宜或降低之感覺、印象，如果對照比較價格確係真實，則提供消費者選擇商品時之重要資訊及依據，相反地如係不實，則使消費者產生誤認。因此如要為價格對比，「市價」必須就同一商品在同一交易地域之零售價格，「本店舊價格」必須本店最近相當期間所販賣同一商品價格，「廠商要求維持轉售價格」除維持轉售價格合法之外，需該商品最近之零售價格或廠商預先公開價格或實際上交易價格（**注九**）。「廠商建議價格」，除建議價格本身係合法外，確實是廠商經過仔細衡量市場狀況而慎重認為可被大眾接受並接近於市價之價格（**注十**）。「同業約定價格」，如未經公平會許可則違反公平法第十四條，經許可者，原則上亦屬不法，蓋限定價格既然有拘束力，又標榜自己價格比同業低廉，不啻誇耀自己違約行為，此種行為自應受非難，如非契約當事人，則其取得商品並得以較低廉價格出售，多半是利用他人且甚至引誘他人違反限定價格之約束所致，此種利用他人破壞約定而使自己取得競爭優勢地位之行為，有違誠信，也應認為不正當。

注九　田倉整、元木伸編，實務相談不正競爭防止法，財團法人商事法務研究會，平成元年五月三十日，頁218。

注十　廖義男，論不正當之低價競爭，臺大法學論叢，第十四卷第一、二期，七十四年六月，頁223。

但如其取得該有限定價格拘束之商品，確實係以正當而低廉之方式取得，例如係從破產或強制拍賣中便宜取得，則以「同業約定價格」相比較，為避免引起消費者之誤解以及危害到該限定價格體系，對於所以能較低廉販賣之原因事實，須加指明。再者，原有拘束力之限定價格，如事實上已廢止或崩潰，如再與該約束價格相比較時，也必須指出該限定價格已無拘束力，否則，難免使消費者大眾誤以為該較約束價格為低廉之售價，確實特別便宜（注十一）。總之被用來對照比較價格，確係先前有一段時間曾嚴肅要求過之價格，所謂被嚴肅要求過，應依商品之種類及性質、經銷方法、降低之幅度、競爭之狀態，以及該價格適用期間之長短以為斷（注十二），因此如任意擡高對照比較價格，以彰顯實際出售價格，使人產生誤解，即屬虛偽不實或引人錯誤廣告。

　　四、問題研析

　　〔問題一〕以競爭者之價格做為比較對照價格

　　價格對比另一問題是以競爭者之價格為比較對照價格，如競爭者之價格係真實價格，並不成為法律問題（容於比較廣告專節中詳述之），反而提供消費者選擇商品之參考資訊。但為顯示自己販賣價格之低廉，而將競爭者之價格虛偽不實擡高，則違法已如前述。又如果以違反事實之競爭者價格為比較對照價格，且指出競爭者是誰或容易識別出，推知競爭者時（例如市內僅一家百貨公司，廣告「市區百貨公司價格」），同時亦違反不正競爭防止法有關「意圖侵害有競爭關係之他人營業上信用而陳述、散布虛偽事實之行為」（注十三）。

注十一　廖義男，論不正當之低價競爭，臺大法學論叢，第十四卷第一、二期，七十四年六月，頁226。
注十二　廖義男，論不正當之低價競爭，臺大法學論叢，第十四卷第一、二期，七十四年六月，頁220。
注十三　田倉整、元木伸編，實務相談不正競爭防止法，財團法人商事法務研究會，平成元年五月三十日，頁221。

關於本問題，日本具體案例有「山葉鋼琴」事件（**注十四**）。本事件系爭點相當多，除於此討論之有關商品價格虛僞不實廣告、誹謗廣告之外，尚有後述之誘餌廣告、寄生廣告、比較廣告。本事件原告係山葉鋼琴十五家特約店，被告係販賣中小型鋼琴爲主之量販店。被告廣告「一個主要鋼琴製造廠確定漲價，必定帶動所有鋼琴價格上漲」，「一個一流製造鋼琴廠決定繼續上漲」，並將山葉公司製造之商品番號、價格標明。如就整體來看，使消費者產生山葉鋼琴之零售價決定上漲且確實已上漲之感覺，但當時山葉鋼琴並未決定漲價且亦無上漲事實，本判決認爲商品之價格係內容之一要素（**注十五**），虛僞競爭者商品價格上漲事實即該當本法第一條第一項五款「使人誤認商品內容之標示行爲」，亦認此行爲同時構成同法同條第六款意圖侵害競爭關係之他人營業上信用而陳述或散布虛僞事實行爲（**注十六**）。

〔問題二〕在特賣傳單中表示Ａ商品特賣期間一個二千元，因印刷公司之錯誤，印成一千元一個，但實際上卻賣一個二千元，是否違法？

依前述第二章有關不實或誤導廣告判斷基準，不問廣告主之故意、過失，亦不問消費者實際上是否蒙受損害，更者，不問消費者受此廣告之引誘而實際上購入此商品，僅考慮消費者主觀上認知該店Ａ商品價格

注十四　名古屋地判昭57.10.15判490號頁155。

注十五　本事件就商品之價格是否屬商品之內容在日本學術界起爭議之原因乃商品之價格引人錯誤行爲，其違法程度應相當甚或比商品之品質、內容、製造方法、用途、數量之違法程度高，故應予規範，但日本不正競爭防止法第一條第五款僅列舉商品之品質、內容、製造方法、用途、數量之標示引人錯誤，又無關於「其他交易條件」之概括規定，且本款又有刑罰規定，基於罪刑法定主義，是否得認定商品之價格爲商品之內容之一要素？其理由請參閱前注8。

注十六　又在比較廣告情形，即使眞實陳述競爭者商品，但不實陳述自己商品優越性之廣告仍違反贈表法第四條禁止虛僞或誤導行爲，同時造成因和競爭者相比較，歪曲優劣關係，競爭者信用有可能因虛僞不實陳述使其信用減少，亦違反不正競爭防止法第一條第一項第六款營業誹謗行爲。
　　　　參閱豐崎光衞一松尾和子＝澁谷達己，不正競爭防止法，頁272。

一個一千元，因此就此散布傳單之行為人應負不實表示責任。（但顯著之錯誤，消費者一望即知之情形則並非不實廣告，例如冷氣機廣告「一臺一頓1200元」，顯然一望即知尾數少一個「0」，並不使消費者誤認廣告之虞。）（注十七）

第三款　進貨方法或進貨來源方式

一、意義

在廣告中「直接來自工廠」、「工廠直營」、「廠價」、「批發價」、「成本價格」、「倒閉貨」、「倒店大拍賣」……等，皆使一般消費者認為廣告主自己生產製造該項商品以犧牲利潤，甚者不計成本的出售產品，誤導消費者產生價格低廉印象，進而購買廣告主產品。

有關進貨方法或進貨來源為引人錯誤之表示行為，在德國依不正競爭防止法第三條明文予以禁止，且對行為人處一年以下有期徒刑或併科罰金，如行為人係企業之職員或受任人，企業之所有人或主管知其情事，應與該行為人一同處罰（同法第四條）。

又對破產商品之銷售，如該商品不屬於破產財團時，不得在對大眾所為之公告或通知中就商品之來源，作任何源出於破產財團之表示，故意或過失違反者，科處壹萬馬克以下之罰鍰（同法第六條）（注十八）。

但製造商或批發商對最後消費者之銷售，亦有例外規定，即第六條之一：「(1)對於在與最後消費者之營業交易中，就商品之銷售，強調其係製造商之身分者，得請求其停止為此作為，但下列情形者，不在此限：1.專銷售予最後消費者，或2.以其轉售者或營業上消費者所能忍受之價格銷售予最後消費者，或3.明白指示售予最後消費者之價格高於售予轉售者或營業上消費者之價格，或此等情事為最後消費者所公知者。

注十七　利部脩二，實務家のための景品表示法基礎講座一至二十三，公正取引，第465期，1989年7月，頁30。
注十八　徐火明，論不當競爭防止法及其在我國之法典化(一)，中興法學二十一期，七十四年三月，頁315。

(2) 對於在與最後消費者之營業交易中，就商品之銷售，強調其係批發商之身分，得請求其停止爲此作爲，但其供給對象係以轉售者或營業上消費者爲主，且具備第一項第二款或第三款之要件者，不在此限。」

於日本則依贈表法第四條第二款禁止就商品或勞務之價格、其他交易條件之不實廣告，公平交易委員會得發出排除命令或警告措施，至於營業上利益有受損害之虞之競爭者得否依不正競爭防止法，請求停止其廣告行爲，則有爭議，已如前述。玆舉日本有關進貨方法或來源虛僞或誤認之具體案例。

二、具體案例

流動攤販展示、販賣禮佛用品及器具事件

本事件同時違反禁止有關進貨方法或來源以及前述價格對此虛僞或誤認廣告行爲。本件被處分人係在日本東北地方以流動方式展示販賣禮佛用品器具之多數小營業者，業者於展示販賣時散發「產地直送、工廠直營、秋田禮佛用品大展覽」、「有七百年傳統技術絕品，工廠販賣價」、「依工廠超特價格出售」、「四折至三折大奉送」、「本店平常價××元，以○○元出售」、「工廠建議價格××元，以××元出售」、「經通產省指定傳統工藝製造之禮佛品、漆器」等，實際上，如前述「本店平常價」、「舊價格」、「工廠直營」、「廠價」、「建議價格」、「通產省指定傳統工藝製造之禮佛品漆器」，實際上大部分非自己製造而係工廠批發而來，價格表係虛僞，更無經過通產省指定之事實（有關振興傳統工藝品產業法律），日本公平交易委員會依贈表法第四條第一項第二項，發出排出命令（**注十九**）。

三、不實廠價、批發價、成本價廣告判斷基準（**注二○**）

注十九　昭和五十六年排第 6 號，公正取引委員會排除命令集14卷66頁。
注二○　廖義男，論不正當之低價競爭，臺大法學論叢，第十四卷第一、二期，七十四年六月，頁217。

　　所謂「廠價」，係指生產者賣與批發商之價格。其計算，包括(1)生產成本(2)生產者之利潤(3)對批發商宣傳及經銷之費用等之總合。而不包括對最後消費者之經銷費用，亦卽並不包括批發商對零售商以及零售商對消費者之經銷費用及利潤。

　　故生產者直接銷售給最後消費者而以「廠價」出售爲廣告時，其價格之計算，不得包括零售之費用，諸如零售店面租金及人事費用等。否則，其價格卽不是「廠價」，如以「廠價」爲宣傳，則有使顧客陷於錯誤之虞。

　　同理，批發商或零售商賣給最後消費者，而以「廠價」爲廣告者，其價格之計算，必須是其從生產者買入商品之價格，卽其進貨之價格（Einstandspreis）而不得再附加其他費用。換言之，必須放棄其利潤及經銷與廣告費用之補償。故批發商以「眞正廠價」（Original-Fabrikpreisen）爲廣告，而實際上並非以其進貨價格，乃更附加其利潤之報酬及經銷費用於其價格中者，則其廣告爲引人錯誤。

　　所謂「批發價」，係指批發商賣給零售商之價格。如批發商爲廣告，將商品以「批發價」賣給最後消費者時，則其價格須確實與批發商賣給零售商之價格相當，否則，其廣告卽屬引人錯誤。

　　又事實上僅直接賣給最後消費者之零售商，如以「批發價」出售商品爲廣告者，縱令其確實以較低價格進貨，並且轉賣時之訂價亦如同批發商賣給零售商之價格，但因其事實上僅居於零售商之地位，則其以「批發價」廣告，卽與其零售商身分之事實不符，並且使人誤以爲其係向生產者購買且轉賣給零售商之批發商，此種不符事實之廣告，自屬不法。

　　所謂「成本價格」，並非指買入商品時所支付之價格，而是指除該支付之價格（Einkaufspreis）外，尚附加商人將該商品置於其貨倉之其他費用，如運費、保險費及關稅等，但不包括如房租、工資、倉庫保

管費及經銷所需費用。晚近學者，以「成本」兩字有多重意義，爲避免誤會，對「成本價格」多改稱爲「進貨價格」 (Einstandspreis)。

以「成本價格」加上若干百分比之成數爲價格做廣告者，例如「成本價格＋10％」，如將房租、工資及經銷費用等計算於該附加之百分之十內，尙無違誤，但如將之計算於「成本價格」內，然後再加其百分之十爲其價格時，則其所爲之價格廣告，卽爲引人錯誤。

四、問題研析

消費者收到外國公司郵寄之商品目錄中表示係「工廠直營」、「廠價」，於是以通訊方式訂購商品，但當商品郵送至時，發現價格並非所謂廠價或工廠直營時，該外國公司是否違法？同理，在其他交易條件，商品與目錄不同時，是否違法？

在理論上只要內國消費者對商品或營業之交易條件產生誤認時，卽構成違法，勿論其係外國公司，如外國公司在內國有分公司、營業所、代理店，對違反事件之調查及其他措施手續均與內國事業違法情形相同，但如外國之事業不在內國有分公司、營業所、代理店，全部均以郵寄方式而販賣時，理論上卽使違反本法，但實際上要採取行政上救濟甚或民、刑事救濟，則事涉國際不正競爭防止問題 (注二一)。

第四款　價格誤導其他方式

一、說明

廠商爲促進產品之銷售量獲取利潤，常舉辦各種銷售活動，一般而言，銷售活動可分爲結業銷售、清倉銷售、換季銷售及特別銷售（如慶典銷售、剩餘銷售）等。又有些商品或營業之名稱，類似政府機關、公益團體或其他具公信力組織，使消費者誤認其商品或服務，信用可靠、

注二一　利部脩二，實務家のための景品表示法基礎講座一至二十三，公正取引，第 465期，1989年7月，頁31。
　　　　入江啓四郎著，國際不正競正と國際法，成文堂，1967年9月25日，頁1。

價廉物美，如國宅廣告及電腦、美容、電工等職業訓練補習廣告（**注二
二**）、大批發食品公司、直銷電器行、電腦量販店。其次舉辦折扣活動
（**注二三**）、聯合打折（**注二四**）或對同一商品，分別訂定不同價格（**注二
五**）、提高原價並標示不二價後再予減價打折出售、分期付款不加價（**注二
六**）、價格計算不同……等等促銷方式，其特徵莫不使消費者產生降價

注二二　如房地產建設公司，常利用類似國家政府機關公告方式，大作「國宅
　　　　登記、出售、抽籤」廣告，另外電腦美容、電工……等技術補習班，
　　　　利用類似勞工行政單位職業訓練公告，表面上免費或如政府單位只收
　　　　成本費，實際上從報名費、購書、其他器材等方式，獲取不當利潤。
注二三　徐火明，公平交易法對百貨業之影響，公平交易委員會與中興大學合
　　　　辦公平交易法與產業發表研討會，八十一年九月，頁40，注2：公平
　　　　會對百貨業的促銷問題提出七大類型，第二類為折扣促銷，區分三種
　　　　行為態樣：
　　　　(1) 全面六折：只要查獲未打六折之商品，即依公交法第二十一條加
　　　　　　以處理。
　　　　(2) 五折起：如多數商品未達五折，該廣告詞縱無虛偽不實，亦足引
　　　　　　人錯誤有公交法第二十一條適用。廠商基於誠信原則，應明白標
　　　　　　示例如「最高五折、最低九折」，或將打折商品與成數明細標示。
　　　　(3) 全年折扣：折扣促銷應有時間性，全年折扣易使消費者誤認其商
　　　　　　品價格較低廉，違反公交法第二十一條。
注二四　徐火明，公平交易法對百貨業之影響，公平交易委員會與中興大學合
　　　　辦公平交易法與產業發表研討會，八十一年九月，頁29。
注二五　廖義男，論不正當之低價競爭，臺大法學論叢，第十四卷第一、二
　　　　期，七十四年六月，頁228。以「價格分歧」(Preisspatung) 誤導
　　　　顧客，商人對於其所銷售之商品，除法令有特別限制者外，得自由決
　　　　定其價格。因此，商人對於同一商品以不同價格銷售給顧客，原則
　　　　上，並非法所禁止。但商人如在其商店內對於同一商品分別訂定不同
　　　　之價格，則消費者通常會認為，其間一定有導致此價格差異之正當理
　　　　由，諸如數量、品質或相關之服務等。如實際上並無此等差異，而是
　　　　藉此方法，讓消費者懷疑低價位的品質，而願以高價位購買；或者高
　　　　價位其實是一種「商懸價格」，使消費者誤以為低價位者乃是一種「降
　　　　價」，則此種「價格分歧」乃在誤導顧客，即屬不法。
注二六　廖義男，論不當之低價競爭，臺大法學論叢，第十四卷第一、二期，
　　　　七十四年六月，頁219。所謂「分期付款」(Abzahlung)，係指買
　　　　受人支付價金一部分後 (Anzahlung)，即取得商品，而對其餘價
　　　　金，得在一定期間內，分期給付之一種制度。分期付款買賣之價格，
　　　　為買受人第一次支付之價金以及包括利息及其他費用而由買受人分期
　　　　繳納之價金之總和。故如以「分期付款 不加價」(Teilzahlung
　　　　ohne　Aufschlag) 為廣告，則其所要求之價格，應與現金交易所

或價格確實公道、低廉之印象及感覺。

在德國對結業銷售、清倉銷售、換季銷售有明文規定，亦卽第七條明文規定具有①放棄全部之營業，或②放棄分支機構之營業，③放棄特定商品種類之營業等原因之一，方可在對大衆所爲之公告或通報中宣傳結業銷售，並須在其廣告中表明其原因。第八條明文規定，在對大衆所爲之公告或通報中，宣傳爲特定商品存貨之清倉目的而銷售，應於宣傳中表明此種銷售原因。銷售僅限於營業中之若干商品種類者，在該宣傳中並應表明銷售之商品種類，並於第七條之二之三規定結業銷售、清倉銷售之程序及禁業期間，第八條規定對違反者視爲違反秩序行爲，得科壹萬馬克以下罰鍰。依第九條規定，季末或盤存銷售之許可，授權帝國經濟部長或其指定之機關爲之，換季銷售係就一定種類之商品，在一定之時間，於一定之地點及地理區域爲銷售之許可，乃一般性之規定，並依第九條，於一九五〇年頒布夏季與冬季結束銷售辦法，對於換季銷售之數量、時間、期限、宣傳方法及得爲換季銷售之商品，皆明文規定，對違反第九條者，爲違反秩序之行爲，處壹萬馬克以下之罰鍰（注二七）。

對不屬於第七條至第九條所規定之特別方式之銷售活動，其規範事項，得由帝國經濟部長加以規定（第九條之一），基於第九條之一規定而頒布之命令，原則上禁止各種特別銷售活動，惟在具備一定要件時則允許慶典銷售或剩餘銷售。違反此種規定時，依第十條第一項第三款及第二項之規定，爲違反秩序之行動，處壹萬馬克以下之罰鍰（注二八）。

　　　　要求之價格相當，否則，如與現金交易之價格相較，尙附加有利息或其他名目費用，則其所爲「分期付款不加價」之廣告，卽屬引人錯誤。同理，分期付款所要求之價格與現金交易所要求之價格雖然相同，但現金交易之買受人享有百分之三之現金折扣者，亦不得稱其分期付款不加價。

注二七　徐火明，論不當競爭防止法及其在我國之法典化（一），中興法學二十一期，七十四年三月，頁320。
　　　　經濟部編印，各國公平交易法有關法規彙編，七十五年四月一日，頁179。
注二八　徐火明，論不當競爭防止法及其在我國之法典化（一），中興法學二十一期，七十四年三月，頁326。

二、具體案例

(一)山久開發建設股份有限公司（以下簡稱山久公司）及德昌建設股份有限公司散發、刊登「臺中國宅公告」、「臺中港路國宅公告」廣告，違反公平交易法處分案。

此二案例事實均相同，茲舉山久公司散發「臺中國宅登記公告」案，其事實如下：

被處分人山久公司與興建山久草湖亮閣第三期「大里國」國宅，被檢舉於八十一年五月間以夾報方式散發「臺中國宅登記公告」廣告傳單，其內容聲稱：

1.此國宅方案由臺灣省住都局、臺中縣政府、山久開發建設(股)協力主辦。

2.大臺北地區限量二十戶最後配額，登記額滿為止。

3.申購辦法：

(1) 凡中華民國國民，女生年滿二十二歲，男生年滿二十五歲，無自用住宅者。

(2) 凡曾登記國宅承購者(無國宅承購登記者，可現場辦理)。

4.優惠條件：

(1) 月息6.4%優惠利率。

(2) 二十年長期高額低率銀行貸款。

(3) 免契稅（約可省六萬元正）。

(4) 五年免繳本金。

可知被處分人於廣告單上將核准單位列為協力主辦單位，其用意在使消費者誤認該國宅專案係政府單位全力支持之意圖甚為明顯，故顯係以不實廣告使消費者誤認該廣告商品誠信可靠，進而與之交易。又申購辦法及優惠條件合併觀察，使人認為可容易貸得月息僅 6.4%之優惠利息，但事實上欲享有國宅貸款，除應具備前述四項要件外，尚須經主管機

關核定後轉請辦理國宅貸款銀行當地分行辦理國宅貸款，是以，該廣告之申購辦法及優惠條件合併觀察即有引人錯誤之處（注二九）。

(二)十信有限公司商品標示價格引人錯誤違反公平交易法處分案

公平交易委員會認爲被處分人所售「舒喜維他命」商品包裝盒上有「不二價 480元」字樣，然一般藥房（局）並不會按照標價出售，藥房實際零售價均約三百元至三百五十元之間，使消費者誤認藥房係以原定價格之六至七折出售，已有在商品上就商品價格爲引人錯誤之表示（注三〇）。

三、問題研析

商品、商號、公司之名稱、商標、標章，使人誤認其商品或服務之價格、品質、內容、產地、製造者……等，行政機關、競爭者，甚或一般消費者能否請求改正或不作爲？及其與商標法、商品表示法、公司法等相關問題？

按廣告方式，千變萬化，利用之媒介，不勝甚數，並不限於電視、廣播、新聞雜誌、傳單標語、屋外車箱廣告、看板貼紙、口頭文書、沿街訪問廣告等，商品、商號、公司之名稱、商標、標章，亦係廣告之一種（當然也是媒介）（注三一），於是利用商品、商號、公司之名稱、商標、標章傳達有關商品或服務之價格、品質、內容、出產地、製造者、獲獎、由誰支持……等誤導性印象，玆舉日本及我國具體案例說明之，再敍明本問題核心部分（爲顧及問題之完整性，除就商品或服務價格誤導廣告之外，另商品或服務之品質、內容、生產地……等也一併敍述）：

〔案例一〕日本ライナービヤ（LINER BEER CO. LTD）事

注二九　行政院公平交易委員會公報第一卷第六期，頁27。
注三〇　公平交易委員會 (81) 公處字第 025號。
注三一　R. Callmann, *The Law of Unfair Competition Trademark and Monopolies*, Vol. 1 (4th ed. 1987), §5.07 p.59, §5.10 p.70.

件（ライナービヤ卽 LINER BEER CO. LTD 公司名稱，ビヤ卽
BEER 啤酒），被告ライナービヤ公司，生產一種在外觀、色澤、香
味與啤酒相類似之發泡酒，此種酒屬於日本酒稅法上雜酒第二級，與酒
稅法所定啤酒之品質、製造方法不同，但被告以「ライナービヤ」爲
商品名稱，因日本對ビール（beer）與ビーヤ（bier荷語）認知相同，
卽均指啤酒，被告以「ライナービヤ」爲商品名，在品質上卽引人錯
誤，原告（卽日本製造啤酒四家業者中之二家）向法院請求停止使用ラ
イナービヤ於商品及公司名稱，法院認爲被告製造含有酒精之飲料，
很明顯不屬於一般所謂啤酒，卻在容器、包裝、其他標籤表示「ライ
ナービヤ」而販賣，同時記載「ライナービヤ株式會社」，被告有意
避開使用「ビール」（beer）而用「ビヤ」，乃因日本消費者認ビール
卽ビヤ，辨識兩者之間的差異並不十分容易，有些啤酒消費者雖然指
名品牌之啤酒，但有些則否，尤其是被告之商品較其他啤酒便宜時，卽
有顧客要求購買，ライナービヤ初期販賣時，酒類零售商卽承認，一
些消費者確實相信ライナービヤ卽是啤酒之一種，從而「ビヤ」之表
示，正是該當不正競爭防止法第一條第五款所謂「商品之內容、品質
引人錯誤行爲」，但原告等請求禁止使用「ライナービヤ」全部表示
中之「ライナー」部分，例如三菱啤酒之「三菱」一樣，係商品固有名
稱，只有「ライナ」表示，並不會使人誤認爲ビール之虞，總之不是
ビール（beer）之飲料使用與ビール同義之「ビヤ」係有使人誤認之行
爲，原告之請求理由充分，乃爲原告就此部分爲勝訴判決，而「ライナ
ー」部分則爲請求無理由。至於「ライナービヤ株式會社」之表示，
依商法第二十條及二十一條，僅限於使人誤認係同一或類似之他人商號
或營業主體之商號，但被告所爲「ライナービヤ株式會社」之表示其製
造含酒精之飲料，並不使人認爲其商品卽ビール（beer），例如被告公
司生產威士忌或白蘭地酒而表示「ライナー威士忌」、「ライナー白蘭

地」等，即使同時併用「ライナービヤ株式會社」，普通一般人並不
會馬上誤認其產品係啤酒，不僅如此，在有關酒稅保全及酒類業公會等
法律要求酒類製造業，在酒瓶等容器顯而易見地方標明製造商、名稱、
製造地、容量、品目、類別、級別、其他成分規格等容易識別方法，且
應受大藏大臣承認。被告依前法律，表示自己商號「ライナービヤ株
式會社」及「LINER BEER CO. LTD」，如被告不表示「ライナービ
ヤ株式會社」必然不會被大藏大臣所承認，又商品之廣告，普通均表示
製造者商號，乃公知事實，被告將自己產品表示「ライナービヤ株式會
社」、「LINER BEER CO. LTD」，不該當不正競爭行爲。

　　原告不服上訴二審，二審法院維持原判，原告再上訴，三審法院亦
維持原判。

　　日本學者認爲禁止被告使用「ビヤ」之判斷部分係正確，唯並不
贊同法院駁回停止使用「ライナービヤ株式會社」之請求，其理由：①
酒稅法規定必須經大藏大臣之承認其目的與不正競爭防止第一條第五款
目的不同，故不得解爲依酒稅法排除不正競爭防止法之適用。果眞如判
決一樣，則在藥事法、藥品商標、電器用器取締法、電氣用品之商標
等，將產生無數問題，②使用「ライナービヤ株式會社」雖非直接地表
示商品，但卻具暗示作用，故卽使在商號亦當然解爲應在不正競爭防止
法範圍內予以規範（注三二）。

　　〔案例二〕日之美國際貿易有限公司及佛心堂使用「好瘦烏龍茶」
「日本好瘦茶」虛僞不實或引人錯誤廣告處分案（注三三）。

　　被處分人等銷售之「好瘦烏龍茶」及「日本好瘦茶」廣告，並自稱

注三二　小野昌延編著，注解不正競爭防止法，靑林書院，平成三年十月，初
　　　　版二刷，頁243。
　　　　田倉整、元木伸編，實務相談不正競爭防止法，財團法人商事法務硏
　　　　究會，平成元年五月三十日，頁202。
注三三　公平交易委員會 (81) 公處字第 028號。

「臺灣總代理佛心堂」、「臺灣總代理日之美國際貿易有限公司」、「採用日本特殊配方」，然事實上係向亞東製茶廠有限公司（在臺）購茶包另外包裝後販賣，公平交易委員會認爲該商品包裝之「日本好瘦茶」、「好瘦烏龍茶」、「臺灣總代理」及說明書中所稱「採用日本特殊配方」等，均屬對商品之製造地、用途、內容之虛僞不實或引人錯誤之表示或表徵，乃令被處分人改正虛僞不實或引人錯誤之商品名稱及標示後始可重行販賣等。

　　從以上可知事業利用商品名稱使人誤認其商品或服務之價格、品質、內容、產地、製造者……等，行政機關、競爭者得要求改正或不作爲。

　　中、日兩國具體案例均係由同業競爭者或行政機關請求不作爲，但同業競爭者受害至何種程度，方具請求權適格？又一般消費者是否得請求不作爲不得而知。關此問題，事涉我國公平交易法是否賦予一般消費者請求權，容後另立專節絞述之，唯於此簡介日本學者見解認爲，日本不正競爭防止法第一條前段規定「營業上利益有被侵害之虞者，得請求行爲人停止其行爲」，此要件太過嚴格，並認第五款有關商品品質、內容、製造方法、用途、數量引人錯誤廣告行爲，其立法目的在保護公衆爲主旨，因此卽使特定人之營業上利益損害不明確時亦有第五款之適用，至少於有引人錯誤之廣告存在時，如無特別之情事存在，仍肯定競爭者之利益受侵害而允許競爭者任何一人或數人請求其停止廣告。關於此點在山葉鋼琴特約店事件，法院卽認僅推測特約店之顧客減少之事實卽有原告適格，不無放寬請求者要件，甚至有學者建議修正本條，如西德不正競爭防止法第十三條賦予以增進工商業利益爲目的之團體及消費者保護團體，對於特定類型之不正競爭行爲，尤其引人錯誤廣告及不實標示等，得獨立起訴請求不作爲，或建議如瑞士不正競爭防止法第二條第二項，因不正競爭而在經濟上利益受害之顧客亦能請求不作爲及損害賠償

（注三四）。

　　其次，在商品、商號、公司名稱、商標、標章使人誤認商品或服務之價格、品質……等交易條件之表示或表徵，與商品標示法、公司法、商業登記法、商標法之有關問題，可分兩方面說明：一是名稱、商標、標章之使用使人產生主體混同、來源混同（**注三五**），二是使人誤認前述之外其他交易條件，於玆討論者係後者，以下卽分項敍述：

　　(一)商品本身交易條件引人錯誤：依商品標示法第四條：本法所稱之標示，指廠商於商品本身、內外包裝或說明書上，就商品之名稱、成分、重量、容量、數量、規格、用法、產地、出品日期或其他有關事項所爲之表示。第五條商品之標示，不得有(一)內容虛僞不實，(二)標示方法有誤信之虞者，(三)有背公共秩序或善良風俗者。第八條商品應於包裝上標明(一)商品名稱，(二)廠商名稱及廠址，(三)內容物之成分、重量、數量、規格或等級，(四)出品日期。第十三條有商品廣告準用商品標示之有關規定，並在第十四條至十六條有處罰規定，亦卽未依規定者，直轄市或縣（市）主管機關應通知廠商限期改正或暫行停止其陳列販賣，經通知改正而逾期不改正者，處五千元以上五萬元以下罰鍰，其情節重大，報經中央主管機關核准者，並得處以停止營業或勒令歇業，拒繳罰鍰者，移送法院強制執行。由此可知商品標示如有違反本法規定，經濟部或省市建設廳（局）、縣市政府得通知廠商限期改正或暫行停止其陳列販賣、處罰鍰，甚至停止營業或勒令歇業。同時亦違反公平交易法第二十一條。

　　(二)公司、商號名稱引人錯誤

注三四　小野昌延編著，注解不正競爭防止法，青林書院，平成三年十月，初版二刷，頁74。
　　　　水田耕一，實踐不正競業，社團法人發明協會，1982 年，頁151。
注三五　有關本問題請參閱張澤平，商品與服務表徵在不正競爭防止法上的保護規範，中興法研碩士論文，八十年六月。

　　1.公司名稱引人錯誤:

　　依公司法第十八條:「同類業務之公司，不問是否同一種類，是否同在一省（市）區域以內，不得使用相同或類似名稱，不同類業務之公司，使用相同名稱時,登記在後之公司應於名稱中加註可資區別之文字，二公司名稱中標明不同業務種類者，　其公司名稱視爲 不相同或不類似（一、二項）。公司不得使用易於使人誤認其與政府機關、公益團體有關或有妨害公共秩序或善良風俗之名稱（四項），公司名稱及業務，於公司登記前應先申請核准，並保留一定期間，其審核準則，由中央主管機關定之。」第三百八十八條:「主管機關對於公司登記之申請認爲有違反法令或不合法定程式者，應令其改正，非俟改正合法後，不予登記。」第九條第一項公司設立登記後，如發現其設立登記或其他登記事項有違法情事時，公司負責人各處一年以下有期徒刑、拘役或科或併科二萬元以下罰金。可知如主管機關對某公司名稱違反第十八條，但疏失而准予登記，是否得撤銷其登記? 是否構成第九條犯罪行爲? 該公司是否得以行政機關核准公司名稱登記抗辯公平會之處分等諸問題產生。

　　2.商號名稱引人錯誤:

　　依商業登記法第二十六條之規定：「商業之名稱得以其負責人姓名或其他名稱充之。但不得使用易於使人誤認與政府機關或公益團體有關之名稱。以合夥人之姓或姓名爲商業名稱者，該合夥人退夥如仍用其姓或姓名爲商業名稱時，　須得其同意。」第二十八條:「商業在同一直轄市或縣（市），不得使用相同或類似他人已登記之商號名稱，經營同類業務。但添設分支機構於他直轄市或縣（市），附記足以表示其爲分支機構之明確字樣者，　不在此限。」第二十九條:「商業有左列情事之一者，主管機關得依職權或據利害關係人申請，撤銷其登記或部分登記事項: 一、登記事項有虛僞不實情事，經法院判決確定者，二、商業行爲有違反法令、公共秩序或善良風俗、受勒令歇業之處分者,三、……」。

(三)商標引人錯誤:

依商標法第三十一條第一項第一款，商標專用權人於註冊商標自行變換或加附記，致與他人使用於同一商品或同類商品之註冊商標構成近似而使用者，商標主管機關應依職權或據利害關係人之申請撤銷。依商標法第三十七條第一項，商標圖樣有左列各款情形之一者，不得申請註冊:「一、相同或近似於中華民國國旗、國徽、國璽、軍旗、軍徽、印信、勳章或外國國旗者。二、相同於　國父或國家元首之肖像或姓名者。三、相同或近似紅十字章或其他著名之國際性組織名稱、徽記徽章者。四、相同或近似於正字標記或其他國內外同性質驗證標記者。五、有妨害公共秩序或善良風俗者。六、有欺罔公衆或致公衆誤信之虞者。七、相同或近似於他人著名標章，使用於同一或同類商品者。九、相同或近似於中華民國政府機關或展覽性質集會之標章或所發給之褒獎牌狀者。十一、有他人之肖像、法人及其他團體或全國著名之商號名稱或姓名，未得其承諾者。十三、以他人註冊商標作為自己商標之一部分，而使用於同一商品或同類商品者。」商標如具有第三十一條或三十七條，不僅主管機關應依職權或利害關係人之申請撤銷商標專用權或構成不得註冊原因。且亦違反公平交易法第二十一條。另外仿冒他人商標除應負民刑事責任外(商標法第六十一、六十二條)，亦違反公平交易法第二十一條。

第二項　數量、品質、內容

第一款　概述

所謂商品之數量指商品本身之個數、內容、數量、大小、長寬等，一般而言，商品之販賣往往由一定數量決定其價格，特別是隨著大量生產製造，往往數量之變更，價格亦隨之不同。然而在不講求精確、凡事大而化之我國，不正競爭之法意識比較低，往往在數量上有諸多彈性及較大之容許範圍，因此對判斷誤認廣告上造成許多困難，例如一杯生啤

酒三十元，倒滿溢出、九分、八分滿均是一杯，又如三合板有三分、五分、七分，正三分、正五分、正七分，一般消費者均不十分清楚有此區分，更勿論三分、正三分之辨別。但如一般食品禮盒，過大包裝或內裡襯墊過多，在外觀上使人誤認數量時則可能為法規範對象。另外廠商或零售商根本沒有或少量商品或不敷實際販賣量等等卻宣稱貨源充足；反之，貨源、數量充足，卻廣告「所剩不多，欲購從速」，例如中古車商在廣告中謂數百輛汽車現貨，任君挑選，實際上僅數十輛不到，此類廣告，是否屬於商品「數量」虛偽不實或引人錯誤廣告？

　　所謂商品之品質係指商品之屬性及成分，諸如商品之原材料、質、純度、技術、效能、效果等。品質不實或誤認廣告，除直接地故意虛偽不實或引人錯誤之外（例如果汁廣告，稱 100％純果汁，其實沒有果汁或滲入其他物質；宣稱能使身材增高之「增高機」廣告，事實上並無增高效果），尚有間接地暗示、推測事實造成誤認，如製造方法、原材料（天然品、加工品）、新舊別、有效期限、公家機關保證、推薦、得獎、等級、專利、特選、營業績效、交易對象、交易方法（直接輸入、工廠直營），均能引人錯誤。

　　所謂商品之內容指商品販賣、輸出入之際有關商品一切之屬性，除品質、製造方法、用途、數量……等之外，尚包括其他交易條件，如保證內容、售後服務等各種服務之有無、程度、內容等等。由此可知要區分某廣告行為係屬商品品質或內容或用途或製造方法……等虛偽不實或引人錯誤廣告，誠屬不易，亦似無區別實益（**注三六**）。

第二款　具體案例

一、美加美國際事務股份有限公司（以下簡稱美加美公司）使用「僅十二個家庭配額……依序登記，額滿為止」「九十天內取得綠

注三六　小野昌延編著，注解不正競爭防止法，青林書院，平成三年十月，初版二刷，頁238、245。

卡,立卽定居美國」……廣告違反公平交易法處分案（注三七）

被處分人美加美公司係辦理移民投資公司，在移民投資廣告除了刊登 李總統與可哈拉公司代表人 MR. FERNANDO 握手之巨幅照片，標明「領袖級的信譽」、「美國可哈拉建設開發有限公司授權美加美公司綠谷專案在臺唯一代表英文證明書」、「領袖級專案」，「領袖級的保證: 美國官方及國會議員推薦，移民投資中文版合約書由律師見證，英文版由美國在臺協會公證，美國移民之父 Patrick J. Hillings 大律師專辦」之外（以上亦屬保證推薦廣告，容後述），並稱「僅十二個家庭配額……依序登記、額滿爲止」、「九十天內取得綠卡，立卽定居美國」。

公平會認爲廣告中所刊「僅十二個家庭……依序登記，額滿爲止」，但事實上係第一批爲十二個家庭名額，第二批以後爲六個家庭爲一批，最高可達六十人，與「可哈拉」簽約係寫明最少十二個家庭，故此部廣告詞與事實不符， 其刊載目的皆在使人產生名額有限 、 機會不多之誤認。又「九十天內取得綠卡,立卽定居美國」，惟依據美國移民法規定，係先取得有條件之移民簽證，俟兩年期滿前九十日申請審核，若符合美國移民法投資移民要件，始取得永久綠卡，故此廣告詞有引人誤認九十天內可取得永久居留權之虞。「領袖級信譽」但被處分人過去未曾從事移民投資業務，刊登國家元首與美國可哈拉總裁握手巨照，雖該總裁曾隨內華達州代表團晉見總統屬實，惟此與本投資專案無關，該相片置放於該廣告中，有攀附總統名望，使人產生總統默許該移民專案，或與該移民專案有密切關係，可放心投資該移民專案之誤認。

二、 山久開發建設股份有限公司使用「臺中國宅公告」廣告內容不實處分案（注三八）

被處分人散發載有「臺灣省住都局 、 臺中縣政府 、 山久開發建設

注三七　行政院公平交易委員會公報第一卷第五期，頁8。
注三八　行政院公平交易委員會公報第一卷第六期，頁27。

（股）協力主辦」、「最後二十戶限量配額，登記額滿為止」及「申購辦法、優惠條件」之「臺中國宅登記廣告」。

公平會認為所謂「臺灣省住都局、臺中縣政府核准、山久開發建設（股）協力主辦」實際上臺中縣政府係初審單位，省住都局係複審單位，被處分人於廣告單上將核准單位列為協力主辦單位，其用意在使消費者誤認該國宅專案係政府單位全力支持之意圖甚為明顯，故顯係以不實廣告使消費者誤認該廣告商品誠信可靠，進而與之交易。另「最後二十戶限量配額，登記額滿為止」，實際上尚有七十戶左右尚未銷售，故與事實不符，違反公平法第二十一條規定。

三、巨達國際貿易有限公司使用「ＦＯ減肥奶粉」為商品名稱及標示，違反公平交易法處分案（注三九）

被處分人以進口類似可可粉商品，以「ＦＯ減肥奶粉」為商品名稱，並以「ＦＯ減肥奶粉」名稱刊登廣告，其廣告詞如「榮獲美國醫療食品所推薦」、「臺大、長庚、陽明、仁愛等各大醫院福利社均有售，品質效果有保障」、「全省指定藥房名單」及「遠東區總代理臺灣區總經銷」等用語。

公平會認為被處分人所販賣之ＦＯ減肥巧克力（或香草）奶粉，其內容物為類似可可粉（或香草粉）之物品，並非如其名稱或標示所稱之奶粉；又該商品為食品，其商品名稱上標示「減肥」字樣，易使一般公眾誤認為該商品用途上具有減肥之功能與療效，係就商品之內容與用途為虛偽不實及引人錯誤之表示。刊登廣告稱「榮獲美國醫療食品所推薦」，惟卻無法提供相關之資料佐證前開內容為真，有虛偽不實情事；又廣告中載有「臺大、長庚、陽明、仁愛等各大醫院福利社均有售，品質效果有保障」，經命被處分人提供送貨單到會及本會之訪查，發現前

注三九　公平交易委員會（81）公處字第 027 號。

述福利社雖以「寄售」方式寄售六罐，但均不足以證明該商品廣告所宣稱之品質效果有保障，被處分人顯在利用各醫院之聲譽以建立消費者之信賴感。另廣告所稱之「遠東區總代理」，因與該公司八十一年六月二十三日函之說明第三點「由於本公司ＦＯ減肥奶粉仍是試賣期間，所以沒有原廠代理契約」兩者顯然不合，足證該公司並未取得該產品之代理權。又前開各廣告中所稱之「全省指定藥房」，經查詢二十家廣告中刊登之藥房，卻有義榮等九家藥房表示並未與該公司相互約定爲「指定藥房」，且從未出售該ＦＯ減肥奶粉，被處分人以不實之指定藥房名單塑造該商品爲暢銷之形象，以促使消費者及藥房購買或代銷其商品，卽係爲虛僞不實及引人錯誤之廣告。

四、上盟廣告事業有限公司所爲「92″超級汽、機車暨摩登用品展」廣告違法處分案（注四〇）

被處分人假外貿協會松山機場展覽館主辦展出「92″超級汽、機車暨摩登用品展」。展覽場外大型廣告看板標示爲:「92″超級汽、機車暨摩登用品展」，售票處上方張貼有展覽內容海報外，並訂明票價: 每人100元，身高120公分以下免費。

但公平會認爲本件廣告主（被處分人）之廣告名稱爲「92″超級汽、機車暨摩登用品展」,其展覽應以展示一九九二年超級汽、機車及新穎摩登用品爲主。惟經本會派員實地調查，發現其展覽實際內容，汽、機車展示僅占展覽場地約三分之一，其餘爲一般商品之展售，且大部分屬一般日常用品，如玩具、西裝、食品……等。又經本會派員實地訪查前往參觀之消費者，大多數表示展覽內容與廣告不一致。因而本會認定其廣告會使一般消費者於看過該廣告後對該展覽實際內容產生誤認。受處分人以展覽超級汽機車爲名，實際上係以銷售日常用品爲主，而且展

注四〇　行政院公平交易委員會公報第一卷第一期，頁3。

售之物品種類，亦未適當記載於廣告（海報）中。是故本件被處分人之行爲已違反公平交易法第二十一條第三項準用同條第一項禁止從事引人錯誤廣告之規定。

五、巨人企管顧問股份有限公司所爲「西安秦始皇兵馬俑世界巡廻
　　展」廣告違法處分案（註四一）

被處分人假臺中全國飯店場地，自八十一年二月四日至四月五日止主辦「西安秦始皇兵馬俑世界巡廻展」。

公平會認爲被處分人之廣告，其文字表現之意義易使一般消費者認係「西安秦始皇兵馬俑」之「世界巡廻展」。而實際上，其所展兵馬俑爲縮小仿製品，中國古靑銅器系列文物爲現代科技產品，並非眞品「西安秦始皇兵馬俑」；至「世界巡廻展」乙節，依被處分人之若干 DM 資料及刊於若干報紙之標題「秦俑世界」來看，其意係在於強調「秦俑之世界」，故如其未另有舉辦「世界巡廻展」之具體計畫或行動，則其名稱「西安秦始皇兵馬俑世界巡廻展」則有引人錯誤之嫌。被處分人雖曾在其若干宣傳資料或若干報紙上表現出所展並非眞品（爲仿製品），以及所展爲「秦俑世界」（兵馬俑世界）巡廻展之訊息。然其大量表現於外之宣傳資料，卻多未如實表現其「秦俑世界」（仿製品）巡廻展之眞實內容。亦卽，一般消費者未能從其廣告名稱及內容中獲得眞實認識，致易對此項展覽之內容（例如展出是否眞品及其展出性質）產品誤認。是故本件被處分人之廣告行爲已違反公平交易法第二十一條之規定。

六、日本清酒特級事件（註四二）

本事件係刑事事件，製酒公司自製 1.8 公升裝二級清酒，但在瓶上

注四一　行政院公平交易委員會公報第一卷第三期，頁1。
注四二　小野昌延編著，注解不正競爭防止法，靑林書院，平成三年十月，初
　　　　版二刷，頁236。
　　　　田倉整、元木伸編，實務相談不正競爭防止法，財團法人商事法務硏
　　　　究會，平成元年五月三十日，頁198。

附貼清酒特級的表示證明，一審法院認爲其行爲該當虛僞不實及引人誤認其商品瓶裝內容、品質行爲。被告不服上訴，上訴審認爲：「本件清酒，貼付清酒特級之表示證明，如已生誤認其品質、內容時，因逾越自由競爭的範圍，危害競爭的公正、秩序及公共利益，該當五款行爲」、「清酒的級別虛僞表示是否馬上該當商品品質、內容虛僞表示行爲（五款）？本判決認爲清酒的級別認定，乃係對製酒業者優良品質酒給予之證明，縱使證明本身及方法有爭論，但現行制度上清酒級別仍係一般公衆訂購時所據以認定之級別， 以便其購買之交易實態及慣行， 沒有級別認定之清酒而在瓶上表示清酒特級之證明，卽使被告所主張其酒品質優良，但仍屬級別制度上本來二級酒，故其表示會使人誤認受正式特級認定之品質優良清酒，駁回上訴。」被告不服再上訴，第三審法院認爲：「未受級別審查、認定之酒稅法上二級清酒，在瓶上貼付清酒特級之表示行爲，卽使清酒品質實質上與清酒特級相同或更優良，仍構成不正競爭防止法第五條一款之罪行」（注四三）。

第三款　問題研析

事業任意爲㊣字、〔標記〕 標記、專利權、商標授權使用、技術合作、其他依法應經核准方得標示之事項，以取信消費者，增進銷售量，其行爲所造成之法律效果爲何？

依正字標記管理規則第二十八條規定： 未依本規則取得正字標記證明書而使用正字標記者， 由標準局依標準法第八條規定， 移送司法機關。標準法第八條凡以詐僞方法曚請審查或濫用標準之㊣字標記者，以

注四三　小野昌延編著，注解不正競爭防止法，青林書院，平成三年十月，初
　　　　版二刷，頁236。
　　　　但有學者爲上訴審不管實際品質，只認爲其未受認定而貼付特級清酒
　　　　之行爲，卽是品質誤認行爲，如此之論據，並未考慮一般消費者判斷
　　　　商品品質、內容之其他依據。又有關級別，在未受級別認定之二級清
　　　　酒，乃意味不必須擔相當特級、一級之酒稅，但品質並無必定低劣……
　　　　等等理由，而認判決似有不妥。

詐欺論。

　　商品標示法第十條規定：「一、商標授權使用，二、專利權，三、技術合作，四、其他依法應經核准方得標示之事項等，未經該管主管機關核准者，不得標示，其前經核准而已失效者，亦同。」第十四條商品未依本法規定標示者，直轄市或縣（市）主管機關應通知廠商限期改正或暫行停止其陳列販賣。第十五條更規定罰鍰或停止營業或勒令歇業之處罰。

　　專利法第七十四條專利權：「專利權人登載廣告，不得逾越申請專利之範圍，非專利物品或非專利方法所製物品，不得附加請准專利字樣，或足以使人誤認為請准專利之標記。」第九十二條規定：「違反七十四條之規定者，處六個月以下有期徒刑、拘役或科或併科一萬元以下罰金。」

　　刑法第二五五條：「意圖欺騙他人，而就商品之原產國或品質，為虛偽之標記或其他表示者，處一年以下有期徒刑、拘役或一千元以下罰金。」

　　從以上規定可知，事業者不得任意標示Ⓡ字、Ⓡ標記、專利權、商標授權使用、技術合作及其他依法應經核准方得標示之事項，否則不僅違反公平交易法第二十一條，同時亦構成行政或刑事之處罰。

　　至於在商品中標示「專利申請中」、「商標專用權申請中」是否使人誤認請准專利或商標之標記？我國專利法或商標法規定申請案提出後，尚須經過審查公告等階段，合於法律規定之要件者，始有取得專利權、商標專用權之可能；「專利申請中」、「商標專用權申請中」字樣，僅指專利、商標註冊已提出申請，而並未表明專利商標已經核准，如已確實提出專利、商標註冊之申請，於廣告中為「專利申請中」、「商標專用權申請中」字樣者，應屬合法，但如未曾提出而為如此表示，則有引人誤認之可能。唯成問題者係商品為「專利申請中」、「商標專用權申請中」並

在市場上販售，事後為行政機關駁回申請確定，事業者該如何？依日本學者見解事業者應給予補救措施，例如散發更正廣告並如上次發散相同傳單數及地區，在商品之表面及包裝標示上塗銷「專利申請中」、「商標專用權申請中」字樣（注四四），使消費者不致發生錯誤，如未有採取補救措施或象徵性措施，仍應認為係虛偽不實或引人錯誤廣告。

第三項　製造方法、製造日期、有效日期、使用方法、用途

第一款　概述

所謂「製造方法」指商品製造所用之方法，包括加工方法、方法專利之表示、防水、耐熱加工標示、機械製造、手工製、天然生產、高溫處理等特殊程序等。例如機械製造之產品，卻標示手製品或天然生產。「製造日期」指商品出廠或完成日期，而「有效日期」則是商品其效能期限，例如食品類或藥品類，標示不實日期、塗改日期或重複標示不同日期；進口商獨自貼印不實之使用期限於過期商品。「使用方法」指操作、利用商品之方法、程序，例如半自動操作虛偽稱電腦自動化，外用藥卻標內、外兩用。而商品之「用途」，例如化粧品廣告成乾、油性肌膚合用、晴雨兼用、冷寒地用，事實上並無此用途，滅火器僅船上使用卻廣告成海、陸皆宜，工業廠房卻廣告成住宅、商業用。

第二款　具體實例

一、凡賀興業股份有限公司刊登「樂泰安全護目網」廣告內容不實違法處分案（注四五）

被處分人所刊登之「樂泰安全護目網」廣告中所登載「確實經過經

注四四　利部脩二，實務家のための景品表示法基礎講座一至二十三，公正取引，第 465期，1989年 7 月，頁30。
注四五　公平交易委員會（81）公處字第024號。

濟部商品檢驗局及工業研究院測試證實『瑞士網』可將電視電腦射出之靜電及低頻輻射，經由地線導洩後完全消除，有效防止學童近視、中老年人白內障、孕婦妊娠異常病變、癌症及小兒白血球病變之症狀產生。」

公平會認爲依被處分人所提供之經濟部商品檢驗局委託試驗報告記載，「螢幕濾光篩網」僅試驗「外線可見光透過率」一項；而關係人萬象興實業公司所提供之工業研究院電子工業技術研究所試驗檢驗報告單亦僅檢驗「電磁波隔離效果」一項。該等試驗報告結果，均未證實「『瑞士網』可將電視電腦射出之靜電及低頻輻射，經由地線導洩後完全消除，有效防止學童近視、中老年人白內障、孕婦妊娠異常病變、癌症及小兒白血球病變之症狀產生。」故被處分人在未經證實其商品用途、功效前，即以虛僞不實之廣告內容，陷消費者誤認「樂泰安全護目網」具有「防止學童近視、中老年人白內障……」等用途，已違反公平交易法第二十一條第一項不得爲虛僞不實及引人錯誤廣告之規定。

二、韻碩企業有限公司違反公平交易法處分案（注四六）。

被處分人刊載「常䕺滅火器使用手冊」、「您生命資產的守護神」、「常䕺自動擴散型滅火器生命財產的保險絲」、「常䕺自動擴散型滅火器產品測試發表會」等廣告。

公平會認爲被處分人之產品僅中央消防主管機關認可原則上准予船舶使用，但並未准予陸地使用，卻在前開廣告上稱可用於陸地使用之宣傳行爲，隱匿商品用途爲「原則上准予船舶使用」之事項，雖被處分人稱其產品可用於廚房、客廳、辦公室、倉庫、工廠等場所，係依日本原廠之通知，廣告圖片亦自日本原廠目錄，且日本在交通運輸工具上之滅火器標準高於室內使用，故其廣告應無虛僞不實或引人錯誤情事，但被處分人經內政部通知「若要陸地使用仍需補送資料」而在未獲認可，

注四六　公平交易委員會（81）公處字第029號。

准予陸地使用前，即刊登上開廣告及舉辦產品測試發表會，使人誤認其商品可供陸地使用，顯已違反公平交易法第二十一條第一項事業不得於廣告上，對於商品之內容、用途等爲引人錯誤之表示或表徵之規定。

三、銀櫃有限公司「憑本券可免費歡唱一小時，限六月二十日前有效」廣告違法處分案（注四七）

被處分人係 KTV 公司，在招待券載明「憑本券可免費歡唱一小時，限六月二十日前有效」，但事實上該招待券僅限周一至周五使用。

公平會認爲招待券載明「憑此招待券可免費歡唱一小時」，唯招待券上除註明「限六月二十日前有效」外，並無其他使用時間之限制，消費者觀察該廣告招待券部分時，自易陷於「六月二十日前，不限時間或例假日均可免費歡唱一小時」之錯誤。雖被處分人聲稱本公司廣發的傳單中均有說明，但其說詞公平會認均無礙被處分人在其廣告上，對服務之內容，爲引人錯誤之廣告。

四、世爵建設股份有限公司刊登「中原至尊」房屋廣告違法處分案（注四八）

被處分人於八十一年四月四日中國時報第二十五版（桃竹苗版）所刊登之「中原至尊」房屋廣告中刊載「一樓精華戶、御賜天下多用途，黃金一樓、美容院、花店、工作室……讓你花小錢照樣當大老闆！」及於八十一年四月十八日聯合報第八版（桃園一版）所刊登之「中原至尊」房屋廣告中，刊載「黃金一樓＋送一車位＋送私人御花園」、「500坪 VIP 至尊享受」、「11至13坪鴻儒套房、29至33坪3房」，暨將「本工地爲都市計畫工業用地」以小字分散圍繞在廣告四周等。

公平會認爲被處分人雖稱八十一年四月四日中國時報「中原至尊」廣告並非以小字將「本工地爲都市計畫工業用地」字樣刊載版面右下方

注四七　公平交易委員會（81）公處字第032號。
注四八　公平交易委員會（81）公處字第022號。

不明顯處，然其廣告上刊載「一樓精華戶，御賜天下多用途，黃金一樓、美容院、花店、工作室……讓你花小錢照樣當大老闆！」等，其廣告除未明確表示本案商品「中原至尊」之用途爲供工業使用之「廠房」外，亦陷消費者誤認該建築物一樓係商店或供商業使用。另被處分人於四月十八日聯合報所刊登之「中原至尊」廣告，係以八開版面，將「本工地爲都市計畫工業用地」以小字──楷書六號字體分散圍繞在廣告四周（字距由四公分至十一公分不等），一般人若非仔細詳看，實無法看出全句字樣，顯見被處分人對於消費者未盡告知本案建築用地係屬都市計畫工業用地之義務，且廣告中使用「黃金一樓＋送一車位＋送私人御花園」、「500坪 VIP 至尊享受」、「11至13坪鴻儒套房、29至33坪 3 房」等銷售住宅用語，其隱匿本案商品爲在「都市計畫工業用地」上建築「廠房」之效果至爲明顯，故本案被處分人在中國時報八十一年四月四日及聯合報八十一年四月十八日刊載「中原至尊」廣告，足使消費者誤認其所銷售之建築物用途並非工業廠房，而係供商業或住宅使用，消費者在考量所訂價格下卽可能與被處分人交易，故其在廣告上對於商品之內容、用途等爲引人錯誤之表示，洵堪認定。

　　另據內政部八十一年八月三十一日臺（81）內營字第八一〇四五八二號函知悉，依都市計畫法第三十六條暨同法臺灣省施行細則第十八條至第二十一條規定，都市計畫工業區土地不得興建住宅，而被處分人明知「中原至尊」建築物基地使用分區爲「工業區」，建築物各層用途爲「廠房」，倘購屋者將該建築物移供與工業無關之使用或租售他人作爲非工業使用，卽可能受建築法第八十六條第二款「處以建築物造價千分之五十以下罰鍰，並勒令停止使用補辦手續……並得封閉其建築物，限制修改或強制拆除之。」及都市計畫法第七十九條「立卽拆除、改建、停止使用或恢復原狀。」之處分，然被處分人於廣告上隱瞞此影響消費權益重要事項，亦足以陷消費者認爲「中原至尊」建築物縱移供非工業

使用，亦不致遭受前述處分之錯誤。

第三款　問題研析

某項產品依法令須經核准，方得銷售，但法令卻未規定專業應標明經××機關核准字樣之義務，公平交易委員會得否以其未依法令向相關單位准許而逕認違反公平交易法第二十一條？

商品如未經有關單位核准，竟僞稱經有關單位核准載明於廣告，則可能如後述推薦保證廣告，使消費者誤認其品質、內容、安全……等應無堪慮故爲引人錯誤或虛僞不實廣告。但法令並無要求事業應在商品載明經某機關核准字樣之義務，而事業雖違反法令未經核准，亦未在廣告上虛僞表示經某機關核准字樣，卽上市銷售，但其品質、內容……各方面均與客觀事實相同，而一般皆無以其經有關機關核准爲採購依據之習慣或慣行時，本文認爲仍應依前述判斷虛僞不實或引人錯誤廣告之基本準則（注四九），公平會不得以其未依法核准而逕認違反公平交易法第二十一條。但依商品標示法第十四條及第十五條規定，主管機關應通知該廠商限期改正或暫行停止其陳列販賣，或處以罰鍰、停止營業、勒令歇業。

第四項　原產地、製造者、製造地、加工者、加工地

第一款　概說

「原產地」，係日常用語，狹義指商品生成之地名，廣義則指包括出產、加工、製造地及國家（注五○），但不包括貨物集散地、輸出港、

注四九　本問題類似日本清酒特級事件及我國韻碩企業有限公司違反公平交易
　　　　法處分案。
注五○　小野昌延編著，注解不正競爭防止法，青林書院，平成三年十月，初
　　　　版二刷，頁 216；如將「國名」排除在「原產地」之外，則保護將不
　　　　周全，故巴黎條約第十條第二項、馬德里協定第一條第一項、里斯本
　　　　協定第二條均包括地名及國名。

輸入港之地名。商品爲天然物（如動、植、礦物）係指被採擷之地方，例如「凍頂」烏龍茶、「文山」包種茶、「麻豆」白柚，這表示因土地之自然條件，使商品具有一定品質而吸引消費者注意靑睞。因此天然物被採擷之地方獨具有自然條件而使產品具有優良品質，此地方卽典型之原產地。天然物除了土地條件外，有些尙須加工，因加工地之技術亦能決定商品品質，所以該當土地的人們、企業之努力而提升商品品質、增強顧客吸引力，因此並不是土地自然條件而是有技術水準人的條件爲決定商品品質之重要因素，此加工或製造地方亦可稱爲原產地，另外亦具有歷史的文化的條件之地方，吸引顧客，例如巴黎香水、京都和服（**注五一**）。

原產地大多指第一次產業之原始生產，如農、林、礦、水產，已如前述；而「製造地」係就原材料施加勞力、改變原材料性質、用途成不同東西，如紡織、機械器具製作、酒類釀造、化學品製品等；「加工」則指原材料施加勞力，但並未改變原材料性質、用途而成爲新的物體，例如洗滌、染色、雕刻、乾燥、天然石之硏磨。

從以上可知「原產地」、「製造地」、「加工地」之意義，範圍可能重疊，造成商品「原產地」有人亦稱「加工地」或「製造地」，於是其意義、範圍模糊不淸；有些產品可能經過不同地方加工、組合……等程序，尤其是國際交通便捷，各國勞工技術、價格、金融、政經之不同之下，商品製作過程橫跨數國，例如汽車、電氣製品等，生產製造加工地分佈美、日、德、臺灣、東南亞各國。區別生產地、製造地、加工地實益在決定誰有請求停止作爲及損害賠償之權利。

關於產地之表示，可分爲直接產地表示與間接產地表示，前者係將地方或國家名稱直接地予以標明，如「凍頂」茶、「麻豆」柚、「德國」

注五一　田倉整、元木伸編，實務相談不正競爭防止法，財團法人商事法務硏究會，平成元年五月三十日，頁189。

車、「日本」和服。後者係不直接地標明地方或國家名稱，而以文字、照片、圖畫等方式表示，因此產地虛偽不實或引人錯誤之廣告除直接載明虛偽之產地地名或國名外（注五二），其他在社會通念上表示產地之文字形狀、照片、圖畫均包括之，如本地生產之鬱金香、葡萄、服飾，在廣告上畫上風車、美國國旗或寫了外國語文等，即會使消費者誤認該等產品係從荷蘭、美國或外國進口（注五三），即使單純書寫「舶來品」亦同。

虛偽產地表示並不須有以詐欺之意圖附加虛構或冒用商號、商標、外觀……等必要，然諸多案件係兩者併行為之，於此情形如該當商號、商標、外觀……係在該交易圈具周知性時，則造成第二十條、第二十一條競合情形（注五四）

第二款　具體案例

一、鑽石直接從比利時進口事件（注五五）

本事件除前項注八所述商品價格引人錯誤外，亦係加工地引人錯誤事件。

被告係從比利時輸入鑽石原材料，但在比利時以外地區加工，廣告

注五二　一般來說虛偽引起誤認者多，但不會引起者亦有之，如虛偽不具周知之地名，並無出處表示機能。誤認雖多起於虛偽，但眞實亦可能引起誤認，如香港製品廣告成英國製，香港雖屬英殖民地，但我國或日本一般人均認與英國不同'，故客觀雖非虛偽，但引人錯誤。有些情形雖無明白虛偽表示但卻可能間接的引人錯誤，如以法國風土人情（巴黎鐵塔）加上法文書寫之虛構商標、法文說明書等暗示其香水係法國製，一般婦女可能引起誤認。

注五三　小野昌延編著，注解不正競爭防止法，青林書院，平成三年十月，初版二刷，頁220。
徐火明，論不當競爭防止法及其在我國之法典化(二)，中興法學二十一期，七十四年三月，頁 312。

注五四　小野昌延編著，注解不正競爭防止法，青林書院，平成三年十月，初版二刷，頁220。

注五五　小野昌延編著，注解不正競爭防止法，青林書院，平成三年十月，初版二刷，頁217。

用語卻爲「鑽石直接從比利時輸入」。

　　一審法院認爲其廣告係商品的原產地虛僞不實及引人錯誤廣告，但二審法院認爲有些天然的產物如鑽石，因加工而使其價值增加，雖然此加工地一般均言原產地，但一般亦清楚世界有名的加工地如比利時加工水準之國家亦有數個，故被告爲「鑽石直接從比利時輸入」之廣告並非虛僞原產地之廣告（**注五六**）。

　　二、JEYNES 牛仔褲事件

　　日本牛仔褲製造商，從美國輸入牛仔褲衣料，在日本製造並於腰部縫上商標 JEYNES 及英文說明，且打上「U.S.A.」或「MADE IN U.S.A.」等，日本一般消費者認爲牛仔褲美國製比日本製好，美國縫製技術比日本優良亦爲牛仔褲業界所認同，故被告違反不正競爭防止法第一條第三款規定。

　　其他事件如韓製絹綢卻用「本場大島」日本字及縫上日本國旗。臺灣製電器卻標「原產國國產品」等。

　　三、日之美國際貿易有限公司使用「日本好瘦茶」、「採用日本特殊
　　　　配方」等表示或表徵違反公平交易法處分案（**注五七**）。

　　被處分人係向亞東製茶廠有限公司購買五萬包茶包，另加外包裝後販賣，在包裝上稱「日本好瘦茶」、「臺灣總代理」、「採用日本特殊配方」。

　　公平會認爲被處分人日之美公司於三月間向亞東製茶廠所購，並非由日本進口，復依案外人亞東製茶廠負責人高銀塗君於八十一年七月十七日到本會訪談紀錄中稱，被處分人日之美公司所購五萬包茶包「僅含

注五六　但有學者對此判決提出批評，被告雖從比利時輸入鑽石原料，但在
　　　　利時以外地區加工，被告卻用「鑽石直接從比利時輸入」，一般人均
　　　　知比利時是世界上具有一流鑽石加工技術，鑽石因加工後比原材料更
　　　　具價值，故以加工地爲原產地係鑽石交易界習慣，法院不顧一般消費
　　　　者之習慣對被告之廣告有引人錯誤之虞，而認爲世界其他各地區亦有
　　　　同比利時加工技術，將原判決撤銷改判，至爲不當。
注五七　公平交易委員會（81）公處字第 028 號。

烏龍茶及少許的樹蘭花香， 沒有其他具減肥效果之添加物。」另據被處分人日之美公司經理黃正義於八十一年七月二十二日至本會說明，亞東製茶廠於本（八十一）年三月十八日交給被處分人日之美公司之五萬包茶包，「除以外盒包裝外，本公司未再打開加工過，市售好瘦茶茶內的茶包與亞東製茶廠交給本公司的茶包一樣。」等語，足證該商品包裝之「日本好瘦茶」、「臺灣總代理」，及說明書中所稱「採用日本特殊配方」等，均屬對商品之製造地、用途、內容之虛偽不實或引人錯誤之表示或表徵。

四、和泰汽車股份有限公司刊登「新可樂娜超質 CORONA」廣告，違反公平交易法處分案（注五八）

公平會認為被處分人引述前西德汽車聯盟月刊 *ADAC MOTOW-ELT"* 九〇年五月號及九二年五月號之統計資料，並將該統計數字及內容說明自行加總後列表於報紙上刊登：「交車後三年內的中型車中，每 1,000 臺裏路途中故障率最低的車子，一九九〇年及一九九二年順位表第一位為 CORONA（德國名 CARINA II）」，另引述前西德 *TUV AUTO REPORT"* 九二年年報之汽車排名統計表刊登「售後五年、七年的車子中，因各種重要車況不良而檢驗不合格比率最低的車子，第一位 CORONA（德國名 CARINA II）」。

縱觀廣告整體四周順位表第一欄均在排名第一位「CORONA」之後以括弧加列「德國名 CARINA II」並將該欄位之文字特別放大，另以顯著之淺綠底紅色字特別凸顯該文字內容而言，確易引人誤認 CORONA 即為德國汽車雜誌所評比之 CARINA。

五、五聯企業股份有限公司違反公平交易法處分案（注五九）

檢舉人莊頭北工業股份有限公司（以下簡稱莊頭北公司）向公平會

注五八　公平交易委員會 (81) 公處字第035號。
注五九　公平交易委員會 (81) 公處字第020號。

反映：

(一)「莊頭北」商標係檢舉人依法註冊之商標，前經中央標準局函准授權被處分人使用於瓦斯熱水器產品，授權期間自八十年八月三十日起至八十二年八月二十九日止，惟由於被處分人未依商標法第二十六條第二項規定於商品上爲商標授權標示，嗣經中央標準局查明屬實，乃撤銷其商標授權之核准。

(二)詎被處分人無視該商標授權已被撤銷，竟惡意連續於新聞媒體上刊登巨幅廣告，標示「玆經雙方同意，本保險單內有關會員廠商五聯企業股份有限公司（編號33）商標莊頭北牌變更爲五聯牌」企圖以臺灣區瓦斯器材同業公會爲各會員廠商投保之保單號碼混淆視聽，影射莊頭北品牌已變更爲五聯牌，以誤導大衆，並指使大衆就莊頭北品牌產品找五聯公司服務。

公平會認爲被處分人五聯企業股份有限公司不採用原先中央產物保險公司八十一年三月份所出具涵蓋三家公司之保險批單刊登廣告，而刻意另請公會代爲申請僅涵蓋二家公司之批單上編號33莊頭北牌變更爲五聯牌內容予以廣告，其欲使原擬購買莊頭北牌之消費者，改買五聯牌瓦斯熱水器之意圖甚爲明顯。復查保險批單僅係保險人與被保險人間約定公共意外險之證明單據，玆被處分人自行透過公會申請後，復取巧摘用其上之部分文字於報紙上加框放大刊登：「玆經通知並雙方同意，本保險單內有關會員廠商五聯企業股份有限公司（編號33）商標莊頭北牌變更爲『五聯牌』」。從廣告上「雙方同意」暨「莊頭北牌變更爲五聯牌」等文字，確有影射檢舉人與被處分人雙方同意莊頭北商標已變更爲五聯牌商標，有使消費者誤認莊頭北牌今後已不復存在之效果。

第三款　問題研析

一、商品有數個加工地或製造地或國家時，應如何決定產地名稱？標示其一是否違法？

例如臺幣升值，產業乃移至東南亞或大陸，再回銷臺灣，又如美國綿，在英國紡織成布，在日本製成衣服等情形，決定其產地係依據消費者等交易關係人對商品之產地認爲重要且影響其購買因素或具有特別使用價值（注六〇）。日本公平交易法告示「關於商品原產國之不當表示」所下定義： 所謂原產國係指使商品之內容發生實質上變更之行爲地而言，係從消費者觀點去理解商品本身以決定原產國。

但商品有時並無法一一詳於標示，也無須如此，故即使一部分係客觀正確表示，但從整體或其隱匿其他製造地情形來看卻誤導消費者之注意力，影響消費者之選擇時，此廣告即爲引人錯誤廣告。如某項製造地並非消費者所關心者，即使不表示亦不得論以引人錯誤或虛僞不實廣告（注六一）。

二、暗示影射或虛構產地廣告是否均違法？所有與事實不符之廣告均違法？

依前所述產地表示方式，有直接表示地名，有間接利用該地之固有風景照片、畫圖、旗幟、外國文字、文章來暗示影射外國製品，或用公司名稱推認外國商品；因此被暗示影射之地亦係交易重要因素時，即可認爲違法，反之並不會使消費者誤認，或產地表示在該商品交易並非重要因素時，則否。

至於虛構產地亦同，有些並不會使消費者產生錯誤，如「神境產品」、「天上聖品」，消費者馬上知道係不可能的。但消費者不可能知全世界各地名，故要馬上判斷其是否虛構並不可能，有些虛構地名很可能使消費者聯想眞有其地名，且該商品交易上產地亦爲重要因素時，此時即有

注六〇　小野昌延編著，注解不正競爭防止法，青林書院，平成三年十月，初版二刷，頁217。
　　　　田倉整、元木伸編，實務相談不正競爭防止法，財團法人商事法務研究會，平成元年五月三十日，頁188。
注六一　參閱後述「消極不表示或客觀眞實表示但引人錯誤之廣告」。

違法之可能。

　　職是之故，所有與事實不符之廣告，並非均違法，其不符之事實並不使消費者對商品品質、內容……等交易條件誤認時，仍為合法（**注六二**）。

第三節　其他虛偽不實及引人錯誤廣告類型

第一項　誘餌廣告

第一款　誘餌廣告之意義與形態

　　國內不動產廣告最流行的廣告詞之一是「××多少萬元起」，而當你到現場後才發現，這種「廣告屋」僅一戶且已售完，推銷員對前來之購屋者卽鼓起三寸不爛之舌，極力推銷其餘房屋，然其價格卻高出所謂廣告屋二成以上，使前去之購屋者最終有受騙之感覺。其他行業如汽車以陽春車為誘餌、眼鏡以少數幾副廉價貨為誘餌、家電以供顧客實地觀看、操作擺置店面之經年陳舊樣品為誘餌……等等用低價商品吸引消費者前往，然後再促銷業者所真正想賣的商品（**注六三**）。像此類販賣商品或提供服務之事業者，就實際上不能成為交易之商品、服務或已賣掉之商品為廣告，或商品或服務之販賣數量、日期有顯著之限制但在廣告中卻未明載，以便引誘顧客，而對光臨之顧客鼓動其購買非廣告之商品或

　　注六二　田倉整、元木伸編，實務相談不正競爭防止法，財團法人商事法務研
　　　　　　究會，平成元年五月三十日，頁193。
　　　　　　利部脩二，實務家のための景品表示法基礎講座一至二十三，公正取
　　　　　　引，第 465，1989年7月，頁30。
　　注六三　范建得、莊春發合著，公平交易法Ｑ＆Ａ，範例 100，商周文化事業
　　　　　　股份有限公司，1992年4月25日，出版，頁192。
　　　　　　周德旺，透視公平交易法，大日出版社，民國八十一年五月，一版，
　　　　　　頁216。

服務，此種廣告稱之為「誘餌廣告」（注六四）。

誘餌廣告之形態，大致有下列三種：

一、廣告中表示之商品，實際上不能交易，而仍為販賣廣告。

二、廣告中表示之商品，實際上並無交易之意思，而仍為販賣廣告。

三、廣告中表示之商品，其供給量、期間、交易相對人有所限制，但其限制於廣告中並未明載（注六五）。

第二款　誘餌廣告各國立法例

關於誘餌廣告之規範，在各先進國家乃屬不實表示規範之一環，因國家之不同而異其規範內容，有基於競爭政策觀點，亦有基於消費者保護觀點；有設計特別法之規定，有者僅依一般不實表示之禁止規定；甚者有些國家並未有十分完整規範誘餌廣告。

以下就各國規範誘餌廣告之法制予以概略敘述：

一、德國

德國就引人錯誤廣告行為，依不正競爭防止法第一、三條予以規範，前已述及。但就誘餌廣告之主要規範仍在第三條，唯第一條仍有適用之可能，亦即兩條之關係是：第三條係禁止為競爭目的而於營業交易中，關於營業狀況作引人錯誤廣告行為，此種行為亦屬於第一條之不正

注六四　向田直範，先進諸國におけるおとり廣告の規制，公正取引，第 382
　　　　期，1982年 8 月，頁54；日本公平交易委員會基於贈表法第四條第三
　　　　款，告示「關於誘餌廣告」之指定。內田耕作，廣告規制の課題，成
　　　　文堂，1992年12月20日初版，頁79；美國聯邦貿易委員會訂定之誘餌
　　　　廣告指導準則，謂廣告主實際上並不具販售之眞意或不賣之商品或服
　　　　務，以曖昧的廣告詞，不具誠意的刊出廣告，其目的係廣告主企圖以
　　　　此招徠顧客，並以較高價格或其他有利於己之商品向顧客推銷，打消
　　　　顧客購買廣告之商品念頭，使之轉向購買廣告主其他之產品。翟宗
　　　　泉，言論自由與律師業務廣告，法令月刊，第三十八卷第二期，頁
　　　　8。

注六五　田倉整、元木伸編，實務相談不正競爭防止法，財團法人商事法務研
　　　　究會，平成元年五月三十日，頁209。
　　　　廖義男，論不正當之低價競爭，臺大法學論叢，第十四卷第一、二
　　　　期，七十四年六月，頁227。

競爭行爲，故兩條有併存適用之可能（注六六）。

二、法國

誘餌廣告係不實、誤導廣告之一種，而不實、誤導廣告，依一九七三年法 73-1193 號四四條予以規範。四四條一項一款：「禁止就下列所揭情形之一爲虛僞或引人誤認之可能的陳述、樣品目錄、提示方法等之廣告。

廣告之商品或服務的實體、性質、配合、品質、型式、原產地、數量、製造方法、年月日、特性、價格、販賣條件、使用條件等，或是販賣、服務履行之前提或方法，或是製造業者、批發商或服務提供資格、技術等。」（注六七）

三、英國

虛僞不實或引人錯誤之廣告，依一九六八年交易表示法（Trade Description Act）來規範，前已述及。依該法第一條禁止虛僞之交易表示，第十一條禁止虛僞之交易表示以外之不正廣告。但對誘餌廣告沒有直接之規範（注六八）。

四、美國

美國聯邦貿易委員會對誘餌廣告之根據係聯邦貿易委員會法第五條，雖然將「不公正競爭方法及不公平或欺罔行爲或慣行，視爲非法」之規定，但何種廣告爲誘餌廣告並非立刻可以判明。於是乎，聯邦貿易委員會訂定了「關於誘餌廣告之規範準則」，能明確地規範誘餌廣告

注六六　向田直範，先進諸國におけるおとリ廣告の規制，公正取引，第 382
　　　　期，1982年 8 月，頁55，注 7 。
注六七　向田直範，先進諸國におけるおとリ廣告の規制，公正取引，第 382
　　　　期，1982年 8 月，頁55。
注六八　向田直範，先進諸國におけるおとリ廣告の規制，公正取引，第 382
　　　　期，1982年 8 月，頁56。
　　　　川井　克倭，イギリスの取引表示法の成立の經緯とその內容，公正
　　　　取引，第 211期，頁15、17。

（注六九）。

五、加拿大

加拿大對於欺瞞、引人錯誤廣告之規範，係依企業結合調查法（Combines Investigation Act）予以禁止。依該法第三十七條第二項有關誘餌廣告之規定：任何人就其營業之市場特徵，考慮自己經營事業之性質、規模等，如不能適當供給數量或特價販賣時，不能爲相反之廣告。

六、澳大利亞

澳大利亞，有關不正表示規範，有一九七四年之交易習慣法（Trade Practice Act）第五十二條禁止引人錯誤、欺瞞行爲。第五十三條禁止虛偽不實廣告。第五十六條則規範誘餌廣告：公司在交易或商業上，不得就沒有以特價販賣意思之商品、服務，廣告成特價來販賣。但鑑於該公司營業事業之市場，廣告之特徵，就販賣期間、數量認爲適當者，不在此限。本法係由交易習慣委員會執行之（注七〇）。

七、日本

日本對誘餌廣告之規範有二：一是依「不當贈品類及不當表示防止法」第四條第三項：事業者就其商品或勞務有關交易事項之廣告，使一般消費者有可能產生誤認，或不當地誘引顧客，致有侵害競爭之虞時，經公平交易委員會指定告示後，仍爲廣告時，公平交易委員會得行使「禁止命令」，加以取締。二是依「禁止私的獨占及確保公正交易法」有關不公正交易方法之禁止規定（注七一）。

第三款　誘餌廣告之判斷

注六九　內田耕作，廣告規制の課題，成文堂，1992年12月20日初版，頁79。
注七〇　向田直範，先進諸國におけるおとり廣告の規制，公正取引，第382期，1982年8月，頁54。
注七一　田倉整、元木伸編，實務相談不正競爭防止法，財團法人商事法務研究會，平成元年五月三十日，頁209。

　　依美國有關誘餌廣告準則，誘餌廣告之判斷基準有三，一、以不實陳述，告知消費者有關廣告內容受諸多因素限制，而使消費者打消購買廣告物而轉向購買其他廣告主所欲推銷眞正商品或服務，使消費者產生對廣告內容有虛僞之印象。二、廣告後，廣告主爲使消費者購買其眞正欲販賣之商品，而對消費者爲打消購買廣告物之一切行爲。三、卽使締結廣告物買賣契約後，廣告主是否說服消費者解除契約另行締結非廣告物買賣契約之行爲（注七二）。

第四款　德、日、美實務具體案例

一、德國有關欠缺妥當販賣數量或販賣時間之誘餌廣告實例

　　一九七九年四月二十日，柏林日報新聞登載被告之廣告如下：鏡頭是1.8至50焦距之 Canon 牌照相機，684馬克。訴外人Ｐ於廣告次日十一時近三十分至被告商店要求看樣本，店員調查庫存量時，謂廣告之駱色照相機已售完，提供黑色照相機一個 698 馬克，原告請求被告停止此廣告行爲，但在一審敗訴，上訴高院，高院依下二理由爲被上訴人敗訴判決：

　　（1）表示一定價格之 廣告商品， 在廣告次日 營業時間內卽無庫存量，與販賣需要數量相較之下顯然太少而不適量，因此如商品之庫存量確實在與需要數量相較，顯然不足時，卽可依第三條予以禁止。

　　（2）照相機零售商，廣告登載後，至少有三天以上爲販賣期間方爲妥適，在此期間對照需要量來準備庫存量。

　　故本案，被告之販賣數量與販賣期間均不妥當，而爲上訴人勝訴判決（注七三）。

注七二　內田耕作，廣告規制の課題，成文堂，1992年12月20日初版，頁89。
注七三　向田直範，先進諸國におけるおとり廣告の規制，公正取引，第 382
　　　　期，1982年 8 月，頁58。
　　　　廖義男，論不正當之低價競爭，臺大法學論叢，第十四卷第一、二
　　　　期，七十四年六月，頁228，注 52：西德聯邦最高法院在「誘餌」

二、日本對廣告商品之供給量受限制，但其限制未載明於廣告中之
　　誘餌廣告之實例

依前述日本對誘餌廣告之法規範有二，一是獨禁止法，一是贈表法，但此二法並無使因誘餌廣告中廣告商品之製造業者得依不正競爭防止法請求停止誘餌廣告行為或損害賠償，僅行政機關 ── 公平交易委員會得依該法行使排除命令，因此成問題者有二，一是誘餌廣告中之廣告物之製造商得否依不正競爭防止法直接請求停止誘餌廣告行為或損害賠償？亦即得否依不正競爭防止法第一條第一項第五款：「在商品或其廣告作使人誤認其商品之品質、內容……或數量之標示，……」而請求行為人停止行為？其二是得否依同法同項第六款：「意圖侵害有競爭關係之他人營業上信用，而陳述或散布虛偽事實之行為」，乃因本款法定必須具競爭關係之要件，製造商與販賣商之間是否具有競爭關係？

有關第一問題，日本實務曾在前述ヤマハ（山葉）特約店事件，對前述第一款所稱第三種形態之誘餌廣告，認為該當第五款品質誤認表示禁止規定，但日本學者認為本款所謂「商品之數量」之文理解釋，通說認係指商品本來應有之容積、重量而言，因此雖然商品之供給量或庫存量係間接地表示商品本身之品質內容，但一般人仍認為就商品之供給量為虛偽不實表示仍不足以本款予以規範。且本款行為亦係犯罪行為，依罪刑法定主義之精神，得否如判決如此之認定，甚表懷疑，又前述誘引廣告第一、二類型，通說亦認為非本款所能規範（**注七四**）。

　　（Lockvogel）一案中，對於以著名商標商品以特別低價，標榜其為低於廠價之價格，大作廣告，而未表明其係一種特別例外者，即認為會引起消費者以為該商店有特別之優惠之進貨來源，因而其他商品也會較低廉之誤解，故認為其廣告不合法。但如曾表示其以特價出賣有特別限制者，諸如附加「限於整箱購買，售完為止」，或將特別低廉價格出售之商品，以特別標籤指示而特別陳列者，則認為此種廣告措施，不致引起其他商品亦為廉價之誤解。

注七四　田倉整、元木伸編，實務相談不正競爭防止法，財團法人商事法務研究會，平成元年五月三十日，頁210；但在豐崎光衛＝松尾和子＝涉

　　有關第二問題，製造商與販賣商是否具有競爭關係？因製造商與販賣商均係處理同一或同類商品，又販賣商所爲虛僞事實之陳述、散布行爲，終局地使製造商所製造商品之販賣量減少，因此兩者間具有競爭關係；其次誘餌廣告是否該當「意圖侵害有競爭關係之他人營業上信用，而陳述或散布虛僞事實行爲」？日本學者小林　正認爲如僅僅於廣告中爲誘餌表示以便招攬顧客時，因並未對顧客直接陳述、散布該當商品製造商有害其信用之虛僞事實，不構成本款行爲，但如招徠顧客陳述該商品品質不佳，修理費高等等，使顧客產生不良印象，進而改買其他代替商品，其行爲即構成本款之行爲（注七五）。

三、美國聯邦貿易委員會對誘餌廣告為禁止命令之具體事例

　　違法誘餌廣告類型之一是廣告商品數量並無在合理預測需要數量之

谷達己，　在其合著「不正競爭防止法」一書，頁 247：即持與法院相同之見解，認爲有關商品之數值……，不只係該交易商品自體之數量，並含有與此同種之商品、庫存量。

注七五　田倉整、元木伸編，實務相談不正競爭防止法，財團法人商事法務研究會，平成元年五月三十日，頁212。

廖義男，論不正當之低價競爭，臺大法學論叢，第十四卷第一、二期，七十四年六月，頁228，注52：對於著名之商標商品，經銷商將之訂價特別低廉，尤其低於進貨價格或買進價格，而大作廣告時，縱未引起消費者對其他商品也較低廉之誤解。但此種廣告措施，亦有可能危害到該商標商品之商譽及銷售。蓋消費者認爲該商標商品變得如此低廉，或許會懷疑其是否仍保持原有品質。其他經銷商對於販賣該商標商品須做如此低價之激烈競爭，也許會考慮到是否值得再進貨販賣該商品，甚至也會懷疑生產製造該商品之廠商，在販賣給經銷商時，是否存有不同之折扣暗盤，而自己被課以較不利之條件。如其他經銷商因此而不再或減少進貨販賣該商品，則其在市場上之銷售自會因此而減退。此時生產製造該商標商品之廠商即會受有損害。職是之故，對於著名之商標商品，經銷商將之訂價特別低廉而廣告出售時，縱令不是誘餌釣客之性質，但如因此而危害該商品之商譽及銷售者，對於其生產製造之廠商之損失自須負責。但反對論者認爲著名之商標商品之商譽，乃由於多年來以契約限制轉售價格及大量廣告所建立，但德國於一九七三年第二次修正「營業競爭限制防止法」時，已禁止對商標商品限制轉售價格之約定，故經銷商對商標商品之轉售價格，有決定之自由，其訂價特別低廉，並不能認爲即會妨礙或侵害該商標商品之商譽。

內，而爲廣告，使人誤認其數量十分充足。而有關手錶及攪拌機誘餌廣
告事件卽屬此一類型，此事件之事業者明知無法購得之商品—手錶仍爲
廣告並爲表示該手錶之價格、買賣條件，或者並沒有合理販賣量可得購
買之攪拌機而仍爲廣告。

對前述事實，聯邦貿易委員會認爲如商品之數量及廣告時間在廣告
中未明確而顯目表示，係供給量受限制之商品廣告，得爲禁止命令（**注
七六**）。

第五款　小結

對於 (1) 以低價或不能交易或無販賣之眞意或供給數量受限制之商
品爲廣告而招徠顧客，對招徠顧客爲廣告商品之不實表示或誹謗，使顧
客打消購買廣告商品，進而說服顧客轉向購買廣告主眞正所欲販售之商
品，對此一販售策略之廣告，稱之爲誘餌廣告 (Bait Advertising)。

依前述各國法制，對此類型廣告立有特別規定予以規範，如加拿
大、澳大利亞，有的依小型概括條款予以規範如德國，有的以概括條款
予以規範如美國，有的則依民法予以規範如法國，我國是否會與日本相
同，在適用法規時造成困擾（誘餌廣告可否視爲商品之「價格」、「數
量」、「品質」、「內容」……爲虛僞不實或引人錯誤之表示），不得而知，
不過還好是我國公平交易法有日本所無之一般條款之規定，亦卽誘餌廣
告行爲可視爲第二十四條其他足以影響交易秩序之欺罔或顯失公平之行
爲。唯眞正之途徑乃於公平交易法第二十一條加上如德國「其他營業狀
況」之概括規定，以免千變萬化之廣告中有掛一漏萬之情況（**注七七**）。

第二項　推薦、保證、見證廣告

注七六　內田耕作，廣告規制の課題，成文堂，1992年12月20日初版，頁86。
注七七　徐火明，公平交易法對百貨業之影響，公平交易委員會與中興大學合
　　　　辦公平交易法與產業發表研討會，八十一年九月，頁35。

第一款　概述

　　由名人或專家之個人或團體來推薦、背書、保證、認可、證明書、推薦書、感謝狀……等等廣告方式，以促進商品或勞務之販賣行銷，乃為商界樂於採用之廣告型態之一，廣告主之目的在利用推薦、保證、見證者（以下簡稱薦證者）之著名性、專業性、代表性，以便吸引視聽者之注意，達到說服、刺激潛在消費者購買，進而順利推銷其產品（**注七八**）。

　　由名人或專家推薦、保證、見證廣告（以下簡稱薦證廣告）之情形有三，第一是名人或專家薦證其專業領域內所需產品，如網球選手推薦某網球拍，醫生推薦醫藥，美食家推薦醬油時。第二是名人或專家推薦與其專業領域相關之產品，如賽車手推薦汽車附件之品質卓越等。第三是名人、專家推薦與其專業領域無相關之產品，如運動員推薦某家銀行服務好等（**注七九**）。

　　然而由無名氣或普通人物來薦證產品，亦能達到相同效果時，亦為廠商所利用，其原因在無名氣或普通人能代表一般消費者，如主婦在佈置似家居生活環境推薦洗衣粉、清潔劑、食品等。

　　又在產品之性能、品質，令消費者產生疑問時，往往利用團體來薦證，因該團體是具有專業權威團體，故由其薦證能達到除去消費者疑慮。

　　廣告主常利用薦證廣告其理由除上述之外，廣告主亦期望藉此種廣告產生商品之差別化，另外在有關產品特定的品質已受公眾佳評之再保證。

第二款　薦證廣告之問題（注八〇）

注七八　周德旺，透視公平交易法，大日出版社，民國八十一年五月，一版，
　　　　頁 214、216、217。
　　　　范建得、莊春發合著，公平交易法Ｑ＆Ａ，範例 100，商周文化事業
　　　　股份有限公司，1992年4月25日出版，頁195。
注七九　內田耕作，廣告規制の課題，成文堂，1992年12月20日初版，頁55。
注八〇　內田耕作，廣告規制の課題，成文堂，1992年12月20日初版，頁57。

薦證廣告明知其虛偽不實情形比較少數，絕大多數係引人錯誤。至於是否引人錯誤，則繫於消費者從薦證廣告所得之期待是否「受傷害」，於此釐出薦證廣告之要素以明瞭薦證廣告之問題所在。

(一)不能利用薦證情形，產生下列問題：

1.薦證之商品或服務不存在。

2.薦證所訴求對象不存在。

3.薦證之特定人物、團體不存在。

(二)薦證者存在時，產生下列問題：

1.無權使用他人之姓名、照片、陳述、證言。

(三)薦證者資格，產生下列問題：

1.利用專家薦證，其在專業領域是否具有專家知識，是否實際活用專業知識。

2.薦證者是否具代表性。

3.薦證者究竟依據何資格是否表明。

4.利用演員試演成消費者或專家。

5.薦證者之意見是否明確。

(四)獲得薦證之過程，產生下列問題：

1.獲得薦證之結果，是否係利用誘導，或其他不客觀方式獲取。

(五)薦證人之眞意，產生下列問題：

1.薦證人是否實際利用過。

2.薦證人是否繼續再提出意見。

3.薦證人是否與廣告主具有利害關係，如有關係是否充分表明其關係。

4.薦證人是否自發性、無償性。

(六)廣告是否正確反映薦證人之見解，產生下列問題：

1.從薦證人之意見是否被斷章取義。

2.以消費者或試驗比較結果廣告，是否不正利用結果。

3.只薦證某一部分，是否被利用薦證全系列產品。

(七)廣告主是否確切持有薦證者之證據，產生下列問題:

1.薦證人試驗產品條件及所得結果之記錄，廣告主是否保有。

2.廣告主從薦證人得到其簽名之證據是否能提供，做爲其證言之依據。

第三款　美國對薦證廣告之規範

一、關於使用薦證廣告準則

美國對薦證廣告規範之依據係聯邦貿易委員會法第五條，但面對薦證廣告問題卻無法立刻予以判明，爲使有明確依據，於是委員會制定了關於薦證廣告準則，此準則共六條，卽定義、一般事項、消費者薦證、專家薦證、團體薦證、重大關係表示，並附有舉例，以下略述大要（注八一）。

(一)定義

所謂薦證係指廣告主以外之人反映其意見、確信、判斷、經驗以取信消費者。而此反映意見、確信、判斷、經驗者稱之爲推薦保證人，包括個人、團體及團體成員。學者認爲以下廣告方式亦應屬於此類型: (1) 一般生活芝麻小事地陳述對某產品之評價，如主婦對另一主婦抱怨其使用之洗衣粉效果不好，而另一主婦對其表示，其使用之洗衣粉效果不錯，並請其試試看。(2) 事業之員工，以自己個人身分，非推銷公司產品爲目的，表達其意見、經驗。(3) 某一事業推薦與其有關聯事業之商品，如汽車製造業薦證馬達、機油。(4) 利用比賽所得獎牌、標幟、王室皇家指定、奧運會指定、著名團體採用等等。

(二)一般事項

注八一　內田耕作，廣告規制の課題，成文堂，1992年12月20日初版，頁61。

此規定事項，於所有薦證廣告，均應依下列規則：

1.薦證應反映薦證人正直之意見、判斷、確信、經驗。

2.薦證人如為廣告主自身時，不能有使消費者有誤導之感覺，或自己沒有去實證過。

3.薦證人之書信並未積極表示讚賞或保證，即不得使用。又其信有此表示則可使用亦可改變其文詞，唯應忠實原義，不得歪曲、斷章取義。

4.廣告主須有繼續維持薦證人之見解的充分理由，方可用專家、名士薦證，且有在妥當期限後再確認其見解之義務，而期間之決定由產品之使用、效果、重大變更、競爭者產品性能變化判斷之。

5.薦證人使用廣告中之產品與實際販賣產品應相同，廣告主唯有使薦證人繼續使用產品而有充分理由，方可繼續刊登此種廣告。

(三)重要關係之表明

薦證人與廣告主之關係如具有足以影響薦證實質上信賴性時，而此關係消費者並不能預期知道，則應表示其關係，如消費者通常能預知，則不須表示其關係。例如廣告由專家或一般悉知公眾人物，廣告主對其支付、報酬之關係，此種關係不須表示。

(四)消費者薦證

1.廣告主對廣告應具有適切實證依據，亦即個人或消費團體對產品或服務之特性，反映其經驗之薦證廣告，必須一般消費如使用廣告產品亦能得到薦證人所反映經驗般之成果。如薦證人的經驗，不能代表典型消費者使用後之經驗，則其差異、限制應明白標示出。

2.以直接或間接表示薦證人係「實際的消費者」時，則薦證人必須是實際的消費者，否則則必須明白表示。

3.用外行人薦證醫療器具之功能時，廣告主必須對其產品有適切科學實證及沒有與食品醫藥等衛生機關判斷相矛盾。

（五）專業人員薦證

　　1.專業人員卽使在薦證書信中表示其係專業人員時，薦證人實際上應具有關於薦證產品之專業知識及資格。

　　2.專業人員薦證廣告，因其係專業人員具專業知識及熟練技術，故訴求對象是普通消費者時，則應使普通消費者依其使用亦能得或享受產品之特性與效果。如訴求對象是同程度專業知識之消費者，亦應包括在通常必要範圍內對產品之試驗及檢查。又以比較方式時，必須與競爭者同級產品相較下所得結論。

（六）團體薦證

　　團體薦證，係集合團體所做之判斷，故應公正反映及充分過程之確證。如專業團體薦證專業領域之產品時，則其經驗係超越其會員經驗，其判斷代表一個團體。

二、具體案例分析（注八二）

（一）Universal Bodybuilding, Inc. 不實廣告事件

　　被處分人係販賣健身用器材，對象包括未滿十七歲之未成年消費者廣告。其廣告係利用典型之消費者來薦證，使消費者預期如其利用該製品將與該薦證人一樣有令人稱羨之體格。廣告因與事實相反，被聯邦貿易委員會認定其廣告是不公正且欺罔行為。亦卽被處分人為促銷其產品，向消費者（主要係向未滿十七歲之未成年人為廣告對象）散布傳單，但廣告卻是使用成年人為證言，成年人用其產品雖可鍛鍊成健碩體格，但閱讀廣告之未成年人卻不能如此，被處分人利用經使用其產品之成年人相關經驗之證言，使未成年人相信如其購買其產品來鍛鍊，亦能得相同結果，故廣告為不公正且欺罔之廣告。聯邦貿易委員會禁止被處分人使用不具代表典型消費經驗者之證言，且不得表示使用被處分人之製品後

　　注八二　內田耕作，廣告規制の課題，成文堂，1992年12月20日初版，頁70。

馬上擁有強壯健美或曲線玲瓏體格之廣告詞。但薦證廣告如有①證言係真實，②能明白表示其係以不具有典型之消費者來做廣告，其有如此完美體格，除了使用本產品外，尚有其他條件，如薦證者以前身材、均衡營養及勤於運動等，則仍可為廣告。

(二)ITT Continental Baking Co., Inc. 事件

被處分人係生產麵包產品公司，在廣告中謂其麵包只含有纖維質，五個醫生中有三人推薦。聯邦貿易委員會以被處分人之廣告沒有「合理根據」為由，認定為不公正且欺罔之行為或慣行。

(三)C.I. Energy Development, Inc. 事件

被處分人係製造汽車省油產品公司，為促銷產品，乃聘請太空人為薦證其產品之廣告，而該太空人從廣告主（製造業者及販賣商）得到報酬，其報酬額係以販賣數量從中抽成計算。被處分人在廣告中表示該太空人僅與產品推銷有關係，不具有與公司更深之關係（如合夥人、股東等），且表示該太空人在汽車工程技術領域係專家，受過完整之教育、嚴格之訓練，具有淵博專精之知識等。但事實上卻非如此，聯邦貿易委員會認定其廣告係欺罔、誤導之不公正行為。

聯邦貿易委員會認為 (1) 如薦證人未具專家資格，未受必要教育、訓練、知識時，即不得在廣告中表示其係專家，受過專業訓練擁有專業知識技術。(2) 沒有在廣告前一年內獲得薦證人或團體書面並附日期之同意書，不得用其證言。(3) 薦證人與廣告主具有重大關係時，應在廣告上表示。所謂重大關係，指除支付薦證人因為其廣告之對價之外，尚具有與產品、公司有直接或間接經濟利益之關係等。

第四款 我國具體案例

一、臺北市私立陳瑩美容美髮短期技藝補習班違法處分案 (注八三)

注八三　公平交易委員會 (81) 公處字第031號。

被處分人於八十一年二月十一日民生報第二十四版所刊登之「陳瑩美容補習班」廣告中「檢定考試一定及格」，有引人錯誤情事。經行政院勞工委員會以八十一年三月十日臺八十一勞職檢字第〇七五九〇號函送公平會處理。公平會認為：

（一）關於男子理髮、女子美髮、美容等三職類技術士技能檢定，係由行政院勞工委員會依職業訓練法第三十一條辦理技能檢定，依一般大眾對檢定考試之認知，當無「一定及格」情事，被處分人於八十一年二月十一日民生報第二十四版所刊登之「陳瑩美容補習班」廣告稱「檢定考試一定及格」，即顯有誇大不實情事。另檢定考試在客觀上雖存有及格之可能，然被處分人於廣告刊稱「一定及格」，亦使一般大眾對行政院勞工委員會辦理男子理髮、女子美髮、美容等三職類技術士技能檢定考試過程產生錯誤之認知。

（二）被處分人雖辯稱廣告上刊登「檢定考試一定及格」，意指「認真學習，考試一定及格，若不及格，我們不另收費，繼續輔導到考試及格為止」及「我們教得好，考試當然會通過」云云，然依廣告整體文義觀察，被處分人在廣告上既未述明「認真學習」、「不及格則不另收費、繼續輔導」等，自易使公眾誤以為參加該補習後無需任何條件或準備即可通過檢定考試，故其於廣告上對於服務之品質、內容等有引人錯誤之表示洵堪認定。

（三）至被處分人稱「本班學生……沒有被欺騙的感覺」乙節，因參加該補習之學生均受有一定期間之學習，自知悉參加補習後仍需「認真學習」，而非無需任何條件或準備即可通過檢定考試，然其廣告對一般公眾而言，仍易使對於被處分人服務之品質、內容有所誤認。

二、美加美國際事務股份有限公司（注八四）

注八四　行政院公平交易委員會公報第一卷第五期，頁9。

被處分人八十一年四月二十八日於聯合報、同年四月二十九日於中國時報所為「美國綠谷投資移民專案」之廣告刊有「可哈拉公司總裁與李總統握手之巨幅相片」。公平交易委員會認為：廣告中央位置使用可哈拉公司總裁與李總統握手之巨幅相片，雖其公司總裁曾隨內華達州代表團晉見李總統屬實，惟此與本投資專案無關，該相片置放於該廣告中，有攀附總統名望，使人產生總統默許該移民專案，或與該移民專案有密切關係，可放心投資該移民專案之誤認。故被處分人之廣告違反公平法第二十一條。

三、巨達國際貿易有限公司使用「ＦＯ減肥奶粉」為商品名稱及標示，違反公平交易法處分案

被處分人以進口類似可可粉商品，以「ＦＯ減肥奶粉」為商品名稱，並以「ＦＯ減肥奶粉」名稱刊登廣告，其廣告詞如「榮獲美國醫療食品所推薦」、「臺大、長庚、陽明、仁愛等各大醫院福利社均有售，品質效果有保障」、「全省指定藥房名單」等用語。

公平會認為被處分人刊登廣告稱「榮獲美國醫療食品所推薦」，惟卻無法提供相關之資料佐證前開內容為真，有虛偽不實情事；又廣告中載有「臺大、長庚、陽明、仁愛等各大醫院福利社均有售，品質效果有保障」，經命被處分人提供送貨單到會及本會之訪查，發現前述福利社雖以「寄售」方式寄售六罐，但均不足以證明該商品廣告所宣稱之品質效果有保障，被處分人顯在利用各醫院之聲譽以建立消費者之信賴感。又前開各廣告中所稱之「全省指定藥房」，經查詢二十家廣告中刊登之藥房，卻有義榮等九家藥房表示並未與該公司相互約定為「指定藥房」，且從未出售該ＦＯ減肥奶粉，被處分人以不實之指定藥房名單塑造該商品為暢銷之形象，以促使消費者及藥房購買或代銷其商品，即係為虛偽不實及引人錯誤之廣告。

四、凡賀興業股份有限公司刊登「樂泰安全護目網」廣告內容不實

違法處分案

被處分人所刊登之「樂泰安全護目網」廣告中所登載「確實經過經濟部商品檢驗局及工業研究院測試證實『瑞士網』可將電視電腦射出之靜電及低頻輻射，經由地線導洩後完全消除，有效防止學童近視、中老年人白內障、孕婦妊娠異常病變、癌症及小兒白血球病變之症狀產生。」

公平會認爲依被處分人所提供之經濟部商品檢驗局委託試驗報告記載，「螢幕濾光篩網」僅試驗「外線可見光透過率」一項；而關係人萬象興實業公司所提供之工業研究院電子工業技術研究所試驗檢驗報告單亦僅檢驗「電磁波隔離效果」一項。該等試驗報告結果，均未證實「『瑞士網』可將電視電腦射出之靜電及低頻輻射，經由地線導洩後完全消除，有效防止學童近視、中老年人白內障、孕婦妊娠異常病變、癌症及小兒白血球病變之症狀產生。」故被處分人在未經證實其商品用途、功效前，即以虛僞不實之廣告內容，陷消費者誤認「樂泰安全護目網」具有「防止學童近視、中老年人白內障……」等用途，已違反公平交易法第二十一條第一項不得爲虛僞不實及引人錯誤廣告之規定。

第五款　小結

美國聯邦貿易委員會對推薦保證廣告之規範，其制度特徵有如下列諸項:

(一)聯邦貿易委員會法制定了推薦保證廣告準則，其目的不僅規範了推薦保證廣告，且使事業者利用推薦保證型廣告有所依據。

(二)準則分成所有推薦保證廣告均應適用及消費者、專家、團體推薦保證適用之規則，使各類型推薦保證廣告均能明確遵守。

(三)有舉例，故幫助理解準則內容。

(四)推薦保證廣告之規範除依本準則外，亦得依聯邦貿易委員會法第五條對違法廣告發出停止命令。聯邦貿易委員會可對個別之推薦保證廣告爲規範。

(五)推薦保證廣告準則沒有規定或未詳細規定事項，依聯邦貿易委員會法第五條，認為是不公正或欺罔行為或慣行時，則對其為個別之規範。

至於準則內容之特徵，亦有下列諸項：

(一)只要不是有欺罔或不經實證之廣告，均允許推薦保證廣告。

(二)廣告主為避免欺罔或不經實證廣告，必須有積極之策略，如明白對消費者所關心、期待之事項為標示等。

總之，聯邦貿易委員會，並不否定推薦保證廣告，但廣告主為避免被委員會認為係欺罔或未經實證廣告而違法，廣告主應依準則規定就相關重要事項為明白表示，保證消費者所得產品資訊之真實、客觀。

美國對推薦保證廣告之規範制度，或許有些值得國內參考。

第三項　寄生廣告

第一款　寄生廣告之概念

廣告主將其產品在廣告上，附加著名商品或營業之品牌、等級、格調……等等交易條件，並謂其產品與著名商品或服務同級或其他情形，廣告主其目的只是搭乘其名聲或營業上之成果之便車，而迅速獲取名聲或成果，此行為並未直接使用外國著名商標亦未引起與著名商品或營業主體之混同。例如某一新的製造香水或酒類廠商，為使消費者能注意、聯想其產品，乃將其產品之名稱、等級、格調……等與其他著名香水或酒類之名稱、等級、格調並列，並謂其產品之樣式風味、格調與著名香水或酒類相同。例如「有法國香水風味」、「西班牙情調」，此類廣告，日文稱之為「寄生廣告」(注八五)，寄生廣告亦屬後述比較廣告之一種，

注八五　田倉整、元木伸編，實務相談不正競爭防止法，財團法人商事法務研究會，平成元年五月三十日，頁205。
　　　　曾陳明汝，專利商標法選論，自版，六十六年三月臺初版，頁232：稱為無謂競爭或無謂行為。

此種廣告行銷手法因未直接利用外國著名商標，亦未引起消費者誤認與著名商品或營業主體混同之危險，故不違反商標法及公平交易法第二十條有關仿冒之規定，唯成問題係是否違反公平交易法第二十一條或第二十四條之規定？

第二款　日本有關寄生廣告實務與理論

一、香水格調事件

事實：Y公司廣告其販賣之香水名稱 SWEET LOVER、番號為120～136，與世界著名×牌香水名稱、番號相比照（注八六），並謂其香水香味之「格調」、「樣式」與世界著名×牌香水相同，世界著名香水×公司於是向東京地方法院起訴請求Y公司停止此種廣告行為及損害賠償。

第一審中×公司主張Y公司之廣告使消費者誤認Y之各香水的香味與×等各香水香味相同，故該當日本不正競爭防止法第一條第一項第五款商品內容引人錯誤，但法院判決認Y公司之廣告僅以揭示其產品與著名香水香味之格調及樣式相同，但不能斷定兩者之香味係同一。另外此種表示在經驗法則上亦不會使消費者馬上會誤認商品內容，故不該當誤認商品內容行為。原告不服上訴並追加Y廣告該當同法同項一款商品來

注八六　小島庸和著，工業所有權と差止請求權，法學書院，昭和六十一年十
　　　一月三十日，頁134：

SWEET LOVER	香味比擬世界著名香水之香味
NO.120	Miss Dior
NO.121	Chanel No.5
NO.122	Rive Gauche
NO.123	Arpege
NO.124	Caleehe
NO.125	Mitsouko
NO.126	Fidji
NO.127	Joy
NO.131	L' Interdit
NO.132	L' Air-du-Temps
NO.134	Chanel No.19
NO.136	Madame Rochas

源混同行為，上訴審法院卽東京高等法院就是否該當第五款商品內容誤認行為引用第一審理由外，就×公司主張Y公司行為符合第一款來源混同行為，認為Y公司沒有使用類似或同一之×商品表徵，僅就自己香水香味之格調、樣式與×之香水比較而已，Y公司香水不致使消費者誤認為×公司商品而駁回×公司上訴（注八七）。

　Y此種廣告方式是否違反社會一般交易之公正慣行及是否達到須依不正競爭防止法予以規範之必要，學者見解不一致，（一）有謂此行為該當贈表法第四條第二款：「有關商品或勞務的價格或其他交易條件，使一般消費者誤認該事業之產品比與其具有競爭關係之其他事業之產品顯著有利，而不當地誘引顧客，有阻害公正競爭之虞之廣告」（注八八），（二）有持與判決相同見解（注八九），（三）但亦有反對說認為，Y公司廣告行為之態樣，能斷定消費者必不生誤認？廣告是否引人錯誤不是廣告主之意圖問題，而是面對廣告之消費者平均程度之注意力為準，一般消費者並不同於事業者具有仔細事業注意程度，而僅係以普通大略注意程度，因此香水之香味同一和香味之格調、樣式同一，難道兩者不一樣？實在不能期待消費者用專業注意力去挑選產品（注九〇），（四）有則認為Y公司搭乘×公司辛苦建立商品之名聲及營業上之成果的便車或許應予

　注八七　田倉整、元木伸編，實務相談不正競爭防止法，財團法人商事法務研究會，平成元年五月三十日，頁206。
　　　　　小島庸和著，工業所有權と差止請求權，法學書院，昭和六十一年十一月三十日，頁124。
　注八八　小島庸和著，工業所有權と差止請求權，法學書院，昭和六十一年十一月三十日，頁132。
　注八九　田倉整、元木伸編，實務相談不正競爭防止法，財團法人商事法務研究會，平成元年五月三十日，頁206。
　　　　　小島庸和著，工業所有權と差止請求權，法學書院，昭和六十一年十一月三十日，頁131。
　注九〇　小島庸和著，工業所有權と差止請求權，法學書院，昭和六十一年十一月三十日，頁132。
　　　　　小野昌延編著，注解不正競爭防止法，靑林書院，平成三年十月，初版二刷，頁248。

以規範，（五）有則既然法院認為該行為不該當第五款行為，乃因不正競爭防止法沒有如同德國不正競爭防止法第一條概括規定，故建議修法加入概括條款以適用（**注九一**）。

　　二、山葉鋼琴經銷店事件

　　本事件系爭點相當多，如前述之商品內容之引人錯誤廣告、誘餌廣告、及後述之比較廣告、誹謗性廣告等，當然此事件亦屬寄生廣告。蓋如前述事實可知被告即販賣中小型鋼琴為主之量販店，於其廣告上不僅謂「某主要鋼琴製造業者決定調漲價格」、「其他所有鋼琴價格亦將波及」……等等，並將山葉鋼琴產品之番號、價格表示出來。其目的除了使消費者誤認價格將上漲之外，亦藉山葉此一著名鋼琴名聲及山葉公司營業上之成果，誤導消費者認為其產品之水準、價格、或其交易條件相同或優於著名商品或營業，以便獲得顧客青睞、擷取他人辛苦努力建立之成果與名譽。

第三款　小結

　　寄生廣告，充斥於競爭者同業及不具競爭關係業界中，除如前述之香水、鋼琴案例外，其他如家電、服飾、醫藥、食品、汽車、電腦軟硬體，甚至補習班、娛樂區等，其特徵為一方面未直接使用著名標章或未造成與著名商品、營業主體混同，故不侵害商標、商號權，亦非不正競爭防止法上仿冒行為；另一方面利用著名標章良好聲譽及強而有力之顧客吸引力，招徠顧客，迅速打開知名度，而獲取不當之利益與成果（**注九二**）。

注九一　澀谷達紀，比較廣告（一）ーイギリス法を中心にー民商雜誌，第88
　　　　卷1期，1983年，頁24。
　　　　曾陳明汝，專利商標法選論，自版，六十六年三月臺初版，頁170-
　　　　172。
注九二　滿田重昭，不正競業法の研究，社團法人發明協會，昭和六十年七
　　　　月，初版，頁116。

　　寄生廣告既係援引他人之聲望，坐享他人努力的成果，然其違法性根據存在？事實上享受他人努力的成果而不違害個人或整體競爭秩序時，乃係自由競爭市場上當然的現象，並不當然應予禁止（**注九三**），但如引起消費者誤認其品質、內容……等交易條件，或主體、來源混同或沖淡著名標章之顯著性時，方予以規範。此亦可由德國實務對比較廣告從原則上不合法演變至必要範圍內即屬合法之趨勢得知，寄生廣告（比較廣告之一種）並不當然違法，在日本、美國情形亦同（容於比較廣告專節敘述）。

第四項　消極不表示或內容客觀真實表示但引人錯誤之廣告

第一款　概述

　　廣告主對有利於己之條件，無不使出渾身解數，而予以大肆宣揚，如果這是一個「客觀眞實」的報導，廣告主忠實而完整地引述而無任何增刪，這種行為是合法的。反之，如果只援引報導中有利於己之部分，不利於己部分則略而不提，甚至表示並無不利之點時，此類廣告可稱為隱匿廣告（**注九四**）。例如減肥藥廣告、藥局雖然宣稱該減肥藥的功效，但對其所含的成分會導致嚴重副作用（卽隱匿重大相關事實）卻隱匿不提，致使消費者發生損害（**注九五**）。其他如房地產廣告，把工業用地建築如一般住宅形態，而以稍低價格廣招顧客，消極地不表示其係工業用

注九三　張澤平，商品與服務表徵在公平交易法上的保護規範，中興法研碩士論文，八十年六月，頁113。

注九四　范建得、莊春發合著，公平交易法Q＆A，範例 100，商周文化事業股份有限公司，1992年4月25日出版，頁198。
　　　　周德旺，透視公平交易法，大日出版社，民國八十一年五月，一版，頁213。

注九五　梁玉芳，「醫藥廣告，七成來路不明」，聯合報，八十一年十月二十八日，五版。

地。另外商品之生產、製造或加工之地理條件或人等因素爲消費者決定購買之重要因素，不標示其眞實產地或生產者，卻利用各種方式影射，使消費者誤認其商品產地或生產者。

其次，某些商品雖其表示內容係客觀眞實，但如從整體去觀察則難免引人錯誤，如前述(**第三章注五九**)「距火車站五百公尺」之房屋廣告，且事實上亦距火車站五百公尺左右，但因受制於火車沿線柵欄阻隔，繞道結果距離長達四公里。

第二款　判斷消極不表示或內容客觀眞實表示但引人錯誤廣告基準

一、客觀正確之廣告仍有使消費者誤認情形

例如臺灣Ａ公司，購買在泰國生產製造之零件，並授權泰國Ｂ公司製造，商品之品質達到與臺灣Ａ公司商品相同，回銷臺灣，如其商品標示：

(一)Ａ公司、臺灣製

(二)Ａ公司

(三)Ａ公司、泰國製

如上所記(1)情形並無在臺灣製之事實，故爲虛僞不實廣告，第(3)情形則與客觀事實完全符合。成問題者係第(2)情形，並沒有表示商品在何地製造，僅單單表示Ａ公司商品，因有臺灣之技術授權，其商品有一定品質，故僅僅表示Ａ公司並未發生與消費者印象不一致而致引人錯誤。但相同事實之下，如無技術授權，僅標示Ａ公司，則製造商消極不表示，可能導致消費者誤認此商品係臺灣製造(因Ａ公司在臺灣)，故爲引人錯誤之廣告。即使Ｂ公司有Ａ公司技術支援，仍是引人錯誤廣告。但如一般消費者並不覺得Ａ公司之商品在臺灣或泰國製造，此一地理條件係重要至決定購買此商品之要素時（重大相關事實），則不構成引人錯誤廣告。

日本實務上曾有將在臺灣、韓國製造之商品表示製造地之標籤除

去，另外附加「原產國國產品」或「日本製」或「日本公司」名稱標籤，造成一般消費者有辨別原產國困難之虞，亦爲虛僞廣告事例（昭和六十二年排第7號至9號）（注九六）。

二、商品中某一部分之製造地標示是真實的，但如全體去觀察則產生引人誤認之情形

日本實務上發生此種案例，即某一日本生產製造石油燈之公司，僅石油燈中某一小部分從美國進口，其餘均在日本製造，但卻表示其石油燈係美製品，法院即做如下假處分命令：

(一)債務人不得表示其石油燈係「美國公司製」或「××（用外來語）」表示，使日本消費者誤以爲係美國公司製造。

(二)債務人其石油燈之包裝箱不得表示「MADE IN U.S.A.」（注九七）。

從以上可知，如商品有數個製造地，即使一部分係客觀正確之表示，但從整體或其隱蔽其他製造地情形來看，卻能誤導消費者之注意力，影響消費者之選擇時，此廣告即爲引人錯誤廣告。但如一一表示其製造地亦係事實上不可能，故某項製造地並非消費者所關心者，即使不表示亦不得論以引人錯誤或虛僞不實廣告。

三、廣告詞如逐字分析不失真實但整體觀察却引人錯誤之情形

例如行政院公平交易委員會對百佳超市爲引人錯誤之廣告處分案，被處分人散發標明「即可以超值價批購」、「集滿八枚即可換購五件餐瓷」在廣告上之餐瓷旁標示「$149」之廣告，如逐字仔細加以分析，即可能得知「換購」之字義，須憑收集八枚印花加上若干元即可「換購」餐瓷器具，但整體給予消費者印象卻不是如此，故公平會認爲該廣告內容顯

注九六　田倉整、元木伸編，實務相談不正競爭防止法，財團法人商事法務研究會，平成元年五月三十日，頁192。

注九七　田倉整、元木伸編，實務相談不正競爭防止法，財團法人商事法務研究會，平成元年五月三十日，頁192。

屬誤導消費者之引人錯誤表示（**注九八**）。

第三款　小結

　　對於商品或服務之交易條件爲消費者購買決定之重要因素而消極地省略、故意隱匿、不標示或雖客觀、眞實標示商品或服務主要或非主要交易條件，但卻足以導致消費者錯誤，以此手段爲行銷策略，其行爲實須予以規範，然成問題係我國公平交易法第二十一條是否能有效防止此類行爲？以及受害人能否循有效途徑予以救濟？亦即我國公平交易法第二十一條並未同德國不正競爭防止法第三條有「其他營業狀況」或日本贈表法第四條第二款「其他交易條件」及第三款「除前二款之外，有關商品或勞務之交易事項」之概括規定，足以防止千變萬化的廣告行銷手法與策略，致造成我國公平交易委員會對前述若干違法廣告處分案，在理由欄中並未很明確指出其廣告究竟係違反公平法第二十一條何種情形之窘境。故未來修法，應予納入，始較周延。另一方面亦能使受害者明確指出加害者違反何種情形而受損害，加害者無法以被害人並無明確指出因何種情形而受損害爲抗辯。

　　其次，公平交易委員會八十一年四月二十二日第二十七次委員會議討論「眞品平行輸入是否違反公平交易法案」（**注九九**），研析意見「二、眞品平行輸入是否違反公平交易法第二十一條之規定，須視平行輸入者之行爲事實是否故意造成消費大衆誤認其商品來源爲斷。三、貿易商……以積極行爲使消費者誤認係代理商所進口銷售之商品，卽所謂故意『搭便車行爲』則涉及公平交易法第二十四條所定之『欺罔』或『顯失公平』行爲。」因此貿易商消極地不表示其係「水貨」或「未經授權」是否卽違反第二十一條或第二十四條之規定？有鑑於此，論者或謂，平行輸入之商品（水貨），必須載明「水貨」或「未經授權」始不違法，

<hr>

注九八　行政院公平交易委員會公報第一卷第七期，頁16。
注九九　行政院公平交易委員會公報第一卷第四期，頁６。

是否亦有根據？　本文認爲平行輸入商品之貿易商消極地不表示其係水
貨，並不違反第二十一條之規定，蓋平行輸入之水貨與獨家代理商進口
之產品，均係原廠所生產製造，且均爲原廠合法附貼其商標，其表彰該
等商品均源於同一企業，合乎表彰來源之功能，且該等品質均具有相同
之品質，故來源與品質均係眞正，尙不致違反公平交易法第二十一條。
但如貿易商進口來源品質不相同或其他行爲事實造成消費者誤認其來源
或品質時，則另當別論。其次消極不表示其係「水貨」、「未經授權」卽
係「搭便車」行爲，而違反公平法第二十四條之規定？本文亦認爲如貿
易商亦努力投下相當數量廣告費用或其他方式時，卽難認係坐享他人努
力成果之行爲。反之，不打廣告或象徵性地支出廣告費用，而坐享他人投
下大量廣告費用或其他方式而成爲廣爲人知之商品的成果，其行爲可謂
「搭便車」行爲，卽違反公平法第二十四條。再者，論者或謂行政機關
以行政命令要求貿易商必須載明其進口商品是「水貨」或「未經授權」，
始不違法。此種見解是否妥當而有根據？若水貨進口商願意自動標示上
述字樣，當然是客觀眞實，自無不可，至於貿易商是否有此義務？依中
央法規標準第五條第二款「關於人民權利義務之事項，應以法律定之」，
且商品標示法亦無明白規定廠商應標明水貨或未經授權字樣，此種要求
顯然欠缺法律根據（注一〇〇）。

第四節　比較廣告

第一項　概　　述

今日，廣告影響消費者購買商品甚大，且對欲進入市場之事業者，

注一〇〇　徐火明，公平交易法對百貨業之影響，公平交易委員會與中興大學
　　　　　合辦公平交易法與產業發表研討會，八十一年九月，頁18。

經由廣告可使商品為消費者所知並使其選擇商品範圍增大。然影響消費者決定購買商品之因素頗為複雜乃不爭事實。事業者經由廣告使消費者明瞭廣告商品之品質、價格、機能，並促進市場之透明性，更提供消費者合理選擇商品重要資訊，其中以比較競爭者產品之品質、價格、機能……等廣告方式，使消費者很容易判斷該商品之優劣，而新事業者之產品也能有效進入市場為消費者所接受；反之，亦有不少缺失，諸如誹謗他人辛苦建立之商譽、剽竊他人努力之成果及是否侵害他人著作權、商標權（注一〇一）等等，學者對比較廣告之合法性，概分二派見解：（一）肯定說見解，從憲法上所賦予吾人言論表達之自由權，若在廣告上作真實性、比較的說明，不但有助於提高消費者了解商品與選擇商品之機會，更能促使同業競爭間，提昇本身商品品質，增進競爭力；（二）否定說見解，所擔心者，乃廣告主可能藉此剽取他人努力之成果，並利用消費者對此種廣告直覺上之懷疑心理，同情廣告主之商品，以達其建立自己市場地位之目的。吾人認為此二說各有所本，無寧原則上採肯定說，例外採否定說，申言之，原則上應認商品之比較廣告具有合法性，惟若其內容虛僞不實，或有引人錯誤情形時，從不正競爭法禁止「搾取他人血汗」、「以他人血汗換取自己麵包」之觀點而言，應例外予以禁止（注一〇二）。本節卽以此觀點來探討比較廣告應有之規制。

注一〇一　土肥一史，比較廣告における他人の登錄商標の使用，收錄於工業所有權──中心課題の解明，染野信義博士古稀紀念論文集刊行會，勁草書房，1989年1月10日，第一版，頁251。
內田耕作，廣告規制の課題，成文堂，1992年12月20日初版，頁44。
汪渡村，從消費者之保護論廣告之規制，軍法專刊，第三十四卷，第四期，頁29。
澁谷達紀，比較廣告(一)─イギリス法を中心に─民商雜誌，1983年，頁42。
播磨良承、高橋秀和，比較廣告の合法的領域に關する一考察（上），公正取引，第432期，1986年10月，頁52。
注一〇二　徐火明，論不當競爭防止法及其在我國之法典化(一)，中興法學二十期，七十三年三月，頁394。

第二項　比較廣告之意義與種類

因所有之廣告在某種意味均可謂含有「比較」性質，商品或服務之比較至何程度或如何態樣之廣告方得稱爲「比較廣告」，即有種種不同之見解。其次大陸系國家與美國是否存在不同之見解？於下依序討論之：

第一款　美國實務及學者之見解

一、定義之類型

比較廣告之定義，大致區分下列三類型：

第一型：能識別出具有競爭關係之廠牌或企業名稱之廣告，或雖係暗示但消費者能正確不誤識別出來。

第二型：①就同一類型之商品或服務之等級特別舉出名稱，或爲使消費者認知而提示出二個以上之廠牌或企業名稱予以比較，且②商品或服務之一個以上之特定功能予以比較之廣告。

第三型：①商品或服務之種類，特別舉出名稱，或提示得認知出二個以上之廠牌予以比較，②比較商品或服務之一個以上之功能、性質（例如，香煙之焦油或尼古丁之含量），③廣告內容根據事實（係獨立、客觀所獲之情報）予以陳述、暗示給消費者（注一〇三）。

二、定義之比較

就前述比較廣告之定義三個類型加以相互比較，可得下述之結論：

比較廣告定義三類型中，其共通點係明白舉出與具有競爭關係之企

注一〇三　內田耕作，廣告規制の課題，成文堂，1992年12月20日初版，頁4。
　　　　　汪渡村，從消費者之保護論廣告之規制，軍法專刊，第三十四卷，第四期，頁29。
　　　　　黑田　武，アメリカにおける比較廣告の實態について（上），公正取引，第434期，1986年12月，頁10。

業名稱或使消費者不會誤認之暗示企業名稱爲要件。因此如廣告詞「領先其他廠牌」、「領先之廠牌」或「×廠商」之比較之廣告，原則上非爲比較廣告。

比較廣告如滿足前述定義第一類型之要件，即所謂比較廣告，但在第二或第三型之比較廣告定義係加上另一要件 —— 商品或服務之一個以上之特定功能（性質），如未就有關特定之性能做優越之主張，僅舉出具有競爭關係之企業名稱作全面優越之主張之廣告，非所謂比較廣告。

比較廣告之定義第二型，除舉出競爭關係之名稱外，尚須比較商品或服務一個以上性能，但第三型，除第二型之二要件外，尚須加上就廣告內容主張根據事實加以收集、陳述、提示給消費者，如無，則非比較廣告（注一〇四）。

三、定義之檢討

前述之定義，何者爲妥當，或者全部不妥當而另立別的定義？或者使用「比較廣告」用語即不妥當？

於此就美國實務上探第二型定義，敍述其理由如下：比較廣告之定義，應明白舉出與具有競爭關係之企業名稱或正確無誤暗示消費者爲最低限度要件，簡言之，即能識別出競爭者爲要件，其理由在於如明白舉出與具有競爭關係企業名稱或暗示之，如此協助消費者明確知道比較之具體對象，進而做合理選擇商品或服務。如就能識別出競爭者產品與不知具體競爭者產品，兩者在質的方面，有相當之不一樣，不能識別競爭者之廣告即使爲比較，稱爲比較廣告即無意義。

再者，僅能識別競爭者之廣告，即稱比較廣告，美國實務上認爲尚非得稱爲比較廣告，理由在於爲了使消費者就商品或服務作合理之選擇，應就商品或服務之特定之功能予以比較，如僅作對特定之競爭者爲

注一〇四　內田耕作，廣告規制の課題，成文堂，1992 年12月 20 日初版，頁5。

全面優越之陳述，卽使能識別競爭者，然並未提供情報予消費者，如此稱比較廣告，對消費者而言並無多大意義，因此所謂廣告，除使消費者能識別競爭者且應就商品或服務之特定功能加以比較。

又就比較之事實主張予以收集、陳述、提示予消費者是否必要？事實上，陳述、暗示、提示比較之主張，對消費者之選擇決定係一個重要要素，唯有關特定之功能爲比較，係說服之技巧，換言之，此係實證之提供問題，非比較問題（注一○五）。

第二款　大陸法系國家見解

大陸法系國家之法制似乎未正視何謂比較廣告，且相反地要求爲比較廣告時不得言及特定之競爭者企業名稱。吾人以爲廣告在某程度均含有比較之意味，因此必須符合最低要件方得謂比較廣告，此要件卽就商品之功能予以比較，卽前述第②要件功能，如此方有一定之界限。

第三項　比較廣告在各國法制規範概況

各國法規或實務上對比較廣告之規範，約略區分成三類： 1.認爲比較廣告原則上係違法。 2.認爲對比較廣告應予嚴格之規範。 3.認爲對比較廣告僅予最小限度之規範卽可。以下就世界較主要國家予以分類（注一○六）：

一、比較廣告原則上係違法之國家： 法國、義大利。

二、比較廣告應予嚴格之規範： 西德、瑞士、日本。

三、比較廣告較少限制之國家： 加拿大、英國、美國。

注一○五　內田耕作，廣告規制の課題，成文堂，1992年12月20日初版，頁6。

注一○六　內田耕作，廣告規制の課題，成文堂，1992年12月20日初版，頁42。
　　　　　黑田　武，アメリカにおける比較廣告の實態について（上），公正取引，第434期，1986年12月，頁11。

例外允許比較廣告存在情形（注一〇七）：

在比較廣告原則上係違法國家或限制較嚴國家，如有下述情形，例外地被允許。換言之，1.不針對特定之競爭者，僅爲誇張的目的而使用自我稱許或產品係最高級、最耐用、最美觀等用詞之情形（如義大利、法國、西德）。2.針對批判或挑撥之行爲所作防衞性之比較廣告情形（如義大利、西德）。3.應顧客特別的要求而爲比較廣告（義大利、法國、西德）。4.爲了提示技術進步且客觀忠實地比較其系統或方法，但不言及特定之競爭者所作之比較廣告（義大利、西德）。

比較廣告例外地被允許情形，值得注意者，係第4種情形，以下就此稍作詳細地介紹各國處理情形：

一、義大利

有關技術的、科學的性質，或者關於一般大衆所注目關心之主要課題，全然爲客觀的比較陳述但非爲廣告之目的，且用比較方法係有其必要情形下，例外地被允許。

二、法國

系統的或方法的比較，例外地被允許，但是亦應客觀且有程度上之限制。

三、德國

德國法院對比較廣告已從原則上不合法演變至必要範圍內卽屬合法之趨勢（注一〇八）。系統比較，新的技術訊息之提供、防禦比較及除用比較方法之外，無其他方式可提示其品質更優越時，例外被允許，但亦應作客觀陳述，且不能於廣告顯明地被認出特定競爭者產品（**注一〇九**）。

注一〇七　內田耕作，廣告規制の課題，成文堂，1992年 12月 20 日初版，頁
　　　　　43。
注一〇八　徐火明，論不當競爭防止法及其在我國之法典化（一），中興法學
　　　　　二十期，七十三年三月，頁395。
注一〇九　內田耕作，廣告規制の課題，成文堂，1992年12月 20 日初版，頁
　　　　　43。

四、日本

日本原先僅允許不得明示或暗示出競爭者商品之比較廣告，但因國際貿易摩擦、外國企業極希望打入日本市場及消費者對商品之內容、品質、規格、特點之情報知之機會太少情況下，於昭和六二年，公平交易委員會告示「比較廣告在贈表法上指導準則」，比較廣告如(1)內容客觀確實，(2)比較數據能正確又妥當引用，(3)所用比較方法公正性等要件下，即被允許（**注一一○**）。

第四項　承認比較廣告合法性理由

依目前對比較廣告在法之規制現況來看，縱使認為比較廣告原則上係違法或對比較廣告予以較嚴格規範之國家，為了提示技術之進步訊息或為了比較其系統、方法之目的，就商品或服務予以比較，亦例外允許其實行比較廣告。

如前所述比較廣告具有①指示出品牌之差異性，使消費者知其優點，並提供重要之基準，以便協助消費者對品牌之評價，②經由競爭，促進改善商品或服務，使沒有支配的或新的產品與周知有名之產品相互比較，而削弱知名品牌獨占地位。

從以上得知，第一，關於商品，具有提供資訊之意義，協助消費者做合理選擇商品，第二，終結地促進商品之改善以及削弱具有支配力產品廠商獨占地位，因此而承認比較廣告之合法性（**注一一一**）。

注一一○　土肥一史，比較廣告における他人の登錄商標の使用，收錄於工業所有權——中心課題の解明，染野信義博士古稀紀念論文集刊行會，勁草書房，1989年1月10日，第一版，頁252。
汪渡村，從消費者之保護論廣告之規制，軍法專刊，第三十四卷，第四期，頁30。
注一一一　內田耕作，廣告規制の課題，成文堂，1992年12月20日初版，頁46。

第五項　比較廣告合法判斷基準

採用比較商品品質、內容……等方式之廣告，其基準可從一、訴求之內容、方式，二、訴求之根據的證明，茲述之於後：

一、訴求之內容、方式（注一一二）

第一：在廣告中得被識別出之產品間應具有競爭關係。因此，新型之產品與他公司舊型之產品不得做比較，又某等級之商品不得與他公司之不同等級之商品作比較。

第二：就有關聯或類似之每一個產品之特性或構成要件要素相互比較，在可能情形之下並列比較、操作，因此對於一特性之優越不得主張全般特性均優越。

第三：如比較商品之特性，從商品之價值或有用性、實用性，應以消費者角度來認其係重要之特性。

第四：特性之差異性，應能測出來。

第五：測試應於產品通常使用之狀態下為之，如測試有其一定程度之界限，亦應明確指出。

第六：廣告不得強調測試之一部分結果或不重要之差異，而此部份或差異性正足使消費者產生不適當之結論、看法。

第七：如應用消費者之證言，而此證言不足代表大部分之消費者之見解，即不得暗示其具有代表性。

第八：不得用實演、圖表等手法或研究測試方式，足能導致消費者下錯誤之結論，又實演必須在相等之條件下為之。

比較廣告之訴求內容、方法，遵從以上之原則時，第一提供消費者

注一一二　內田耕作，廣告規制の課題，成文堂，1992 年12月 20 日初版，頁
　　　　　49。
　　　　　汪渡村，從消費者之保護論廣告之規制，軍法專刊，第三十四卷，
　　　　　第四期，頁30。

關於產品之情報，協助消費者選擇合理之商品，第二終究能改善產品品質及削弱其支配地位獨占勢力。

另一方面，在比較廣告之訴求內容、方法依從以上原則時，比較廣告卽能壓抑其缺點，其理由係比較廣告提供給消費者訊息係產品本質之情報而非瑣碎不重要、過剩、矛盾之情報，又不具代表性之消費者鼓勵推薦，或者不具重要性之商品特徵不得做爲比較廣告訴求之內容，因此卽不會對消費者傳達引人錯誤之情報，迷惑消費者。

二、訴求之根據的證明（注一一三）

第一：商品之測試或調查之評價，應依一般得接受之科學、技術手續爲之。

第二：廣告主應注意且確證其所爲之測試係公正、正確、眞實之判斷。

第三：測試或調查係有客觀之來源，且此來源係獨立不受干擾之來源。

第四：如依政府、產業或其他單位所確定之基準，以爲實證之素材時，應適切之注意其適用可能性。

第五：爲實證之目的所使用之素材，①係爲商品或服務之意圖，②對消費者係通常使用態樣，③考慮商品各個使用指示。

第六：測試之制定，應依於已被承認在統計上有其正當性之基準。

第七：如主張其商品有其特異性時，以特異性應能帶給消費者實質之便利。

比較廣告如能遵守以上原則時：

第一：不損比較廣告之信賴性，如此限於就商品之特性加以比較，

注一一三　內田耕作，廣告規制の課題，成文堂，1992 年12月 20 日初版，頁51。
　　　　　汪渡村，從消費者之保護論廣告之規制，軍法專刊，第三十四卷，第四期，頁31。

確保廣告之信賴性。

　　第二：如其比較之主張具有信賴性，則能防止實行反論主張，如此即防止沒有效果之廣告量增加。又雖然對比較廣告須某程度加以調查或審查，唯如比較廣告有其信賴性，則能減少訴願或訴訟，抑制廣告成本之增加。

　　第三：基於客觀的證明其比較之主張，比較廣告所產生之誹謗缺點即能廻避且防止企業聲譽之侵害。

　　第四：比較如能客觀的證明，比較廣告產生產業界間摩擦將會大為減少。

第六項　問題研析

一、比較廣告與商標法

　　比較廣告之形態，依引用競爭者表現形式之不同而有不同形態，如文法學上之「最高級」、「比較級」等，言語的修飾如「最好的」、「最便宜的」等使用最上級的表現，然在本項討論者非此類型態之比較廣告，於茲討論者係「使用」他人已登錄標章之比較廣告，「使用」他人已登錄標章之比較廣告態樣如下（注一一四）：

　　（一）批判的比較廣告：廣告主就自己商品或服務之價格、品質或其他特性和競爭者相比較，相對的顯示自己商品、服務比競爭者較好，為了比較競爭者之商品、服務必定「使用」他人已登錄之標章。

　　（二）寄生的比較廣告：就他人之商品、服務之積極特性在廣告中陳述自己之商品、服務亦具備其積極特性之廣告形態。

　　（三）競爭者之比較廣告：廣告主為促進自己商品或服務之銷售為目

注一一四　土肥一史，比較廣告における他人の登錄商標の使用，收錄於工業所有權——中心課題の解明，染野信義博士古稀紀念論文集刊行會，勁草書房，1989年1月10日，第一版，頁253。

的，言及競爭者本身一定之屬性之廣告，所謂競爭者本身一定之屬性，不僅指競爭者自身，亦含營業，且對其在政治上、宗教上、社會道德、經歷……等給予負面的評論，此形態之廣告，一般均係對姓名、商號爲之，但亦有對登錄標章爲之。

因此爲比較商品或服務之交易條件、特色而「使用」他人已登錄標章，所產生是否侵害標章專用權之問題，亦卽是否違反商標法第六十二條第二款：「於有關同一產品或同類商品之廣告、標貼、說明書、價目表或其他文書，附加相同或近似於他人註册商標圖樣而陳列或散布者。」

是否侵害他人已登錄標章，其依據在於何謂標章之「使用」行爲及使用他人標章意圖，各國對標章之使用立法例不一，(一)法國：依商標法第十一條規定，商標應以公開而非曖昧之方法而使用，所謂公開係指非秘密而言，亦卽必須有眞實銷售之行爲，而非僅訂做或取得標籤卽爲已足，因其並非眞正供銷售而附屬於商品之上；至於非曖昧係指以商標權人或所有人而爲之。此外商標之使用必須充分地繼續使用而非僅偶然的。(二)美國：依聯邦商標法第四十五條，商標應以任何方式使用於商品或其容器或其附件之展示物或黏附其上之籤條或標籤上，且該商品需爲商業性之銷售或運輸，所謂「任何方式」其所包括之態樣，非常廣泛，然均應使其附屬於商品、容器或標籤上，足使消費者產生聯想始可。而「聯想」之要件，則應符合商業上之實際情況。(三)日本：日本商標法第二條第三項就商標的使用下定義，依該項規定有三類，與本問題有關者爲：「有關商品之廣告、價目表或交易文書上附加標章而展示或散布之行爲。」對此類型之使用，亦有持否定論者，故日本現行法予以明文規定使之明確化，唯應注意者係該項規定，非僅指在商品之廣告、價目表或交易書上附加商標爲已足，而須有展示或散布行爲，且須與商品相關聯想始可，僅商標之廣告宣傳或表示，不能認爲商標之使用(**注一一五**)。

注一一五　曾陳明汝，工業財產權法專論，國立臺灣大學法學叢書編輯委員會編輯，七十九年九月增訂新版，頁250。

依我國商標法第六條第二項：「商標於電視、新聞紙類廣告或參加展覽會展示以促銷其商品者，視爲使用……」，如單純將商標做廣告，似不足以被認爲商標的使用，商標之廣告，必須已有商品之存在且已行銷市場，始能被接受，此亦符合商標實際使用與繼續使用之本旨（注一一六）。

因此，利用比較商品或服務之交易條件方式之廣告主，「使用」他人已登錄之標章，其目的係就自己商品、服務之價格、品質或其他特性與競爭者相比較，相對地顯示自己商品、服務比競爭者較好，爲了比較競爭者之商品、服務，才「使用」他人已登錄之標章，故並未使消費者聯想廣告主之商品或服務與他人之標章有關係時，應不認係商標之使用行爲；再者廣告主雖有使用他人標章之意圖，但其眞正意圖非在使消費者產生產品來源或出處係同一，而係使消費者藉產品之比較，而選擇廣告主之產品的意圖，故仍無侵害標章專用權之意圖。

但是從廣告整體觀察會使消費者混淆商品之來源與出處，或與被比較商標專用權人係同一時，則不僅違反公平交易法第二十、二十一條，且亦違反商標法第六十一條、六十二條。

二、比較廣告與著作權法

如前所述比較廣告就自己商品或服務之價格、品質或其他特性和競爭者相比較，以顯示自己商品或服務比競爭者較好，爲了比較競爭者之商品或服務必定會引用他人之著作，例如政府機關、民間組織之檢驗、報導，甚至競爭者之目錄（注一一七）、性能表、公司、工廠概況簡介…

注一一六　曾陳明汝，工業財產權法專論，國立臺灣大學法學叢書編輯委員會編輯，七十九年九月增訂新版，頁254；曾陳明汝教授認爲「眞實與嚴肅」或「善意」之原則，以及商標使用義務之立法精神，均應與考慮。

注一一七　小野昌延編著，注解不正競爭防止法，靑林書院，平成三年十月，初版二刷，頁44；德國有某種程度具有精神產物特徵者如目錄、住所錄、計算表被視爲著作物。

…等等。故其利用此類文獻來相比較，是否侵害他人之著作權？

　　廣告主或廣告業者擅自抄襲他人之創意或點子或使用他人語文、音樂、戲劇、舞蹈、美術、圖形、視聽、錄音、建築、電腦程式著作等，即可能侵害著作人的著作權。但如係引用著作權法第九條所規定：「一、憲法、法律、命令或公文。二、中文或地方機關就前款著作作成之翻譯物或編輯物。三、標語及通用之符號、名詞、公式、數表、表格、簿冊或時曆。四、單純為傳達事實之新聞報導所作成之語文著作。五、依法令舉行之各類考試試題。」則不違反著作權法。

　　於茲成問題者係依新著作權法（八十一年六月十日總統公布修正全文一百十七條）第五十二條：「為報導、評論、研究或其他正當目的之必要，在合理範圍內，得引用已公開發表之著作。」又所謂合理範圍，依第六十五條規定應審酌一切情況，尤應注意下列事項，以為判斷之標準：一、利用之目的及性質，包括為商業目的或非營利教育目的。二、著作之性質。三、所利用之質量及其整個著作所占之比例。四、利用結果對著作潛在市場與現在價值之影響。因此在廣告中或比較廣告中利用他人著作，是否違反著作權法，繫於著作權是否合理使用，亦即廣告如前所述具有資訊流通之功能，對於著作權之保護不能阻礙資訊傳播與流通，否則人民知的權利即無法得到滿足，反而對經濟、社會、文化等各方面進步有所妨礙。故規定在合理範圍內利用他人之著作為法之允許行為。

　　三、比較廣告與商業誹謗

　　比較廣告如前述約略區分成一、批判比較廣告，二、寄生比較廣告，三、競爭者比較廣告。

　　關於競爭者比較廣告內容言及競爭者本身一定之屬性，不僅指競爭者自身且含營業，又對其在政治、宗教上、社會道德、經歷……等給予負面評價，則可能涉及刑法上毀損名譽、信用、業務罪、民法上侵權行

為、公平交易法上營業誹謗行為問題。

在批判的或寄生的比較廣告，除前述等問題之外，因廣告主就自己商品或服務之價格、品質或其他特性和競爭者相比較，廣告內容不實或誤導情形，則構成公平交易法第二十一條之行為（注一一八）。

第七項　小　　結

比較廣告係廣告常見之手法，有其重要性存在，依歐陸國家法制規定內容及實務之見解，大致係原先認為即使是內容真實之比較亦違法，其原因係該廣告係對競爭者之批評而違反廣告在宣傳自己商品或服務之原則，其後逐漸地轉變原先見解，承認就競爭者之商品或服務有批評之權利。

比較廣告之定義，於美國之學者有下述不同之意義，其原因在於廣告均含有比較意味，但大多數學者及實務見解認為廣告中①舉出特定競爭者企業名稱，②比較商品或服務一以上性能等二要件時，方可謂比較廣告，唯歐陸等大陸法系國家似未正視此問題，反而要求為比較廣告不得舉出企業名稱，以免傷及企業聲譽，或「榨取他人血汗」、「以他人血汗換取麵包」。

比較廣告具有諸多優點，不可否認比較商品或服務時必然伴隨而來之缺點，應如何規範？如何抑制缺點之發生而發揮比較廣告之優點？又應如何對比較廣告為某程度之限制？吾人從①比較廣告訴求之內容、方法。②訴求根據之證明等比較廣告要素建立原則，促使比較廣告能避免引人錯誤或虛偽不實之情形減少，建立公平競爭環境。

第五節　結　　論

注一一八　土肥一史，比較廣告における他人の登錄商標の使用，收錄於工業所有權——中心課題の解明，染野信義博士古稀紀念論文集刊行會，勁草書房，1989年1月10日，第一版，頁254。

　　公平交易法第二十一條：「事業不得在商品或其廣告上，或以其他使公眾得知之方法，對於商品之價格、數量、品質、內容、製造方法、製造日期、有效期限、使用方法、用途、原產地、製造者、製造地、加工者、加工地等，為虛偽不實或引人錯誤之表示或表徵。事業對於載有前項虛偽不實或引人錯誤表示之商品，不得販賣、運送、輸出或輸入。」其採行列舉的方式似有不周之處，因為工商企業發達之社會，虛偽不實或引人錯誤表示之方式不止於條文所列舉的價格、數量、品質、內容、製造方法、製造日期、有效期限、使用方法、用途、原產地、製造者、製造地、加工者、加工地等數端，對照德國不正競爭防止法第三條有關之規定及前述如誘餌廣告、寄生廣告、比較廣告、商品或服務之交易條件為消費者購買決定之重要因素而消極地省略、故意隱匿、不標示或雖客觀、真實標示商品或服務主要或非主要交易條件，但卻足以導致消費者錯誤，消費者往往不僅對有關商品本身事項有所誤導，對其他營業狀況亦可能誤導，因此可以明顯看出我國公平交易法第二十一條所規範內容的不完備性。最好的修法方式，可參考德國之規定，將第二十一條加入其他商品事項或營業狀況之概括條款的方式，不以條文所列舉的事項為限，只要在營業交易中所表示者，皆屬之，以便對形形色色的虛偽不實或引人錯誤廣告方式予以有效防止。

第五章　責任規範

第一節　前　言

　　人類社會生活可分為正態面之社會生活與反態面之社會生活。正態面者，指遵循秩序而運作之社會生活；反態面者，指違反秩序而逐行之社會生活。由正態面而轉成反態面時，責任由焉而生（注一）。

　　違反公平交易法之責任，其性質如何，與公平交易法本身性質有關，亦即違法行為有侵害私人權益者，有侵害公序良俗，亦有侵害行政秩序者。由此可知違反公平交易法之責任，可為民事責任、刑事責任及行政責任。

　　在民事責任方面，賦予被害人防止及排除侵害請求權、損害賠償請求權。但各國不正競爭防止之有關法規規定不同，有則僅競爭者方具有請求之適格，並嚴格其要件；有則賦予同業團體或消費者團體或集合部分被害者團體訴訟權能，並放寬請求要件。其他在損害賠償方法、範圍及廣告代理業、媒體業之責任規範均有所不同，以上諸問題，將於次節分項予以敍明。

　　在刑事責任方面，對於不實或誤認廣告行為施以刑事制裁，各國立法例雖均有規定，但其間仍有諸多差異，而我國公平交易法卻無刑事制裁規範，其理由何在？不實或誤認廣告行為之本質為何？是否達到必須

注一　曾世雄，違反公平交易法之損害賠償，公平交易委員會籌備處與政治大
　　　學合辦之公平交易法研討會，民國八十年十一月十日，頁1。

施以刑罰之非難程度? 種種問題列之於第三節說明。

　　在行政責任方面, 過去我國對不實廣告行政管制之立法例不少, 但不實廣告仍充斥於市場中, 甚至到達無人無法管制情形。自民國八十一年二月實施公平交易法, 不實及誤認廣告亦為公平法規範之不正競爭行為, 而公平交易委員會亦成為不實廣告管制之主要行政機關, 公平會第一個處分案卽是有關引人錯誤廣告之禁止處分, 可見公平會對減少不實及誤認廣告, 導正事業促銷活動, 提高市場競爭公平之決心。然而在行政資源有限, 執行經驗全無, 而一般工商業界習於不公正競爭生態及欠缺法制觀念情況下, 執行困難可想而知, 如何參考外國立法例, 尤其是美國聯邦貿易委員會 (Federal Trade Commission) 執行聯邦貿易委員會法 (Federal Trade Commission Act) 而有效管制不實及誤認廣告; 日本公平交易委員會執行不當贈品類及不當表示防止法並賦予地方自治團體部分行政權, 使不實及誤認廣告得予迅速且有效地制止等等外國法制與實行經驗, 乃係重要而迫切之問題, 亦在第四節中一一闡明。

　　最後, 於第五節, 就日本業者以自律制度來促進廣告品質不斷提昇、改善、減少不實及誤認廣告, 顯示業者的努力常常比政府之干預還來得有效, 並期日後在我國能建立由廣告業者、消費代表及獨立人士共同組成廣告監督組織, 嚴格執行廣告自律規範, 共同提高廣告品質, 使競爭透明化, 維護競爭秩序與消費者利益, 確保公平競爭, 促進經濟之安定與繁榮。

第二節　　民事救濟

第一項　　概　　述

民事責任有二種類型，即排除或防止侵害及損害賠償。所謂排除、防止侵害，乃法律逕就侵害狀態規定應予排除或預防，賦予被害人逕予排除、防止之權利。所謂損害賠償，乃以彌補被害人之損害爲方法之另一制度。

我國公平交易法第五章對前二種類型均有所規定，亦即第三十條規定屬於第一類型排除、防止侵害類型，第三十一條及第三十二條規定屬於第二類型損害賠償類型。但二種類型在立法精神及適用要件仍存有諸多差異，其間最顯著之差別，大略列之於後:

一、排除或防止侵害，限於法有明文規定之情形，在民法上有代表性之條文規定如民法第十八條第一項，第七百六十七條，第九百六十二條；而損害賠償則可因不同之原因而發生。

二、排除、防止侵害，直接打擊侵害，手段較激烈；損害賠償則借助回復原狀或金錢賠償之方法，手段較溫和。

三、排除、防止侵害，不論侵害有無故意過失或可否歸責，均應予以排除或防止；損害賠償則以是否有故意過失或是否可歸責，以定責任之有無。

四、排除、防止侵害，但問侵害是否存在，不問是否發生損害；損害賠償則以有損害爲其前提 (注二)。

依公平交易法第一條後段：「本法未規定者，適用其他有關法律之規定」，違反公平交易法造成之民事責任，尚非公平交易法第五章損害賠償所規定寥寥五條能獨力完成，尚須就民法及其他法律互相縱橫協力之下，構成完整民事救濟理論體系，充分給予被害人迅速而妥當之救濟。

公平交易法第三十條至三十四條之規定，應如何解釋適用，鑑於公平交易法在國內係屬初次制定，尚無運作經驗，而各國立法例亦非完全

注二　曾世雄，違反公平交易法之損害賠償，公平交易委員會籌備處與政治大學合辦之公平交易法研討會，民國八十年十一月十日，頁1。

相同，見解難免不盡一致，玆就比較重要而迫切問題予以敍述，諸如營業之概念、請求權主體、受損害之虞、損害額之計算，廣告代理業、媒體業連帶賠償責任等，另外探討者係消費者是否有訴權？團體訴權建立之可行性，以及三倍賠償額制度是否必要性。

第二項　立法例

一、美國聯邦貿易委員會法第十三條規定:

(a) 委員會認有左列情形時，得由指定之律師在聯邦地方法院或屬地聯邦法院提起訴訟，要求禁止各該廣告或其傳播:

(1) 任何個人、合夥或營利團體，違反本法第十二條為虛偽廣告傳播或使他人廣告之傳播者。及

(2) 委員會已決定依本法第五條頒發控問狀，而在該控問狀經委員會廢棄或經法院復審後廢棄之前，或委員會之禁止命令依本法第五條規定確定之前，上述傳播或引起傳播之禁止，係屬有益於公衆者。

經委員會之提示相當證據後，雖未提供擔保，法院亦得發布暫時禁令或禁止命令。上述之訴訟應於各該個人、合夥或營利團體之所在地或營業地提起之。

(c) (對定期出版物之例外規定)

法院於受理有關報紙、雜誌、期刊或其他定期出版物之案件，認有左列情形者，得使該期免除受禁令之執行:

(1) 基於該出版物之特定期刊虛偽廣告之記載予以禁止時，將導致該期刊物之發行時間延遲。且

(2) 該項延遲，並非發行人根據業務之慣例，通常印製及分售之方法所可造成，亦非意圖規定本條規定之適用或為阻止或拖延有關虛偽廣告之禁令或禁令之頒發所採取之方法或手段

者（注三）。

美國聯邦貿易委員會法第十九條規定：

(a)(1)個人、合夥、或公司違反依據本法對於不公平或欺罔行為或慣行所訂規則（但違反委員會規定不違反第五條(a)項解釋規則或規則者除外）者，委員會為請求依據(b)項之救濟，得向合眾國地方法院或其他有管轄權之州法院對其提起民事訴訟。

　　(2)個人、合夥、或公司接受委員會發布之確定禁止命令而仍從事不公平或欺罔行為或慣行者（第五條(a)(1)規定），委員會得向聯邦地方法院或有管轄權州法院，對該個人、合夥、或公司提起民事訴訟。如委員會能向法院證明該禁令所規範的行為或慣行，正常而有理性之人應能知其不誠實或詐欺者，法院得允許依據(b)項之救濟。

(b)法院在(a)項之訴訟中、認為消費者或其他個人、合夥、或公司確實因違反規則、不公平或欺罔行為受有傷害，應予補償，有權允許該項救濟。該項救濟，應依其案情，包括但不限於契約之廢棄或修正、退錢或歸還財物，損害賠償及公布違反規則、不公平或欺罔行為或慣行。但本項規定不企圖授權給予懲戒或懲罰性損害賠償（注四）。

　　二、德國不正競爭防止法第三條：

　　對於為競爭目的而於營業交易中，關於營業狀況，尤其就各個或總括提供之商品或營業上給付之性質、出產地、製造方法或價格計算或價目表、進貨方法或進貨來源、所得獎賞、銷售之動機或目的或存貨數量作引人錯誤之表示者，得請求其不為該項表示（注五）。

注三　經濟部編印，各國公平交易法有關法規彙編，七十五年四月一日，頁51。
注四　經濟部編印，各國公平交易法有關法規彙編，七十五年四月一日，頁67。
注五　經濟部編印，各國公平交易法有關法規彙編，七十五年四月一日，頁177。

不正競爭防止法第十三條:

(1) 在第一條、第三條、第六條之一及第六條之二之情形，製造或在營業交易中提供相同或類似商品或營業上給付之各個營業經營者，或以增進工商業利益爲目的之團體而具有民事訴訟當事人能力者，得行使不作爲之請求權。此等營業經營者及團體對於違反第六條、第八條、第十條、第十一條及第十二條規定之行爲者亦得請求其不作爲。(1之1) 在第三條、第六條、第六條之一、第六條之二、第七條第一項及第十一條之情形，依章程以開導及忠告之方式保護消費者利益爲其任務之團體，以其具有民事訴訟當事人能力者爲限，亦得行使不作爲之請求權。在第一條之情形，以其係針對商品或營業上給付作引人錯誤之表示，或其他爲競爭目的而涉及消費者重大利益之行爲而請求者爲限，亦適用之。

(2) 對於因違法行爲所生之損害，應負賠償責任者，爲下列之人:

　　1.在第三條之情形: 明知或應知其所爲之表示係引人錯誤者。但對於定期刊物之編輯、發行人、印刷者或散布者之損害賠償請求權，以其明知其所爲之表示係引人錯誤者爲限，始得主張之。

　　2.故意或過失違反第六條、第六條之一、第六條之二、第八條、第十條、第十一條及第十二條之規定者。

(3) 在營業之企業中，依第一條、第三條、第六條、第六條之一、第六條之二、第八條、第十條、第十一條及第十二條之規定不許可之行爲，係由職員或受任人所爲者，對於企業之所有人亦得行使不作爲之請求權 (注六)。

注六　經濟部編印，各國公平交易法有關法規彙編，七十五年四月一日，頁184。

引人錯誤之廣告足以 擾亂營業競爭秩序及 妨害消費者之利益， 因此， 禁止引人錯誤之廣告， 即係不當競爭防止法之主要目的。廣告主為引人錯誤之廣告或陳述時， 競爭者得依德國不當競爭防止法第三條之規定， 對廣告主行使不作為請求權。 如引人錯誤廣告係由企業之職員或受任人所為時， 依第十三條第三項亦得對企業之所有人行使不作為請求權， 此種不作為請求權， 不以廣告主之故意或過失為要件。在德國競爭法實務中， 不作為請求權具有相當之重要性， 因為不作為請求權之貫徹， 能使守法之營業競爭者不再遭受妨害。除營業競爭者外， 以增進工商利益為目的之團體而且有民事訴訟當事人能力者， 或依章程以開導或顧問方式保護消費者利益為其任務之團體， 而具有民事訴訟當事人能力者， 亦得對廣告主行使不作為請求權。

廣告主明知或應知其所為之廣告為引人錯誤， 致他人受有損害者，即應負賠償責任。受害人因引錯誤之廣告而受有損害之賠償請求權 (Schadenseratzanspruch)。此種損害賠償請求權， 自請求權人知悉行為及義務人時起六個月不行使而消滅; 不論知悉與否， 自行為時起三年不行使而消滅， 其消滅時效較一般消滅時效之期間短暫 (注七)。對於定期刊物之編輯、 發行人、 印刷者或散布者之損害賠償請求權， 以其明知其所為之表示係引人錯誤者為限， 始得主張之。

三、瑞士於一九四三年制定聯邦不正競爭防止法， 第一條第一項即明白表示「以欺罔或其他方法， 違反信義誠實原則， 濫用經濟上的競爭行為者， 係本法所稱不正競爭」， 並於第二項列舉不正競爭行為 (注八) 。

第二條:「因不正競爭而在顧客、 信用 、 職業聲譽、 事業之其他經

注七 徐火明， 論不當競爭防止法及其在我國之法典化(二)， 中興法學二十一期， 七十四年三月， 頁317。
注八 滿田重昭， 不正競業法の研究， 社團法人發明協會， 昭和六十年七月，初版， 頁446。

濟上利益有受損害或危害時，得爲如下之請求：1.違法之確認，2.中止，3.除去違法狀態、訂正不眞實或欺罔的廣告行爲，4.有責任時負損害賠償，5.有債務法第四十九條情形，非財產上損害賠償」（第一項），因不正競爭而在經濟上之利益受損害之顧客亦得爲前項之請求（第二項），「職業團體或經濟團體，係以保護其構成員爲目標且其構成員具有提出第一項或第二項訴權時，該團體亦得行使第一項第一二三款請求」（注九）。

第三條：「事業之使用人或受僱人執行職務上或業務上之行爲係本法之不正競爭行爲時，亦得對事業爲前條第一項第一二三款請求」（第一項），「對事業行使前條第四、五款請求時，適用債務法之規定」（注十）。

四、日本不正競爭防止法第一條：「因下列各款之一之行爲而其營業上利益有被侵害之虞者，得請求行爲人停止其行爲：一、……二、……三、在商品或其廣告或以公衆得知之方法，於交易之文件或通信上，作虛僞原產地標示，或將該項標示之商品予以販賣、散布或輸出而使人誤認原產地之行爲。四、在商品或其廣告或以公衆得知之方法，於交易之文件或通信上，作使人誤認其商品係生產、製造或加工地以外地區生產、製造加工之標示，或將該項標示之商品予以販賣、散布或輸出之行爲。五、在商品或其廣告作使人誤認其商品之品質、內容、製造方法、用途或數量之標示，或將該項標示之商品予以販賣、散布或輸出之行爲。六、……。」第一條之二第一項：「因故意或過失而有前條第一項各款行爲之一者，對於因此其營業上利益受侵害者，負損害賠償責

注九　滿田重昭，不正競業法の研究，社團法人發明協會，昭和六十年七月，初版，頁448。
注十　滿田重昭，不正競業法の研究，社團法人發明協會，昭和六十年七月，初版，頁448。

任。」（注十一）

　五、韓國不正競爭防止法第二條：「因左列各款之一之行為而有侵害及營業上利益之虞者，得請求行為人停止其行為。 1.……2.……3.商品以廣告、其他大衆傳播方法以及往來文書、通信作原產地之虛僞標幟以之販賣、分贈或輸出而誤認原產地之行為。 4.商品以廣告、其他大衆傳播方法，以及往來文書、通信作誤認生產、製造或加工國家以外生產、加工之標幟，以之販賣、分贈、輸出之行為。 5.詐稱他人商品，或用宣傳、廣告等方法，對他人商品之品質、內容、數量，造成惡劣印象，引起誤認，以之供販賣、分贈或輸出之行為。」第三條第一項：「因故意或過失而有前條各款之一行為者，對因此其營業上利益受侵害者，有損害賠償責任。」（注十二）

第三項　我國規定之檢討

第一款　除去及防止侵害請求權

一、立法趣旨

　公平交易法第三十條：「事業違反本法之規定，致侵害他人權益者，被害人得請求除去之；有侵害之虞者，並得請求防止之。」此卽所謂除去及防止侵害請求權，有名之「排除請求權」，或稱之「禁止請求權」「不作為請求權」、「停止請求權」，日本則稱「差止請求權」。

　除去及防止侵害請求權，係防止不正競爭行為最有效之手段，亦卽對將來之不正競爭行為之預防及現存不正競爭行為之除去以恢復競爭原狀。此請求權卽使侵害行為已消失，如侵害行為有再發生之虞，不因侵害行為已消失而隨之消滅不存在。因此不正競爭防止法上除去及防止侵

注十一　滿田重昭，不正競業法の研究，社團法人發明協會，昭和六十年七月，初版，頁247。

注十二　滿田重昭，不正競業法の研究，社團法人發明協會，昭和六十年七月，初版，頁303。

害請求權之態樣即包括物權請求權之妨害排除、妨害預防請求權。

　　除去侵害請求權係存在有侵害行爲時，請求除去侵害物或除去侵害狀態，前者如除去虛偽廣告物，除去侵害製造物、設備等。後者如不正登記註冊登錄商標之塗銷（撤銷），即使將來無侵害之虞時，亦應存在廢棄侵害製造物之請求權。

　　除去及防止侵害請求權之要件有①該當不正競爭行爲現時存在或有發生侵害之虞②該當行爲具有繼續或反覆之虞，③該當行爲在客觀上係違法，易言之，具有不正競爭性。但不須具有主觀要件，亦即在無故意過失，或善意無過失情形之下（注十三），亦有此請求權，此從保護公衆、消費者保護頗具功效及實益。

　　其次，得請求權人之範圍，在同業競爭者爲請求權人時要求其營業上之利益有受侵害之虞之要件，故請求權人之範圍應於案件適用時爲具體之解釋，亦即何謂營業之概念？何謂營業上利益有侵害之虞之概念，須於具體案件適用時，方能確切明瞭其意義。於茲成問題者係除了具有競爭關係之同業具有請求權外，因虛偽不實及引人錯誤廣告之受害一般消費者是否具有請求權？同業團體或消費者團體是否具有請求權？容於後敍明。

　　除去及防止侵害請求權之行爲對象係不正競爭行爲，即使一度發生除去及防止侵害請求權，之後行使對象不復存在或無再發生之虞，除了得請求廢棄製造物請求權之外，其餘請求權亦隨之消滅，因此，於訴訟繫屬中如有前述事實存在，其請求將被駁回，此與損害賠償請求權不同，

注十三　小野昌延編著，注解不正競爭防止法，青林書院，平成三年十月，初版二刷，頁55：日本於昭和九年制定之不正競爭防止法，對防止及排除侵害請求權須具有主觀要件，即具有不正之目的，但於昭和二十五年予以刪除，因此該當行爲人之主觀意圖與不正競爭行爲無關，只不過是請求損害賠償之要件，如此從保護公衆（購買者、消費者）角度深具實益，更能發揮本法實質之權限。

不會因侵害行為一度發生造成損害之後，侵害行為不復存在而使損害賠償請求權亦隨之消滅。

　　請求權得以繼受，例如受讓營業，其請求權亦隨之受讓。乃因不正競爭防止法立法意旨在實質交易通念中，為保護一般交易之供給者或需求者，防止商品或服務主體來源之混同、誤認（注十四）。

　　再者，公平交易法並無規定特別之假處分制度，因此利用民事訴訟法上一般假處分亦能產生事實上效果。又不正競爭行為係侵權行為，故請求除去或防止侵害之訴，依民事訴訟有關侵權行為之一般規定，決定其管轄法院。所謂行為地即構成侵權行為之法律上重要事實之全部或一部所在地，包括行為作成之地及其結果發生地而言，若其行為地有數處者，即有數個競合之審判籍。因此審判籍除一般審判籍（被告住所地或營業所在地之法院）之外，凡不正競爭行為地之法院亦有管轄權（注十五）。

二、請求權人

　　依公平交易法第三十、三十一條規定被害人得請求除去或防止侵害行為或損害賠償。所謂被害人亦即請求權人之問題，看似簡單，實則不然，乃因我國公平交易法係由營業競爭限制防止法與不正競爭防止法合併立法，造成解釋與適用上諸多疑義待解決，其中之一即所謂「請求權人」之界定，蓋事業違反公平交易法所侵害之他人，可能為同一或類似業務之事業（水平同業）或相同業務之上下游事業（垂直同業）或一般消費大眾（消費者）。以下就同業競爭者請求權有關問題及消費者、團體訴權有關問題提出檢討。

(一)同業競爭者請求權有關問題之探討

注十四　小野昌延編著，注解不正競爭防止法，青林書院，平成三年十月，初版二刷，頁87。

注十五　曾陳明汝，專利商標法選論，自版，六十六年三月臺初版，頁184。

1.營業之概念

一般所謂「營業」係以營利（得到經濟上之對價）為目的之事業，亦即依一定計畫，利用人的、物的諸多設施，成為一獨立之經濟單位從事營利活動。從社會的經濟層面觀察即係一定的活動及為從事此活動而組織成一個生活團體，此生活團體係利用人及物等方式以達成營利目的。

營業或企業不僅在不正競爭防止法、民商法、經濟法之領域，即在勞動法、稅法等領域亦成為規範對象，故一般營業之概念及理論係相對性、流動性的，應依各個法規之目的來慎重考察營業之概念，方不失具體妥當。一般民商法所謂營業之概念或用語係指具有主觀的營業活動及客觀的為從事營業活動之設施、財產而言，不正競爭防止法所指者係主觀的營業活動（注十六）。

以營利為目的之事業，首先應具反覆同種行為，行為不限一種，數種亦可。反覆同種行為，當然須有在某期間內繼續此行為之意圖且具計畫性的，如無計畫性之行為、無繼續意圖之偶發性行為並非營業行為。又營業並不問營業期間之長短（如博覽會開會中之飲食經營，海水浴場之商品販賣均係營業）。

營業係以取得對價為目的，但非必須在各個行為中均須存在，僅就全體反覆行為予以觀察而存有對價即可，故其一行為係無償亦可稱為營業行為（注十七）。因此取得對價為目的，應不問現實上是否取得對價，是否收支相抵，更者不問是否增加財產，是否營業者須靠此對價方能存在或須依此對價為生計維持主要來源，亦不論取得對價之目的何在（注十八）。

注十六　小野昌延編著，注解不正競爭防止法，青林書院，平成三年十月，初版二刷，頁58。

注十七　陳清秀，公平交易法之立法目的及其適用範圍──以德國法為中心──植根雜誌，第八卷第六期，八十一年七月，頁23。

注十八　小野昌延編著，注解不正競爭防止法，青林書院，平成三年十月，初版二刷，頁59。

　　其次營業意思在客觀上能被認識之可能性（少數學者認營業之要件不須具此要件）。雖然外部的認識可能性爲必要，但不須特別的表示行爲（如廣告、店面之開設等），單單有能夠認定狀態存在即已足（注十九）。

　　如前所述營業係以營利爲目的反覆繼續同種行爲。營利目的，通常指積極獲得利潤之意思或意圖增加資本。又不正競爭防止法在法律體系上可謂民商法之特別法，因此如某事業並無上述之營利目的或意圖，是否不該當營業而無不正競爭防止法之適用？即成問題。在日本學界有所謂「不問營利、非營利說」及「營利目的廣義說」，亦即營業之概念在不正競爭防止法領域應採廣義之解釋，從事業是否值得以不正競爭防止法予以保護及如果加以保護時對競爭者之不利益程度有多大此種觀點去解釋「營業」。不正競爭防止法係對企業之營業活動採取不正競爭行爲予以規範爲目的，因此對「營業」僅限「營利事業」如此嚴密之設限似無必要，營業之概念是一廣義的，營利目的不限積極增加利益，意圖於在經濟上採行收支平衡、自給自足計算方式爲目的之事業活動，亦可謂營業活動（注二〇）。

注十九　日本之判決例首先有營業意思表示說，因此僅僅有營業準備行爲（如購買必要機器設備）並未表示出營業意思，故非營業。其後變更爲營業意思實現說，亦即如購買經營必要用品之準備行爲卽具有營業意思之客觀條件。單單金錢借入行爲，除非競爭者知悉，否則非開業準備行爲。

注二〇　田倉整、元木伸編，實務相談不正競爭防止法，財團法人商事法務研究會，平成元年五月三十日，頁128：在日本判決例之動向，最初採消極解釋，例如「研數學館事件」卽否認經營預備學校研數學館此財團法人適用不正競爭防止法，原告以「研數學館」爲名稱，對相同經營預備學校之被告請求停止使用「東京研數學館」名稱，法院認爲：1.預備學校不以營利爲目的，2.本事件與商法及不正競爭防止法所謂之事業無關，3.經營一定事業使用事業名稱在不侵害他人之權利及利益之範圍內有其自由，故依民法在權利濫用原則之法理（或者類推不正競爭防止法）爲原告勝訴之判決，限制被告自由使用「東京研數學館」之名稱。之後改變以往見解認爲不正競爭防止法上之營業應採廣義解釋，在「京橋中央醫院事件」，原告係經營「京橋醫院」請求被告停止使用「京橋中央醫院」名稱經營醫院，法院認爲不正競爭防止法

不正競爭防止法保護之營業係指適法之營業，如違反公序良俗之賭博、販賣麻藥偽藥禁藥行爲、非法賣春行爲，則非不正競爭防止法保護之營業，其間不存有不正競爭。

不正競爭防止法亦適用於國家及地方自治團體之經濟活動，只要其經濟上行爲方式與其他企業從事營業競爭活動，於此情形下所產生之私法上營業競爭關係均值保護而不問國家或自治團體在經濟上交易之法形式及其目的（注二一）。

2.營業上利益有受損害之虞

有受損害之虞，不以現實營業上之利益受侵害爲必要，有受侵害之虞即足夠，亦即不須至損害之發生程度，但單單僅存有抽象之虞則不足夠。侵害行爲之著手前階段即有受侵害之虞階段，即得爲防止侵害之請求。又營業上利益有受侵害之虞，當然包括現實營業上利益已受侵害（注二二）。

原告爲防止或排除侵害請求權時，應證明其營業上之利益有受侵害之虞，但「營業上利益有受侵害之虞」其程度如何？如其侵害程度尚屬

上所謂營業不僅單單限於營利爲目的，對於在經濟上採行收支平衡、自給自足之方式之事業亦包括在內，一般來說，經營醫院在經濟上係採行收支平衡計算之事業，在社會通念上非常明確，不妨稱其爲「營業」，仍有不正競爭防止法之適用。
　小野昌延編著，注解不正競爭防止法，青林書院，平成三年十月，初版二刷，頁61。
　張澤平，商品與服務表徵在不正競爭防止法上的保護規範，中興法研碩士論文，八十年六月，頁87。
注二一　陳清秀，公平交易法之立法目的及其適用範圍——以德國法爲中心——植根雜誌，第八卷第六期，八十一年七月，頁27。
　小野昌延編著，注解不正競爭防止法，青林書院，平成三年十月，初版二刷，頁62。
注二二　小野昌延編著，注解不正競爭防止法，青林書院，平成三年十月，初版二刷，頁68: 日本實務上裁判例就以下具體事例認係營業上利益之侵害，1.銷售額之減少，2.客戶之流失，3.營業上信用名譽毀損，4.學生之流失，5.周知性標章品質保障、來源識別機能之稀釋，6.受到顧客抗議或申訴亦爲營業上利益受損。

輕微，即予保護，相反地卻限制了營業活動。因此是否損害並不清楚或僅主觀預期會發生損害是不夠的，必須依社會通念確實能認其情事存在而對營業上之利益有受侵害之可能性。一般營業前之籌備行爲，對之侵害，可謂對營業之利益有受侵害，雖不必對侵害行爲之意圖客觀且充分地予以推知認識，但行爲人之眞正意圖和行爲之緊迫可能性被明瞭推知認識爲必要。又如因原料短缺、人工難覓、戰爭等原因而暫停營業，乃是業界通常預知之情形，對其侵害，仍構成不正競爭行爲。又如廢止營業則依具體事實決定其是否有再營業之可能，如有再營業之可能，則仍構成不正競爭行爲（**注二三**）。

(二)消費者訴權及團體訴權之檢討

　　1.消費者訴權有無之檢討

最終之消費者（下簡稱消費者）是否有訴權，一直爲研究競爭法領域學者爭論之議題，有學者認爲競爭法之目的，企圖在消費者與生產者之間維持一種平衡狀態，一方面用以保障消費者之安全與法律權益，另一方面亦不希望因此而使事業之活動受挫，此種見解，將消費者權利之保護視同與事業相對之地位，使消費者也能從競爭法理論與實務上得到另一重法律保障。但有學者卻認爲競爭法之目的在維持市場上競爭秩序，規範事業間競爭行爲，確定一個經濟活動競爭範圍，確保市場經濟體制之有效競爭。而消費者保護乃係競爭法之反射作用、周邊次級作用而已（**注二四**）。

注二三　小野昌延編著，注解不正競爭防止法，靑林書院，平成三年十月，初
　　　　版二刷，頁70。
注二四　何之邁，限制競爭的發展與立法——從法國限制競爭法觀察，中興法
　　　　學二十二期，七十五年三月，頁355。
　　　　陳淸秀，公平交易法之 立法目的及 其適用範圍——以德國法爲中心
　　　　——植根雜誌，第八卷第六期，八十一年七月，頁21-22。
　　　　蘇永欽，民法經濟法論文集（一），國立政治大學法律系法學叢書（二
　　　　十六），七十七年十月，頁342-343、405-407、423。
　　　　周德旺，透視公平交易法，大日出版社，民國八十一年五月，一版，
　　　　頁189。

此項爭議在不正競爭防止法方面，可以從不正競爭防止法的本質及其保護法益予以闡明。關於不正競爭防止法保護之法益，早期從主觀的權利出發，現則以從客觀的法秩序出發，前者代表理論係「人格權說」，此理論在很早以前就由 Kohler, Otto Von Gierke, Lobe, Rosenthal 所提倡。瑞士在一九四三年未制定不正競爭防止法之前判例也持此種看法。在判例中常見如「進行活動時人格之保護」、「要求獨立的經濟活動」、「競爭者的威信及成功」、「經濟人格的尊重及通用」、「自由經濟活動的權利」等，但由於內容及理論不夠明確致受強烈批評。而德國帝國法院對人格權說也表示消極態度。但大戰結束後，德國聯邦共和國基本法保障人格自由權而奠定了人格權說理論之新基礎，聯邦法院也承認一般人格權，但因「假裝跳樓大拍賣行為」而謂侵害人格權似乎勉強，如謂以人格權來說明不正競爭防止法之目的係保護公眾利益，也是相當困難之事。而大部分學者認為與其說是保護人格，倒不如說是保護無形財產（注二五）。

早在一九三〇年左右 Baumbach 即提出企業是不正競爭防止法保護法益，侵害企業權的行為是不正競爭行為。德國帝國法院亦承認侵權行為法所規定「設立及執行的營業」之權利，起初只限於某行為「直接」威脅到營業存立時，才允許對該侵害進行損害賠償，但後漸漸放寬此「直接」要件之限制，而承認凡是侵害到營業活動的行為，皆可進行損害賠償，聯邦法院也承認此一立場。不過應注意者係德國判例上受保護對象仍限「已存立」之企業，因此「成立中」之企業仍不在保護對象之列，遭致保護不周延之批評（**注二六**）。

另一與人格權相對應的學說係 Kummer 提出之「競爭地位權說」，

注二五　滿田重昭，不正競業法の研究，社團法人發明協會，昭和六十年七月，初版，頁7。

注二六　滿田重昭，不正競業法の研究，社團法人發明協會，昭和六十年七月，初版，頁8。

所謂「競爭地位」係指「以達到利益為目的之給付交換機會」，整體而言，是一種從具體化的企業、聲譽、公衆或顧客信用、營業者活動等具體化事物中脫離出來的地位，若有某行爲侵害此「地位」，卽承認該地位主體得行使爲不作爲請求權。因此構成不正競爭防止法的保護法益之競爭地位就是私權。此種權利並不是財產權，倒與一般人格權比較類似（注二七）。此理論除仍難免與人格權理論遭致同樣批評之外，且在今日尙無法滿足大衆之需求，亦卽此理論仍認營業者之交易對象 —— 顧客或消費者的利益，只是立於配角地位。不正競爭之所以需要特殊的法律規範，並不是因爲被侵害者係競爭者的緣故，而是因爲不正競爭行爲的主體乃是彼此互相競爭的營業者，亦卽，當營業者以不當的競爭行爲侵害到市場上其他人的利益時，不正競爭防止法卽是提供保障之一個機會，讓那些人可以藉由自發性的意思表示來維護自己的利益。而不正競爭相關的利害關係者中，只有競爭者一直以來都是不正競爭防止法救濟的權利主體，這是有其歷史之因素的，乃因競爭者利害關係較深刻，只其需要關心的程度特別深切。營業者交易對象 —— 顧客，雖有契約法或詐欺等旣成的侵權行爲法來進行救濟。但如此一來，在廣告宣傳大量充斥且其手法也日益進步的今天，著實讓人爲消費者耽心。因此，似乎應該將原本隱藏在後的消費者拉到法律規範前面，承認其做爲權利主體的地位若從此觀點來修正競爭地位權說，將「以利益爲目的的給付交換」，取而代之，以「公平的給付交換」來定義之，似乎比較恰當。所謂的「公平」，其內容可以從市場經濟的性質及法律理念中引導出來，所以，不可以說沒有內容。如此一來，將得到一個結論，就是：不正競爭防止法的保護法益，係指達到公平的給付交換之機會總體而言。而把它稱爲「市場地位」，似乎也不爲過。因此，「競爭地位權」就可以改稱爲「市場地位

注二七　滿田重昭，不正競業法の研究，社團法人發明協會，昭和六十年七月，初版，頁9。

權」，參加市場經濟的營業者所承擔的責任比一般人還重，所以，理所當然該擁有較高的權利，並且有禁止請求權及其他妨害排除諸權利。與此一情形相關的是：在一個含有消費者的市場中，似乎也應提昇那些一般參加者的地位，使其擁有較高的權利，並且賦予他們同前面的營業者相同的權利。因此市場地位視其附隨事情之不同而不同，既有已獲得的優越市場地位也有新開業小營業者地位、和大購買者地位、或個人小消費者地位。這些相異點就是造成下列情形的基本要因之一，即：因侵害對象之不同，而產生各種不同的不正競爭行為（注二八）。

　　不正競爭防止法在傳統上一直保護的對象，主要是一種因努力和投資而獲得的顧客之占有狀態。該地位若因不正競爭行為而崩潰，就會牽連到市場經濟秩序之存續，而這種侵害到地位安定性的行為，往往是競爭者較易犯。不正競爭防止法為了調整競爭者間的利益侵害之規範，所以才會如此地發達，而且，其主要的制裁手段是禁止請求權。但是，競爭中須保護的對象，不應該只是所獲得的狀態而已。市場中的交易者之一般地位，也是值得保護的，亦即消費者也是不正競爭行為中必須保護的對象之一，由於在現代的工業社會中，消費者是一羣無知無識，容易受騙的弱者，所以，必須要求市場中的營業者盡到下述義務及責任，亦即：營業者須採取可以滿足消費者需求的合理性選擇之競爭行動。此外，撇開所獲得的占有狀態不講，構成市場參加者，一般地位的內容之利益，事實上並不是一種可以直接認識的事實狀態，而是必須從理念上旁敲側擊，始可獲得概念性的了解。因此，應該藉著經濟基本法之探求，來尋找出承認市場地位權的根據（注二九）。

　　關於後者代表理論指不正競爭防止法係保護「產業界的職業道德性」

注二八　滿田重昭，不正競業法の研究，社團法人發明協會，昭和六十年七
　　　　月，初版，頁19-20。
注二九　滿田重昭，不正競業法の研究，社團法人發明協會，昭和六十年七
　　　　月，初版，頁54-55。

或是「以實力和責任爲基礎的競爭秩序」爲目的。因此巴黎條約「凡違
反工業上或商業上的誠實習慣之一切競爭行爲」皆構成不正競爭行爲，
其他如「競爭之公正」、「交易時的信義及誠實」、「良好的道義」等視爲不
正競爭防止法的保護法益之見解均與此相同。又「權利之濫用」理論，
瑞士在一九四三年制定之不正競爭防止法排除以往以一般人格權理論爲
依據的判例及學說，將「權利之濫用」思想導入不正競爭防止法中，視
之爲不正競爭行爲。此外不正競爭防止法並不只保護個人利益，它還保
護消費者或公衆利益，亦卽不正競爭防止法社會法化之見解普及爲人接
受後，才會將「客觀競爭秩序」視爲保護法益。如此不正競爭防止法乃
是保障競爭秩序之公正的法律，保護對象與其說是「利益」，毋寧說是
「公益」。也就是如前第二章所述不正競爭防止法具有維持公正競爭秩
序之公共福祉之特質（注三〇）。

　　不正競爭防止法所保護之法益，早期認爲僅保護競爭者，對大衆利
益之保護並未注意，唯諸多不正競爭行爲，並未侵害競爭者之權益，但
卻對大衆造成侵害，經學者不斷地研究及法院實務運作，不正競爭防止
法所保護利益係多面性的（注三一），故不正競爭防止法兼具了私法與公
法之特色，已非向來私法結構性質，如此方有效規範營業競爭秩序。

　　近年來發生了一個值得側目的現象，那就是訴訟之提起皆傾向於擁
護顧客或消費者的利益。早在一九三四年,比利時卽制定「一九三四年十
二月二十三日的王令第五五號」，針對歪曲競爭的正常條件之若干行爲，
保護生產者、商人和消費者，而且，一九三六年，盧森堡也有同前文一
樣的政令出現，一九四三年的瑞士不正競爭防止法，更進而允許那些不
正競爭而遭受經濟利益之損害的顧客，可以行使不正競爭行爲的違法之

注三〇　滿田重昭，不正競業法の研究，社團法人發明協會，昭和六十年七
　　　　月，初版，頁10。
注三一　徐火明，論不當競爭防止法及其在我國之法典化(一)，中興法學二十
　　　　期，七十三年三月，頁375。

確認、中止、違法狀態之除去、不實廣告之訂正、損害賠償及名譽賠
償請求權（瑞士不正競爭防止法第二條第二項）。此外，一九六〇年代之
後，荷蘭、斯勘的納維亞諸國，特別是瑞典、芬蘭、西班牙等歐洲諸
國，更是蠢蠢欲動，要藉著立法，將消費者保護之理念及策略列入不正
競爭防止法中，盛極一時，而義大利的學者之間也極力呼籲須重視消費
者保護問題，其呼聲好比水漲船高，一天大似一天。而在英國和美國，
消費者保護問題當然也成爲近年來競爭法上重要的問題（注三二）。

　　2.團體訴權建立之檢討

　　關於不正競爭的利害關係者眞是多不勝數，如：個人競爭者、集
團競爭者、顧客、消費者、公衆、國家等皆是，而其利害的相關程
度，則視不正競爭行爲種類之不同而不同。例如：商品表示係利用衆所
周知的他人商標、或具有特殊包裝或特殊外形的商品。又如營業表示係
利用衆所周知的他人商號、營業名稱、營業標幟等等。由於這些行爲的
發生，而使得利益遭受侵害的被害者，主要是那些成爲冒用或模倣對象
的個人競爭者。事實上，顧客或消費者與商品的出處或其交易對象之營
業的同一性之間也有著利害關係存在，但是，只要消費者沒有買到異質
的惡劣商品之類的特別附隨事情發生，他們對於所謂同一性、不同一
性，根本漠不關心，所以，就令人無法想像到：冒用者與顧客或消費者
之間的糾紛，會鬧到必須訴諸法律途徑來尋求解決。相反地，那些營業
者爲了招徠顧客，取得顧客的信賴，各個都使出渾身解數，極盡所能地
改善商品品質、提高服務及經營效率，以使商品價格低廉公道，但其所
做的一切一切，都必須要在其所行使的商品表示或營業表示，已經使顧
客對該商品產生同一性的認識之後，才會開始發揮效果，所以，對於從
事公平營業活動的競爭者而言，盡其所能地防止混同招徠的不正競爭行

注三二　滿田重昭，不正競業法の研究，社團法人發明協會，昭和六十年七
　　　月，初版，頁13。

爲之發生，簡直就如同面對生死大問題一般。因此，競爭者可以利用那些允許依自己的意思來擁有自己的利益之類的純私法性結構，來禁止典型的「冒牌貨」等不法行爲之發生，且其效果十分彰著（注三三）。

在原產地名稱之冒用及虛僞的原產地表示這一項中，因競爭而使其遭受侵害的被害者，則主要是那些位於商品原產地中的集團競爭者。雖然，可以確定的一點是該集團的利益很明顯地有遭受侵害之虞，但若要舉出例子證明其中的個人營業者的利益也有遭受侵害之虞，則是相當困難的一件事。因此，若不承認那些代表集團競爭者的集團具有禁止請求權或其他請求權的話，否則無法提高這種不正競爭防止的實效。而且，若是原產地的誤認即係商品等級及品質之誤認時，則其與顧客或消費者之間的關係，就遠比不正行使商品表示或營業表示等情況還要來得深切了（注三四）。

若冒用者所爲的誤認招徠表示僅與商品品質、內容、製造方法、用途、數量等有關時，雖然對競爭者不會造成多大的利害關係，但，相反地，對消費者卻有很大的利害關係。而且，遭受利益侵害的並不是營業者而是那些從事正當營業的競爭者全體，所以，最好賦予那些代表集團業者的團體具有禁止請求權,比較恰當。更進一步來說的話，也就是說:直接受害的是消費者，但僅憑區區的誤認招徠表示對消費者的利益所造成的侵害程度並不會多大，而且，也還不至於對生存基礎造成威脅，所以，必須想辦法賦予那些總結消費者利益的代表集團具有禁止請求權，或是從全體經濟觀點來使政府機關的參與能夠制度化，其方法即是「確保市場透明度」，以便視消費者需求，適當地分配資源，如此，方可有效地抑制此種不正競爭行爲之發生（注三五）。

注三三　滿田重昭，不正競業法の研究，社團法人發明協會，昭和六十年七月，初版，頁11。

注三四　滿田重昭，不正競業法の研究，社團法人發明協會，昭和六十年七月，初版，頁12。

注三五　滿田重昭，不正競業法の研究，社團法人發明協會，昭和六十年七月，初版，頁12。

　　於討論與廣告相關的不正競爭行為，就如同上述一般，並不能總是說僅有營業者才是遭受利益侵害的主要主體，例如：在一九二〇年代的法國，允許職業團體在業者的全體利益遭受侵害時，依據法律行使當事者的權利，並且，其後大多數的特別法也都允許與農業、葡萄栽培、飲料、食品、藥品等有關的團體訴訟。特別是，關於原產地名稱之保護及虛偽出產地表示之防止的各種法律，就是承認團體訴訟的顯著例子。而德國的不正競爭防止法，對於欺瞞性廣告之禁止及一般條項之違反等，則除了允許營業者提起訴訟之外（這些營業者只不過遭受抽象性的利益損害，而且，是屬於同業或類似的業種），並允許團體提起訴訟。該團體不但包括同業的團體或為同業謀求利益的團體，並且包括為促進許多分屬不同業界的業者之利益而努力的團體，以及不論其是否含有不正競爭行為者的同業，只要該團體的章程是以防止整個產業領域中的不正競爭行為之發生為目的即可（注三六）。

　　瑞士不正競爭防止法第三項中規定：「關於第一項 a. b. c. 三款之請求，職業團體或經濟團體亦得為之，但限該團體章程規定係以維護構成員利益之權能為目的並且該團體或其下屬團體之構成員具有第一項或第二項之訴訟權能」。據說，第二條第二項及第三項之規定，事後即成為德國不正競爭防止法第十三條第一項之一之藍本，若將此二者作一比較，我們可以發現：在不允許各個消費者提起訴訟這一點上，德國法之規定比瑞士法還要狹隘，但相反地，在不以團體構成員之利益受損害為要件這一點上，卻又比瑞士法廣泛（注三七）。

　　就如同前面所述般，當顧客至少都還是一個消費者的情況下，還不致會因不正競爭行為而遭受到需要提起訴訟的重大利益損害，所以，此

注三六　滿田重昭，不正競業法の研究，社團法人發明協會，昭和六十年七月，初版，頁13。

注三七　滿田重昭，不正競業法の研究，社團法人發明協會，昭和六十年七月，初版，頁49。

請求權並沒有多大的實質利益，　而事實上，　也幾乎沒有人行使過此權利。此外，那些利益遭受侵害的顧客若屬於職業團體或經濟團體的構成員之一，則該團體可以提起訴訟，不過，當所爲的不正表示在實際生活上常成爲問題癥結的來源時，在一個構成員的利益須確實地受到侵害的前提要件下，是很難舉出例子來證明自己確實遭受利益損害。針對這一點，西德於一九六五年將其不正競爭防止法做了稍微的修正，其中有一項制度是值得注意的，卽：以啓發和忠告的方式來擁護消費者的利益，並以其做爲章程上的目的，而具有民事訴訟當事人能力之團體，得行使不作爲請求權（注三八）。

此外，又新設立第二十三條之一，凡是對於訴訟費用之負擔有困難者，皆允許縮減其應負擔的費用。

以維護消費者利益爲目的的團體所提起的訴訟，　不管是在主體方面，抑或對象方面，其所受到的限制都比那些以前卽被承認的團體訴訟還多。亦卽(一)在主體方面，必須是一般性地爲維護消費者利益而盡心竭力的團體才行，像主婦團體、福利團體、工會等，只是偶爾才進行消費者保護活動，這是不夠的，而如供銷合作社、圖書俱樂部等，只不過是以會員之名義才給消費者優待之組織，這當然也是不行的。換句話說，必須是「章程上所揭櫫的目標是以啓發和忠告的方式來維護消費者利益」之團體不可。此處所指的「啓發」和「忠告」是缺一不可的，一定要兩者並行，不過，這倒不必一定是團體的唯一目的，亦可以同時擁有其他目的，例如該團體同時爲營業目的，若以某些法則來規定所欲維護的消費者利益，僅限於某人或物的範圍、或者是某地理範圍，亦不會有所抵觸。章程上所謂的目標，並不是只要寫在章程中就了事，其前提是必須實際地以啓發和忠告的方式來維護消費者利益，而團體本身也須

注三八　滿田重昭，不正競業法の研究，社團法人發明協會，　昭和六十年七月，初版，頁14。

是確實遭受損害。團體本身受到侵害，指的並不是團體的消費者之利益受到損害，而是指不當表示侵入該團體的章程上所定的任務範圍內。

(二)在對象方面，則指的是以維護消費者利益爲目的的團體可以提起訴訟僅限於下列行爲：第三條（不眞實之宣傳）、第六條（關於以破產財團做爲商品之來源的虛僞表示）、第六條之一（販賣者係製造廠商或批發商之表示）、第六條之二（以購買劵的方式販賣）、第七條第一項（清倉大拍賣之公告）、第十一條（違反特定商品的販賣數量、重量單位、出產地等之表示中的其中一項）、或第一條〔一般條項〕中，特別是關於使人誤信所提供的是有利的商品或勞務之不眞實表示、或觸犯其他消費者的重要利益之競爭行爲。此外，第十三條第一項中還規定：以增進營業者利益爲目的的團體具有關於刑事事件的告訴權及民事起訴權，而以維護消費者利益爲目的之團體則不具這些刑事告訴權能（注三九）。

美國也正努力地想在不正競爭的相關法律中制定一些防止欺瞞性表示的義務，且其努力的成果也進展得相當的快。在規定不正競爭的法律，除了聯邦成文法外，就屬州法。現在的聯邦法規定的除了一九一四年之 FTC 法之外，尙有一九四六年的商標法（即所謂蘭哈姆法）之第四十三條a項。該規定內容之廣泛，幾乎可以與聯邦貿易委員會法第五條相匹敵，並且規定：因欺瞞性表示之使用，而遭受損害或有遭受損害之虞者，皆可提起訴訟。但是，也有一些判例認爲應該盡量限定該條項的適用範圍。聯邦交易委員會的立法論是主張擴大私人救濟的範圍，並且，其主張也曾經成爲欺瞞性交易慣例法案或蘭哈姆法第四十三條a項修正案，於是，漸漸地支持該主張的人就越來越多了。在州法方面，則是由於不成文法（Common law）上的救濟非常不完全，所以，有許多州對於立法躍躍欲試，值得注意的是：已建立統一欺瞞性交易行爲法

注三九　滿田重昭，不正競業法の研究，社團法人發明協會，昭和六十年七月，初版，頁48。

典 (The Uniform Deceptive Trade Practices Act)，正鼓吹各州採用該法做爲州法，並且，有若干州已將其立法化了。此外，關於美國法上的私法救濟，還有一項是值得注意的，那就是：訴訟形態可能會變成由業者或業者團體以及消費者或消費者團體所提起的集團起訴，亦卽所謂「class action」。如此一來，不論是禁止命令、抑或是損害賠償，都可以由一部分的少數人提起訴訟，而將其旣判力推及同類的多數人，以保護消費者。但是，要知道的是在美國的欺瞞性廣告之規定中，目前爲止私法手段還沒有扮演多大的角色，聯邦貿易委員會之規定才是主流（注四〇）。

第二款　損害賠償請求權

一、損害賠償義務人

事業違反公平交易法之規定，致侵害他人權益者，應負損害賠償責任。公平交易法所稱事業指公司、獨資或合夥之工商行號、同業公會、其他提供商品或服務從事交易之人或團體。因此事業如爲法人或團體，違反公平交易法之行爲卽使肇因於代表人或管理人，依第三十一條之明文觀之，唯該事業爲賠償義務人，其代表人或管理人並無賠償義務。同樣，事業如爲合夥行號，違反公平交易法之行爲卽使肇因於一合夥人，亦唯有該事業爲賠償義務人，該肇事之合夥人名義上尚無賠償損害之義務（注四一）。

唯成問題者係同業公會是否適用公平交易法第二十一條（注四二），

注四〇　滿田重昭，不正競業法の研究，社團法人發明協會，昭和六十年七月，初版，頁50。
注四一　曾世雄，違反公平交易法之損害賠償，公平交易委員會籌備處與政治大學合辦之公平交易法研討會，民國八十年十一月十日，頁2。
　　　　小野昌延編著，注解不正競爭防止法，靑林書院，平成三年十月，初版二刷，頁73。
注四二　蘇永欽，民法經濟法論文集（一），國立政治大學法律系法學叢書（二十六），七十七年十月，頁8。

本文認為如同業公會所為之廣告行為，非為前述所謂「廣義之營業行為」則非公平法規範之行為，但如有為同業公會會員全體或部分會員營利之目的，則仍應予以規範，蓋規範不實或誤導廣告之目的，不僅在保護競爭同業，同時也保護消費大眾，故同業公會仍受公平法第二十一條之規範。

　　事業之廣告違反公平交易法之行為，如同時為侵權行為時，則公平交易法有關損害賠償之規定及一般侵權行為有關損害賠償之規定均有適用。事業如為法人，而行為人又為法人之代表人時，該事業及代表人均同為賠償義務人，並負連帶賠償責任（民法第二十八條）。此非公平交易法所規定，係同時適用侵權行為規定之結果（**注四三**）。

　　二、損害賠償方法

　　我國民法上之損害賠償之方法有回復原狀與金錢賠償兩種，所謂回復原狀，即回復損害發生前之原狀；所謂金錢賠償即照損害程度，支付金錢，以填補其損害，我國係以回復原狀為原則，金錢賠償為例外，公平交易法對損害賠償方法並未有特別規定，故與民法之原則相同。應注意者係公平交易法第三十四條：「被害人依本法之規定，向法院起訴時，得請求由侵害人負擔費用，將判決書內容登載新聞紙」，在解釋上應認：係第三十條排除侵害之後續規定，即因排除侵害必要方法之一，又第三十四條採概括規定，因而對於第三十一條損害賠償之情形，同樣亦能適用（**注四四**）。但成問題者係某事業違反第二十一條之廣告行為，同時構

注四三　曾世雄，違反公平交易法之損害賠償，公平交易委員會籌備處與政治
　　　　大學合辦之公平交易法研討會，民國八十年十一月十日，頁3。
　　　　王澤鑑，民法學說與判例研究（第三冊），臺大法學叢書編輯委員會編
　　　　輯，1983年10月三版，頁21：消費者因不實廣告、標示、標價及其他
　　　　推銷方式而為交易者，其在民事上得主張之救濟方法有三，1.撤銷
　　　　權，2.契約上請求權，3.侵權行為損害賠償請求權。
注四四　曾世雄，違反公平交易法之損害賠償，公平交易委員會籌備處與政治
　　　　大學合辦之公平交易法研討會，民國八十年十一月十日，頁6。

成第三十一條之要件，此時即造成一行爲同時被公平會及被害人要求爲更正廣告之可能性，行爲人因同一事件而造成雙重懲罰之結果？

三、損害賠償之範圍

損害賠償範圍之決定，理論上有三標準可資依附，其一依附於賠償義務人，其二依附於賠償權利人，其三依附第三者之一般人，我國損害賠償制度，原則上採取第二標準，即依賠償權利人實際所蒙受之損害爲賠償範圍。比較困難者係權利人所蒙受之損害，應如何量定？依公平交易法爲請求損害賠償時即面臨此二問題。我國公平交易法並未明文規定損害賠償範圍決定標準，但解釋上仍應與民法上標準相同，即原則上依賠償權利人蒙受損害爲賠償範圍。

但依公平法第三十二條第一項：「法院因前條被害人之請求，如爲事業之故意行爲，得依侵害情節，酌定損害額以上之賠償。但不得超過已證明損害額之三倍。」係採取三倍賠償制度。此種多倍賠償制度，遠溯至中世紀時之英國，其後爲美國所採用。自二十世紀以來，英國較少採用，反而在美國大行其道（**注四五**）。依美國克萊敦法第四條規定，「任何人因『反托拉斯法』中之禁止行爲以致其企業或財產受到損害時，不論其爭議數額如何，得向被告之住所地或現在地或有代理人之所在地之該管聯邦地方法院，訴求三倍於損害之賠償金額、訴訟費用，以及相當數額之律師公費」，這項三倍賠償規定，在美國不但爲民事訴訟提供有力之財務誘因，並可作爲公共執行所規定的制裁或懲罰手段的補助（**注四六**），扮演「私人檢察長」角色，積極地執行反托拉斯法律。因此，對於私人的反托拉斯執行工作具有重要的鼓舞作用（**注四七**）。但是

注四五　立法院經濟委員會編印，審查公平交易法草案參考資料，民國七十六年九月，頁343。

注四六　黃美瑛，美國反托拉斯執行組織與運作之研究，經濟研究三十一期，八十年六月，頁95。

注四七　杜瑋，美國反托拉斯執行問題之研究，政大法研碩士論文，七十九年六月，頁4-13。

三倍賠償制度，與「有損害斯有賠償，無損害則無賠償」之我國損害賠償制度基本架構不同（注四八），又違反公平交易法之損害賠償，本質上原已難以估算證明，列其倍數意義不大，再者賠償超過損害，仍以損害稱之，難免以法律踐踏法學之嫌（注四九），故最低限度亦應考慮加害人若能提出反證其損害賠償之數額，未達三倍亦應容許予以減除，以維公平（注五〇）。甚或予以刪除。

　　其次，關於損害額之計算方法，理論上有三種方法，第一是以賠償權利人所蒙受之損害額為準而計算，第二是以賠償義務人原應減少因侵害行為而未減少之利益數額為準而計算，第三是以賠償義務人因侵害行為而增加之利益數額為準而計算。公平法第三十二條第二項規定：「侵害人如因侵害行為受有利益者，被侵害人得請求專依該項利益計算損害額」，係採第三種計算方法。此種規定與我國商標法第六十四條第一項第二款類似。因此賠償權利人能在其所蒙受損失及賠償義務人所受利益二者間，得選擇主張，如權利人未蒙受損害而賠償義務人受有利益時，賠償權利人仍得主張以賠償義務人所受利益計算損害額。但如義務人無受有利益，則無適用本項之餘地。本項適用情形多為①因權利人蒙受之損害難以證明，②因損害額少於賠償義務人所得利益（注五一）。

注四八　立法院經濟委員會編印，審查公平交易法草案參考資料，民國七十六年九月，頁 343。
　　　　曾世雄，違反公平交易法之損害賠償，公平交易委員會籌備處與政治大學合辦之公平交易法研討會，民國八十年十一月十日，頁7。
　　　　美國商標法第三十五條亦有三倍賠償規定。
注四九　曾世雄，違反公平交易法之損害賠償，公平交易委員會籌備處與政治大學合辦之公平交易法研討會，民國八十年十一月十日，頁7。
注五〇　立法院經濟委員會編印，審查公平交易法草案參考資料，民國七十六年九月，頁343。
注五一　曾世雄，違反公平交易法之損害賠償，公平交易委員會籌備處與政治大學合辦之公平交易法研討會，民國八十年十一月十日，頁8，以賠償義務人因侵害行為而增加之利益數額為準之計算方法，係借用準無因管理之觀念而來，認賠償義務人因侵害行為而獲得之利益，可視作干涉他人之事務而獲得之利益，亦可視同為他人而獲取之利益，而該利益原應歸屬他人，干涉他人之事務係代他人取得而已，因而該利益仍應歸還他人。

四、廣告代理業或媒體業之連帶賠償責任

(一)公平交易法第二十一條第四項所稱「廣告代理業」用語之商榷

廣告代理一詞，用在廣告公司與廣告主間之關係，並非全然沒有任何疑問。我國民法上之代理，係指代理人於代理權限內，以本人名義向第三人為意思表示，而效力直接歸屬於本人之行為，在商業上，若廣告公司代理廣告主，以廣告主的名義向電視、廣播、報紙或雜誌等事業，訂定播放或刊登廣告之契約，此時，契約之效力直接對於廣告主發生，廣告公司僅係代理人之身分，此種情況，固為廣告代理。至於廣告主委託廣告公司設計或製作廣告內容，而不牽涉代理之問題，若仍稱為廣告代理，在法律上則容易產生誤解，故我國公平交易法第二十一條第四項所稱之廣告代理業，稱之為廣告業，或較妥當（**注五二**）。唯以下行文用語在未修法前仍沿用公平法之用語「廣告代理業」。

(二)廣告代理業及廣告媒體業在民法上損害賠償責任

廣告代理業與 廣告媒體業二者， 在廣告專業化之 今日佔最重要地位，而扮演重要之角色。前者對於廣告之設計或製作，後者對於廣告之公表，雖均為廣告主之補助人，但其本身亦為一個獨立的營業。因而就其所設計、製作或公表之廣告，如有誇大不實，致消費者遭受損害時，自亦應負民事責任。惟消費者與此兩者之間，無直接之契約關係（消費者與廣告主之間得有直接契約關係，例如向廣告主本身購買產品；亦得無直接契約關係，例如向一般販賣店購買廣告主之產品是），自不發生債務不履行之問題，而只發生侵權行為之問題。消費者得依侵權行為之規定，向廣告代理業或廣告媒體業，請求損害賠償。對於廣告代理業或媒體業請求損害賠償，縱不能依據民法第一八四條第一項上段之規定為之， 亦儘可依同條同項下段之規定為之。 蓋製作刊登或廣播不實之廣

注五二　徐火明，從公平交易法論廣告之法律規範，瑞興圖書股份有限公司，
　　　　八十一年十一月一日，臺北出版，頁18。

告，可認爲係故意以背於善良風俗之方法，加損害於他人故也。由此觀之，廣告代理業與廣告媒體業對於不實廣告所造成之損害，亦應負民事責任（**注五三**）。

(三)廣告代理業或廣告媒體業在公平交易法上連帶損害賠償責任

廣告代理業及廣告媒體業在公平交易法上之責任，依我國公平交易法第二十一條第四項規定，廣告代理業在明知或可得知情況下，仍製作或設計有引人錯誤之廣告，應與廣告主負連帶損害賠償責任。廣告媒體業在明知或可得而知其所傳播或刊載之廣告有引人錯誤之虞，仍予傳播或刊載，亦應與廣告主負連帶損害賠償責任。我國此項規定可謂進步（日、韓不正競爭防止法並無類似規定，而德國不正競爭防止法第十三條第二項第一款但書規定僅就定期刊物之編輯、發行人、印刷者或散布者以其明知其所爲之表示係引人錯誤者爲限，始得主張損害賠償，規範對象較窄，且限於「明知」情形），唯仍有如下之問題產生：第一、廣告代理業或廣告媒體業，當然是屬於公平交易法第二條所規定的事業，則渠等所負的損害賠償責任，係基於第二十一條而來？抑或基於第三十一條而來？第二、廣告主的損害賠償責任，係因有具體的「虛偽不實或引人錯誤之表示或表徵」行爲而發生；廣告代理業的損害賠償責任，亦係因有具體的「製作或設計有引人錯誤之廣告行爲而發生。但是，廣告媒體業的損害賠償責任，卻只要所傳播或刊載之廣告有「引人錯誤之虞」情形，即可發生，亦顯難謂公平。第三、廣告代理業應以故意或過失之行爲與廣告主負連帶損害賠償責任，廣告媒體業亦應以故意或過失之行爲與廣告主負連帶損害賠償責任；唯因條文分列二者的連帶損害賠償責任，則倘若某一商品廣告，廣告主以虛偽不實內容交付廣告代理業代爲製作、設計，廣告代理業明知爲不實或可得知不實竟未予注意，而

注五三　鄭玉波，民法問題研究（二），臺大法學叢書編輯委員會編輯，頁75。

為之製作、設計廣告，交由廣告媒體業予以傳播、刊載，廣告媒體業亦因明知不實或可得知不實未予注意,致有「引人錯誤之虞」，類此情形,是否應由廣告主、廣告代理業與廣告媒體業三者負連帶損害賠償責任？抑或分由廣告主與廣告代理業、廣告主與廣告媒體業負連帶損害賠償責任，使受害人行使兩個連帶損害賠償請求權？第四、虛偽不實廣告的受害人，其所受損害，從廣告主委託廣告代理業製作、設計至交付廣告媒體業傳播、刊載，應僅存在一個給付請求權；而給付之債務人，依公平交易法第二十一條規定，雖然有兩個連帶賠償責任人，故其債務人為多數，尚無疑義；且連帶責任的效果，使各個債務人均各負全部給付義務，並因一人之全部履行而使受害人之損害獲得滿足，致連帶債務全體消滅；因之，公平交易法第二十一條所定的兩個連帶損害賠償債務、三個賠償義務人，是否有「不眞正連帶債務」之適用，亦是值得討論課題（**注五四**）。

第四項　小　　結

雖然我國公平交易法針對虛偽不實及引人錯誤廣告行為視為不正競爭行為而列入第二十一條 予以規範， 並在第五章對違 法者施以民事制裁，包括防止或排除侵害請求權、損害賠償請求權、三倍賠償制度，及公布判決書等權利。又對廣告代理業，廣告媒體業在符合要件之下請求連帶賠償責任，乍看之下，民事救濟制度似乎十分完整周密，但仔細予以分析，可能是一毫無作用之陪襯條文。

首先，同業競爭者之防止或排除侵害請求權之行使，可說是不正競爭防止法向來傳統上最重要之權利，然而行使本請求權必須「營業上之利益有受侵害之虞」,如具有壟斷性地位或具有寡占地位的事業共同成為

注五四　林永汀，論公平交易法的連帶損害賠償責任， 司法周刊，第五五〇
　　　　期，第三版，八十年十二月十八日。

原告，或較容易證明其營業上利益有遭受損害之虞，但是在一個許多中小企業並存的業界，尤其利用不實廣告方式來競爭者大皆係中小企業，則其他中小企業如何證明其營業上利益受侵害之虞；反之，具有獨占地位之事業或同業競爭者均為違法行為，其結果在向來主張僅有競爭者才具有請求權適格，如此情形下豈成為無人請求結果，或謂消費者可依民法請求之，但防止或排除侵害行為之請求權須法有明文方得行使，而我國民法並無明文賦予消費者請求權，在同業競爭者無受損害之虞甚或不行使權利之下而消費者又無請求權，豈不讓違法行為繼續反覆存在於社會中。

其次，在損害賠償請求權之行使，除有同上述情形之外，茲所應論者係三倍賠償制度，不僅在損害之計算難以估計，三倍賠償又有何意義，再者亦違反我國「有損害斯有賠償，無損害則無賠償」之損害賠償制度基本架構，故實應考慮容許在加害人若能提出反證其損害賠償數額在三倍以下予以減除。又廣告代理業及媒體業在今日廣告專業化佔最重要地位，扮演重要角色，對其明知或可得而知不實或誤導廣告仍予以製作或宣播情形予以規範、實係進步制度，應予以肯定。然卻發生是否得對之為防止或排除侵害請求權？依何條對之為損害賠償請求權？又廣告代理業與媒體業負責程度不一而有失公平及前節所述諸問題。

論者或謂依第三章可知美國的防止不正競爭行為有關法律，係從侵權行為性質至商法性質而發展為行政性質的法律。FTC 對管制不實或誤認廣告成效卓著，故僅由行政權予以規範即可。但是，不正競爭行為的行政規則再怎麼發達對於那些因不正競爭行為而遭受利益損害的私人，卻絲毫沒有削減他們的中止請求權之必要。行政機關不但能力有限，而且，像權利過度膨脹之類的事也絕對不會發生。此外，在理念上，行政機關雖可稱為消費者的代言人，但若期待她能常常行使這項權能，則似乎太過樂觀了。更何況若將競爭行為之規範全面性地委任行政機關來

監督、保護，則會招致家長式統治之弊端，並且使私人或消費者的自治或自衞能力如花朵般枯萎而死，更甚者，使行政機關的職能發揮能力也衰退殆盡!?行政機關有必要以某種程度介入競爭秩序中，這樣對各方面也才有益處可言。但是，並不應該使其所扮演的角色過分膨大，而是要賦予那些因不正競爭行爲而受害的私人，可以有對抗不正行爲的權能，並且，使他們能夠和公家機關的職能相輔相成。

在一個像現代這般發達的工業社會中，以私人單獨的力量要來維護其利益，著實是件不容易的事。因此，應該讓那些以維護擁有共同利益的私人集團之利益爲目的的團體、或該集合中擁有意念和能力的少數人，可以藉由自己提起訴訟，來抑制不正競爭之發生，以維護該集合的利益。如此一來，代表各個私人或集合私人利益之團體，私人及國家機關等三者，就可以相互彌補其不足，以增強彼此的功能，爲抑制不正競爭行爲而努力（注五五）。

最後關於不正競爭防止法僅允許「有損害營業利益之虞者」行使不正競爭行爲的禁止請求權，故僅擁有競爭地位者才有此權利，而非所有具有「市場地位者」。而且，並不視行爲類型來考慮受侵害的地位之性質，一律皆以「有損害營業利益之虞」爲要件，以致防止或排除侵害請求權之行使僅係紙上談兵而已，甚至受損害無「法」請求，加害者逍遙法外。放寬「有損害營業利益之虞」的要件及允許消費者請求，以使不正競爭防止法重具生命，並對公平競爭秩序之確立有所貢獻（注五六）。不過在承認消費者具有訴權及賦予同業團體或消費者團體具有訴權之後，接踵而來之問題有①消費者之範圍如何劃定？究竟應以商品或服務之實質消費者爲範圍？抑以商品或服務在特定市場之比較可能消費者爲

注五五　滿田重昭，不正競業法の研究，社團法人發明協會，昭和六十年七月，初版，頁52-53。
注五六　滿田重昭，不正競業法の研究，社團法人發明協會，昭和六十年七月，初版，頁21。

範圍，以前者爲標準，明顯失之過狹；反之，如以後者爲標準，則何謂特定市場？又何謂可能消費者？均難確切界定；稍一從寬，賠償請求權人可能氾濫（**注五七**）。②同業團體及消費團體之組成、認定，損害賠償額如何分配，③如何防止濫訴問題，留待解決。

第三節　刑事救濟

第一項　概　　述

各國對防止不正競爭行爲之立法例，就虛僞不實或引人錯誤廣告而言，均有刑罰制裁例如美、英、德、日、韓等國，卽使在我國若干法律中對不實廣告亦有刑罰規定，如專利法第九十二條、商標法第六十二條、醫療法第七十七條及刑法第二五五條。但是亦有不少僅對不實廣告處以行政罰，如食品衞生管理法第三十三條、農藥管理法第四十八條、藥事法第九十一、九十二條、化粧品衞生管理條例第三十條，商品標示法第十五條等。也因此產生不實廣告行爲之非難性程度是否達到應處以刑罰？此可從公平交易法草案與公平交易法相比較可知，原草案對行爲人處以三年以下有期徒刑、拘役或科或併科十萬元以下罰金。但於立法院審議時予以刪除刑罰規定。立法者刪除刑罰規定之理由何在？值得加以研究，茲就各國防止不正競爭行爲立法例予以敍明，再就不實廣告行爲是否應科以刑罰加以檢討。

第二項　各國立法例

美國聯邦貿易委員會法第十四條(a)項規定：「違反第十二條（a）項

之個人、合夥或營利團體，如使他人依廣告上記載之條件或通常習性上之方法使用該廣告商品之結果，足生損害於健康者或其違法行為係屬故意詐騙者，應負輕犯罪之刑責，判處六月以下有期徒刑或科或併科五千元以下罰金，該個人、合夥或營利團體前曾違反該條規定並經判決有罪之後，再度違反該條規定判決有罪者，判處一年以下有期徒刑或科或併科一萬元以下罰金……。」(b) 項：「除虛偽廣告有關之商品製造者、包裝者、配銷者或銷售者外，任何發行人、無線電廣播執照持有人、或任何廣告傳播代理人或經紀人，不因其傳播虛偽廣告而負擔本條規定之責任。但經委員會之要求，仍拒絕將使其傳播該項廣告而現居合眾國境內之製造者、包裝者、配銷者、銷售者或廣告代理人之名稱及通訊地址向委員會提供者，不得免除其責。任何廣告代理人不因其引起虛偽廣告之傳播而負擔本條規定之責任，但經委員會之要求，仍拒絕將使其引起該項廣告傳播而現居合眾國境內之製造者、包裝者、配銷者或銷售者之名稱及通訊地址向委員會提供者，不得免除其責。」

德國不正競爭防止法第四條第一項規定：「意圖喚起特別有利之供給印象，故意在大眾所為之公告或通報中，關於營業狀況，尤其是就商品或營業上給付之性質、出產地、製造方法或價格計算、進貨方法或進貨來源、所得獎賞、銷售之動機或目的或存貨數量作不實及易於引人錯誤之表示者，處一年以下有期徒刑或併科罰金。」同條第二項規定：「第一項所定之不正確表示，係由職員或受任人於企業營業中所為者，企業之所有人或主管人員若知其情事，應與該職員或受任人一同處罰。」

日本不正競爭防止法第五條規定：「一、在商品或其廣告上為虛偽標示，引起對於商品原產地、品質、內容、製造方法、用途或數量之誤認，三、以不正當競爭目的實施第一條第一項第三款至第五款之行為者，處三年以下有期徒刑或二十萬元以下罰金。」同法第五條之二規定：「法人之代表人、法人或個人之代理人、使用人、其他從業人，對於其

法人或個人業務，有前條之違反行為時，除處罰行為人外，對其法人或個人，亦科同條規定之罰金刑。」

韓國不正競爭防止法第八條對廣告主進行 (1) 商品廣告上，使用虛偽標識，引起對商品原產地、品質、內容、數量之誤認，以及 (2) 以不正當競爭目的實施第二條第一款至第五款之行為者，處以二年以下之拘役或五十萬韓元以下之罰金。

第三項　問題研析

不實廣告行為之非難性是否已達到科以刑罰之程度？

依前項所述美德日韓等各國立法例可知，對虛偽不實或引人錯誤廣告均有刑罰規定，但各國立法例有如下之差異：

(一)法定不正競爭行為並非均處以刑罰，亦卽德國不正競爭防止法第一條之概括條款，禁止各種於營業交易上以競爭為目的而背於善良風俗之行為，然具可罰性之行為，僅引人錯誤廣告罪(同法第四條)，賄賂職員罪 (第十二條)，營業誹謗罪 (第十五條)，營業秘密洩漏罪 (第十七條)，擅自利用文件資料罪 (第十八條)，誘使及期約洩密罪 (第二十條) 六類，其餘不正競爭行為僅負民事責任，與日本立法例不同，換言之，日本不正競爭防止法所規範之不正競爭行為皆應受刑事制裁並無例外，韓國亦同。美國則對食品、藥品、醫療器具或化粧品之虛偽廣告處以刑罰。

(二)並非均係公訴罪，德國不正競爭防止法處罰之各罪，除第四條所定之引人錯誤廣告罪外，其餘皆須告訴乃論；日本及韓國不正競爭防止法各罪，則屬公訴罪，凡構成此種犯罪者，被害人固可提出告訴，檢察官亦可逕行訴追。美國聯邦貿易委員會法第十二條 (a) 項亦屬公訴罪。

(三)刑度並不相同，美國聯邦貿易委員會法第十二條 (a) 項最高處

一年有期徒期，德國不正競爭防止法第四條第一項對虛僞不實或引人錯誤廣告處以一年以下有期徒刑或併科罰金。日本對虛僞不實或引人錯誤廣告處以三年以下徒刑或二十萬元以下罰金，韓國則處以二年以下之拘役或五十萬元以下罰金。

　　(四)並非均有兩罰規定，日本對法人或個人有兩罰規定，但美、韓則無。

　　再者就公平交易法第三章公平競爭所規定不公平競爭方法，除了二十一條及二十四條之外，均有刑罰之規定（注五八）。如前第二章所述在界定不正競爭行爲時候仍傾向於使用「違反良心」、「市場道德」、「激怒人們正義感之行爲」，故行爲之本質係違反公序良俗信義誠實、濫用權利、混亂競爭秩序、具有社會倫理非難性。當然虛僞不實及引人錯誤廣告行爲亦不例外。其次關於此行爲非難性是否達到刑罰之程度？從比較上來觀察，除各國立法例對虛僞不實或引人錯誤廣告行爲均有刑事制裁之外，我國公平交易法法定不正競爭行爲亦均有刑事制裁（除第二十四條外，乃因要符合罪刑法定主義），何獨對虛僞不實或引人錯誤廣告行爲網開一面？再者刑法第二五五條：「意圖欺騙他人，而就商品之原產國或品質，爲虛僞之標記或其他表示者，處一年以下有期徒刑、拘役或一千元以下罰金。明知爲前項商品而販賣，或意圖販賣而陳列，或自外國輸入者，亦同。」兩相比較之下，即顯不妥，亦卽爲何商品之原產國或品質虛僞廣告行爲值得刑事制裁，而其他有關商品之交易條件虛僞行爲或是有關服務之虛僞標示行爲不值刑事制裁？論者或謂①我國對虛僞不實廣告行爲見慣不怪，且行爲發生頻率太高，執行恐牽連太廣，②立法者受

注五八　對於公平交易法第十九條所規定之有妨礙公平競爭之虞之行爲，依第三十六條規定，須先經中央主管機關命其停止其行爲而不停止者，在施以刑事制裁，學者紛紛提出質疑，認爲事實上因該等行爲可能使事業已發生損害，竟因此不必負責，不啻鼓勵行爲人先爲不法行爲，然後視行政主管機關有無反應，再作打算。

既得利益團體之壓迫，不得不屈服現實。然而刑罰之本質並非著重懲罰，亦有教育功能，況對輕微案件或不會再犯之行為人，法院仍得處以罰金、緩刑或易科罰金甚至檢察官予以不起訴處分，即可免除執行短期自由刑之弊，且能儘速解決案件，至於行為惡性重大或影響深遠或經常再犯者，施以刑事制裁，實乃適當之措施。蓋今日造成不實廣告充斥市場，其主因乃在廣告主依現行法規定即使被連續處以罰鍰，仍存有可觀利潤之下，違法廣告何以能消聲匿跡。

　　因此對於虛偽不實及引人錯誤廣告行為，因行為本質具有欺騙性或嚴重侵害他人權益，施以刑罰制裁，並無不當（**注五九**）。

　　如前述建議被立法者採納之後，又產生下述三問題，一是廣告主之職員刑責，二是不實或誤導廣告係由廣告主之職員或受任人所為，廣告主刑責，三是廣告代理業或廣告媒體業刑責。有關第一問題，似可依一般刑法理論予以解決，亦即如職員明知廣告主為不實或誤導性廣告仍予以幫助，依刑法總則有關幫助犯或共同正犯理論，論以幫助犯或共同正犯。唯應考慮刑法第五十七條各款情形，尤其係職員等受僱人具有期待不可能性時。關於第二問題，似可參考德、日立法例，對明知之廣告主，應與該職員或受任人一同處罰或科以罰金。有關第三問題，廣告代理業或媒體業明知廣告主所宣傳或登載之廣告係不實或誤導性廣告，仍予以宣傳或登載之刑責、解決途徑本文認為有二，其一是依如同問題一，論以幫助犯或共同正犯，其二是參考美國 FTC 法第十四條（b）項之規定，如廣告代理業或媒體業拒絕提供、告知廣告主之名稱、地址時，再施以刑事責任。

　　唯有如此方能有效制止不實或引人錯誤廣告，雖刑罰之功能並非萬能，本文亦非「亂世用重典」理論之支持者，動輒處以刑罰，並非解決

注五九　廖義男，公平交易法應否制定之檢討及其草案之修正建議，法學論壇，第十五卷第一期，七十四年十二月，頁96。

問題根本之道，唯對於明知之職員、受任人、廣告主、代理業、媒體業，使其負擔相當之刑事責任，在法理上亦屬妥當。

第四節 行政救濟

第一項 前 言

如前所述，對於虛僞不實及引人錯誤之管制與救濟，除可由受害者向法院請求民事救濟或刑事追訴（我國公平法無刑罰規定）之外，另外一重要管制或救濟途徑卽行政機關發動行政權，論者或謂廣告之管制勿須假借政府之手，消費者本來就可以保護自己之權益，而另一方面競爭同業者也會反制不實廣告之同業，如此卽可達管制目的，然實際上目前充斥於市場上不實廣告，幾乎達到氾濫程度，消費者根本不知其究竟享有何種權利以對抗不實廣告，卽使知悉但鑑於可觀之訴訟費用及冗長之訴訟過程，訴訟上精神之勞累及金錢之負擔可能永遠無法得到補償，縱使受害範圍廣泛，目前並無妥當之訴訟制度使如一盤散沙之消費大衆予以集結其力量對抗不實廣告主。再者競爭同業卽使勇於出面抗衡，但訴訟上要如何證明其受到損失及其損失與受益具有因果關係卻是相當困難。

在現行諸多法令中亦有賦予行政機關管制不實廣告權限，例如藥品、食品，化粧品、醫師業務等廣告，其主管機關爲衞生署及各省市衞生局，農藥廣告則爲省市政府，報章雜誌之廣告主管機關爲新聞局，一般商品之標示或專利商標之標示屬經濟部，但仍然無法扼阻不實廣告。公平交易法自八十一年二月實施以後，第二十一條亦對虛僞不實及引人錯誤廣告予以規範，公平交易委員會卽成爲管制不實廣告之主要行政機關，公平會所做的第一個處分案，卽是引人錯誤廣告，倍受廣告主、廣

告代理業及廣告媒體業的矚目，以期能減少不實廣告，導正事業促銷活動，提高市場競爭公平性。然而在行政資源有限、執行經驗全無，一般工商業者亦習於不公平競爭生態、對法令欠缺認識情況下，執行困難重重可想而知，因此如何有效運用有限資源及如何將法律賦予之廣泛權限分配給其他行政機關如地方政府及民間團體，乃當前迫切而重要之課題。

第二項　各國立法例

第一款　美國

美國對於有關不實或誤導廣告之管制，主要依據係聯邦貿易委員會法 (Federal Trade Commission Act，以下簡稱 FTC 法)，而執行本法之行政機關則為聯邦貿易委員會 (Federal Trade Commission，以下簡稱 FTC)，FTC 係依據 FTC 法規定而設置執行反托拉斯法規之政府機構，其目標在於使市場維持有力的、自由的、公平的，且為非詐欺性的競爭。

FTC 之組織 (注六〇)，係依 FTC 法第一條，由五人組織成委員會，委員由總統提名經諮詢參議院並得其同意任命之。委員會下設競爭局及消費者保護局，前者主要負責反托拉斯法事務，後者則負責詐欺廣告及其有關方面的事務，諸如廣告策略，承諾，信用策略，提供能源及產品訊息，以及提供專業性服務等。FTC 之幕僚成員有行政法官、律師、經濟學家千餘人，其中半數從事有關不實或誤導廣告之法律管理工作 (注六一)。

FTC 法賦予 FTC 之權限極大，具有準立法、準司法、準執行權

注六〇　黃美英，美國反托拉斯執行組織與運作之研究，經濟研究三十一期，八十年六月，頁88及本論文附錄一。

注六一　黃美英，美國反托拉斯執行組織與運作之研究，經濟研究三十一期，八十年六月，頁86。

力，茲就有關引人錯誤廣告事項，分述之於後。

一、產業指導 (industry guides，日本稱之「產業基準」) 及貿易慣行規則 (trade practice rules)

產業指導是以產業為對象，就委員會所執行的法律予以行政解釋，解釋內容可能為多數產業共通適用，亦可能僅為某一產業的指導原則（**注六二**），例如前述「有關誘餌廣告指導準則」，「有關利用推薦，獎賞及見證廣告方式之指導準則」。貿易慣行規則在詐欺廣告方面，對違法要件廣泛規定及對企業特殊行為之限制規範，其目的在對特殊行為做一特別解釋，及提出一套要求規制廣告商的形式，多年來，FTC 已把這些規則作為法規的補充解釋（**注六三**）。

產業指導的效力，依學者見解認為不具有法律拘束力，不得作為委員會主張違法進行追訴的依據，其制定設計目的在使委員會的執法態度及意見獲得澄清後，令業者自動遵守相關法令（**注六四**）。

二、貿易管制規則 (trade regulation rules)

一九七五年麥格魯遜──摩斯保證法 (Mangnuson-Mose Act) 制定以後，聯邦貿易委員會即成為保護消費者不受不公平詐欺行為之行政機關，並賦予FTC制定「貿易管制規則」(Trade regulation rules)

注六二　蘇永欽、陳榮傳、魏杏芳、何君豪、楊富強，「非正式程序」與「補充性規則」──簡介二個落實公平交易法的重要機制(下)，經社法制論叢，第八期，行政院經建會健全經社法規工作小組，八十年七月，頁58。

注六三　羅傳賢，從程序保障觀點比較中美消費者保護行政法制，經社法制論叢，第五期，行政院經建會健全經社法規工作小組，七十九年一月，頁186。

注六四　蘇永欽、陳榮傳、魏杏芳、何君豪、楊富強，「非正式程序」與「補充性規則」──簡介二個落實公平交易法的重要機制(下)，經社法制論叢，第八期，行政院經建會健全經社法規工作小組，八十年七月，頁59。
　　　　中川政直，米國における表示規制の動向（上），公正取引，第 322 期，1977年8月，頁42。

的權限，積極制定有關欺罔的標示廣告交易規則，亦卽 FTC 依 FTC
法第六條（g）項及第十八條（a）項（1）款，委員會享有規則制定權，據
此委員會發布貿易管制規則（**注六五**），有關廣告者有（1）私立職業訓練
學校及通信教育交易規則（學費、就職狀況之資訊公開之義務），（2）食
品廣告交易規則（有關營養、價格等公開之義務），（3）處方藥零售價格
公開交易規則，（4）助聽器交易規則（資訊公開義務，設定三十日冷卻
期間義務），（5）蛋白質補助食品廣告標示交易規則，（6）葬儀社交易規
則，（7）中古汽車交易規則，（8）纖維製品及皮製衣服交易處理注意事項
標示規則，（9）大衆藥品廣告交易規則等（**注六六**）。

　　貿易管制規則用以定義特定行爲或營業是否不公正、詐欺或影響商
業，違反貿易管制規則的行爲卽屬違反聯邦貿易委員會法第五條（a）項
第（1）款，成爲委員會糾正起訴對象，其與前述產業指導及貿易慣行規
則最大差異在爾後訴訟程序中，違反該等管制規則得爲委員會主張被告
違反反托拉斯法（**注六七**）。

　　三、一般的政策聲明及政策營運聲明（statement of enforce-
　　　　ment of polity）

　　此種政策聲明比前述基準或規則更非公式（less formal），且無開

注六五　蘇永欽、陳榮傳、魏杏芳、何君豪、楊富強，「非正式程序」與「補充
　　　　性規則」──簡介二個落實公平交易法的重要機制(下)，經社法制論
　　　　叢，第八期，行政院經建會健全經社法規工作小組，八十年七月，頁
　　　　60。
　　　　黃美瑛，美國反托拉斯執行組織與運作之研究，經濟研究三十一期，
　　　　八十年六月，頁90。
　　　　中川政直，米國における表示規制の動向（上），公正取引，第 322
　　　　期，1977年 8 月，頁40。
注六六　中川政直，米國における表示規制の動向（下），公正取引，第 324
　　　　期，1977年10月，頁59。
注六七　蘇永欽、陳榮傳、魏杏芳、何君豪、楊富強，「非正式程序」與「補充
　　　　性規則」──簡介二個落實公平交易法的重要機制（下），經社法制
　　　　論叢，第八期，行政院經建會健全經社法規工作小組，八十年七月，
　　　　頁60。

公聽會之程序，在法之效力而言，只是行政機關說明其執行意圖的另一種方法，其目的在供業者參考，以便業者易於遵守，並無拘束機關或法院之效力（**注六八**）。

　　四、禁止命令

　　如前述 FTC 依 FTC 法第六條及第十八條所賦予之法規制定權，曾制定多種管制規則，通稱「執行之程序與規則」（Procedure and Rules Practice）。FTC在防制不實廣告詐欺之禁止命令程序包括㈠找尋可能違法（Locating Possible Violations），對存在於市場上各類不實、詐欺性廣告案件，FTC 有的係主動調查，有的是公眾團體（如商業團體、消費者保護團體）之投訴，有的是其他政府機關要求或移送，甚至有的是白宮、國會、司法部、法院之交付，其中以民眾的檢舉或 FTC 主動展開調查案件最多。民眾檢舉只要詳載事實及證據即可，FTC 接到檢舉案件，並非每件加以受理，唯有在 FTC 認為能夠達到保護消費者或競爭秩序的目的時，才開始調查。對於檢舉者之姓名，基於政策之考慮，必須保持秘密，因洩露姓名，恐造成經濟報復。㈡調查（Investigation），對不公平或詐欺行為之調查權係依 FTC 法第五條，由消費者保護局負責，調查方式不一而足，包括查閱文件與報告、偵訊及對產品採取科技的研究以決定其眞偽。如違反法規情形輕微，影響層面小，而以「非正式」的處置即可時，調查程序就十分簡短；反之，違反法規嚴重、影響層面大時，則指派幕僚人員 —— 包括律師等擔任調查，如被告不合作，FTC 即會採強制力來達成其要求。㈢預審（Preliminary Consideration），調查完畢後，幕僚人員草

注六八　蘇永欽、陳榮傳、魏杏芳、何君豪、楊富強，「非正式程序」與「補充性規則」——簡介二個落實公平交易法的重要機制（下），經社法制論叢，第八期，行政院經建會健全經社法規工作小組，八十年七月，頁61。
　　　　中川政直，米國における表示規制の動向（上），公正取引，第322期，1977年8月，頁41。

擬一份備忘錄，供 FTC 研究採取下一行動之參考，亦即 1.查無違法事實則可決定將文件建檔存查， 2.廣告主能夠非正式的保證其不再繼續為該違法行為，則接受其非正式的中止保證 (assurance of discontinuance)， 3.如廣告主不肯合作，則採取頒發禁止命令 (cease and desist order)， 4.如違反法規事實嚴重，則正式提出控訴。(四) 非正式程序 (Disposition Without Adjudication) 係指不經法院審理程序者而言，FTC 利用非正式程序，處理、解決不實廣告案件方式有三， 1.中止性之保證: 廣告主以口頭承諾或簽宣誓書方式保證中止其不實廣告，其雖無法律效力，但依過去經驗顯示，案件經此方式處理占半數，且當事人再犯者甚少。 2.同意命令 (Consent Orders)，實務上有超過70％的案件，係由同意處分的協定，獲得解決，其原因在廣告主既不承認亦不否認任何錯誤時，且為避免冗長之公開聽證所造成時間與金錢的浪費，只要在同意書上簽名，即與行政處分一樣，具有法律效力，廣告主受禁反言之拘束。 3.舉行貿易行為會議 (Trade Practice Conference)，其目的在界定某些行為之合法性及提供工商團體表明其行為之可行性之機會，以便預防不公平或詐欺，減少未來 FTC 正式禁止命令之負擔，同時也讓工商界參與法規制定程序之機會。(五) 正式聽證 (Formal Hearing)，聽證係由數位行政法法官審理，程序中之審問所適用之證據法則較諸一般訴訟程序為寬，當事人可詰問證人及提出反證，在舉行公開聽審之後，即作成「初步裁決」(issue an initial decision)，如當事人未在三十日內上訴至 FTC，且 FTC 未主動對該「初步裁決」定期「覆核」(review) 時，則此「初步裁決」即成為委員會之最終處分。(六)禁止命令 (cease and desist order)，FTC 支持先前所做「初步裁決」，即簽發「禁止命令」，「禁止命令」在送達當事人六十日內，當事人未向聯邦上訴法院提起「覆審之訴」，該「禁止命令」即確定，FTC 為維護「禁止命令」之效果，令當事人均應向

FTC 提出書面報告，藉以證明其已確實遵守處分，如當事人未向FTC 報告或違反「禁止命令」則對當事人向地方法院提起課處罰鍰之訴，由法院責令該當事人對每一違反行為支付一萬元以下罰鍰，如係繼續行為，其每日之行為均可視為另一行為而再予以懲罰一萬以下金額，如係違反經上訴法院判決所認可的禁止命令，則尚可另外處以「藐視法庭」罪名（注六九）。FTC 於認定廣告主之行為違反 FTC 法第五條或第十二條規定而頒著「禁止命令」後，廣告主不遵守或怠於遵守時，FTC 亦得據以向聯邦上訴法院聲請該「禁止命令」之執行。但 FTC 簽發之「禁止命令」雖具有規範引人錯誤廣告之功效，但也有其根本上之缺陷，即調查及審理一件誤認廣告常曠日費時，致「禁止命令」之簽署，顯然在實際上失去時效，為了補救此一缺陷，FTC 命廣告主在大眾傳播媒體表明其先前廣告係虛偽不實的，且醒目表明此部分係經 FTC 認定不實部分以使消費者充分明瞭事實真象之「更正廣告」。

　　FTC 命廣告主為「更正廣告」權源係依 FTC 法第五條（b）項之授權，FTC 有權命令停止與剝奪商業上一切不公正與虛偽的行為，亦即當某不法廣告之不公正與虛偽詐騙之效果僅靠「禁止命令」仍然無法完全去除時，則借助「更正廣告」去達到該目的，「更正廣告」正是為一種「停止與剝奪商業上一切不公正與虛偽的行為」方法之一（注七〇）。

注六九　黃美英，美國反托拉斯執行組織與運作之研究，經濟研究三十一期，八十年六月，頁89。
　　　　羅傳賢，從程序保障觀點比較中美消費者保護行政法制，經社法制論叢，第五期，行政院經建會健全經社法規工作小組，七十九年一月，頁186至188。
　　　　蘇永欽、陳榮傳、魏杏芳、何君豪、楊富強，「非正式程序」與「補充性規則」——簡介二個落實公平交易法的重要機制（上），經社法制論叢，第七期，行政院經建會健全經社法規工作小組，八十年一月，頁44。
　　　　陳玲玉，論引人錯誤廣告與廣告主之法律責任，臺大法研碩士論文，六十八年，頁83。
注七〇　陳玲玉，論引人錯誤廣告與廣告主之法律責任，臺大法研碩士論文，六十八年，頁90。
　　　　內田耕作，廣告規制の研究，成文堂，昭和五十七年九月一日，頁99。

此外，FTC 尚有對在（1）商品對消費者生命、身體有害或有害之虞，（2）為了保護消費者嗜好，（3）消費者有知的權利，（4）除去消費者潛在錯誤之消費印象，（5）違法情形嚴重且將來發生機率極高情形下，對廣告主發出積極表示商品或服務之交易上重要要素、條件之「積極標示命令」（注七一）。甚至在（1）為回復消費者經濟上損失或是回復競爭上之原狀，（2）受害之消費者及其經濟上損失均能確定，（3）廣告主取得或保有消費者金錢或財產行為本身即係欺罔行為時，對廣告主發出返還從消費者處取得之金錢或財產給消費者之「返還命令」（注七二）。有關「更正廣告命令」「積極標示命令」及「返還命令」於下一單元敘明。

五、美國聯邦貿易委員會新類型禁止命令之探討（注七二之一）

禁止命令，一般來說係單單就過去不公正或欺罔的行為或慣行予以認定並禁止類似此種行為於將來再發生為禁止命令內容，但此種形式之禁止命令被批評為無效果、落空的排除違法措施，因此佔聯邦交易委員會活動主要部分之欺罔廣告之規制活動，對要求廣告主為一定積極行為內容之禁止命令新類型合法性與有用性即被舉出予以檢討。

(一)積極的開示命令

為對欺罔的廣告予以有效規範，如廣告中未就特定事項予以表明清楚，FTC 將會禁止廣告主在未來廣告中為一定的訴求之命令，此禁止命令認為製品內容或交易條件之不實表示或非本質之不實表示。因此與新類型禁止命令 —— 積極的開示命令 —— 有關聯著，僅有在具有如下特

注七一　內田耕作，廣告規制の研究，成文堂，昭和五十七年九月一日，頁115。

注七二　內田耕作，廣告規制の研究，成文堂，昭和五十七年九月一日，頁132。

注七二之一　內田耕作，廣告規制の研究，成文堂，昭和五十七年九月一日，頁97-141。

徵情形之一時。

　　　1.製品有害或有危害生命、身體之虞時，應對此表明警告。例如，生理促進藥劑，因含有一定量的危險藥品而有害健康，卻在廣告中虛僞稱對健康無影響且有效果的治療病症。因此在廣告中未表明使用該藥劑時會對胃腸有傷害、發生循環上有異常或懷孕流產情形時，該廣告將被禁止，此種情形容易被認爲得要求廣告主爲積極地在廣告中表明。

　　　2.保護消費者嗜好，例如大部分美國消費者對國產品較爲喜愛，因此要求就外國輸入模造眞珠明確表明其原產國之命令，乃因大衆有知道事實眞象權利。

　　　3.誤導之發生與其說是起因於廣告主，毋寧說係起因於消費者誤信。對生命、身體有危險或有害之藥品，要求其積極表明情形不難想像，但成問題者係除此之外情形，FTC 所爲禁止命令在最初情形卽發生質疑。一九五〇年 Alberty 事件，該藥劑儘管對單純的鐵分欠缺之貧血症以外情形無效果，卻虛僞廣告其對疲勞狀態有效果，發出禁止命令，內容可分爲二：一是除了單純鐵分缺乏貧血症之外，禁止表示該藥劑有治療效果，又如沒有明白表示起因於單純的鐵分缺乏貧血症，禁止其表示「疲勞狀態」能減輕。二是疲勞狀態起因於單純的鐵分欠缺貧血症情形較稀少，而係漸漸地起因於其他原因，在此種情形之下，該處方對減輕疲勞狀態亦無效果也被要求在廣告中表明。當事人對第一部分無異議，但對第二部分有異議，要求法院審查，法院駁回當事人之要求，認爲僅僅爲第一部分時，大衆會誤以爲疲勞起因於單純鐵分缺乏貧血症所引起的，故爲除去消費大衆誤導此現象，乃有必要爲第二部分之禁止命令。總之，法的目的具有使廣告發揮其報知之機能，而 FTC 有排除虛僞廣告之義務。對於法院之此種認定，有如下多數意見認爲，法的目

的、用語並無廣泛地要求廣告發揮報知機能，僅僅消極限制防止虛偽或詐欺之廣告，此種消極的機能與積極的機能係全然不同之機能，國會僅給予 FTC 前者，因此 FTC 逾越其權限，亦即 FTC 僅有要求製品眞實表示，並無追加否定陳述之權限。其後，一九六〇年 FTC 又發出此種表明命令，卽當事人藥品並無治療 90% 至 95% 男性型禿頭，卻虛偽稱具有此效果，FTC 認定其廣告係欺罔行爲，當事人要求法院審查此命令，法院支持 FTC 之命令。其後法院均支持積極表示命令。

　　4.因虛偽不實廣告而廣泛存在於消費者腦海中錯誤之意識、印象予以除去。例如 Waltham Watch Company 事件，當事人係一世紀以前有名之手錶製造公司，其後和其他公司合併，新的 Waltham Watch Company 允許他公司之手錶產品貼上自己商標，FTC 認定該公司之廣告係虛偽或欺罔。手錶如沒有明白表示其非 Waltham Watch Company 製造來警告消費大衆時，不得使用 Waltham 商標之積極表示命令。

　　5.規範將來之行爲，例如 All-State Industries of North Carolina, Inc. 事件，FTC 所爲之命令雖被認爲嚴酷，但爲使消費大衆注意乃係有必要的，法院表示 FTC 之命令在欺罔或慣行之特別情形，對事業將來從事行爲有必要予以禁止而賦予正當化，此種事件之特徵是在違反相當嚴重情形時，亦即如不要求事業積極表明則必會在將來出現許多違法情形，基於防止將來違法行爲發生，乃有必要要求事業積極表明某事項。

　　總之，爲了保障生命、身體之安全，對實質上會誤導消費大衆之購買決定要素如重要的製品內容、交易條件或其他製品非本質事實應予表明，或是爲防止將來違法行爲反覆發生之必要，命事業積極表明之要求

為內容之命令應被贊同。

　　(二)訂正廣告命令

　　廣告主為廣告即有使消費者腦海中存有印象之意圖，且廣告本身亦具有集積印象功能，故單單為禁止命令，即不能消除集積在消費者腦海中錯誤印象，亦即廣告主在將來廣告雖係真實表示，但存在於消費者之潛在錯誤印象之刺激或有強化因受欺罔所養成引誘消費者購買習慣，先前廣告之欺罔力仍然存在。故為防止殘存效果之繼續違法情形，只有訂正廣告。亦為要求廣告主為一定表示之積極命令之一種，但仍與傳統所謂積極表示命令，係防止將來廣告中為虛偽之訴求不同。訂正廣告係除去因過去欺罔之行為殘存效果。訂正廣告之合法性仍被質疑，茲就被質疑之點分成下列三點敘述：

　　　1.對訂正廣告本身之質疑之澄清：(1)為對不斷出現新的不公正或欺罔行為之處理，法院反覆不斷的支持 FTC 對有效果的排除措施之裁量權限及行使要求廣告主為積極行為之種種命令之裁量權限。至於何種禁止命令，應依各個具體事件而不同，FTC 之排除權限比擬法院在衡平法上之權限，進而，FTC 在與有相當關聯之下，能發出有效果之排除措施命令。(2)命令並非對過去行為為制裁違法者之懲罰而已。命令對被處分人而言或許嚴格，而也應考慮大眾的必要注意，故命令並非懲罰，亦即命令之目的，並非制裁違法者，如有懲罰的效果，那僅是命令的正當目的之下隨伴之情形。(3)命令也非溯及的，排除措施之採行何種形式，要考慮廣告主過去之行為態樣，事實而決定訂正廣告的目的即係終止不實廣告繼續侵害大眾，故命令並無溯及性。(4)對過去委員會命令之目標是違法行為之終結，並不含有對過去行動的效果終結之權限之澄清，雖然繼續的大眾侵害係過去行動的效果，但同時也是另一違法之慣行，故此質疑亦非妥當。基於公共利益，亦應賦予 FTC 有命令

資訊公表權限，亦卽在不實廣告是否殘存在消費者印象中不能證明時，FTC 並無發出訂正命令廣告之權限之依據，但實際上從審理不實廣告開始至禁止命令之確定，卽使有長達十六年之久之例外情形。但通常也需二至五年，欺罔廣告給予消費者殘存印象已消除情形可能性雖很大，於是訂正廣告和違反情形並無關聯， FTC 爲訂正命令之正當化基礎卽化爲烏有。但欺罔性廣告殘存效果不僅是對消費者心理影響效果而已，也應考慮欺罔行爲對市場殘留效果，欺罔廣告提供給消費者虛僞不實資訊及誘引消費者購買習慣，致侵害競爭，因欺罔廣告之成功而使違法者獲利，反之，對競爭者繼續經濟之優位卻不能忽視（卽競爭不平衡現象），因此， 應考慮競爭者回復其競爭地位之訂正命令功能。

2.對訂正廣告內容之質疑之澄清: 訂正廣告不只要求表明以前廣告之虛僞事實， 且要求表明係 FTC 所認定的， 對後者有所質疑， 亦卽禁止命令只能禁止使用欺罔行爲及排除殘存誤解，但不能有也使廣告主之所用之廣告方法或製品所有訴求均血淋淋地公開表示其信用破產效果，蓋此與 FTC 法目的之達成毫無關係。對此質疑之澄清者係廣告本來不只是消費者在一定期間內反覆購買同一商品之功能，也具有對忠實某企業功能，尤其今日消費者主義時代，消費者對眞實廣告之企業商品有其嗜好，因此 FTC 要求廣告主訂正廣告中表明欺罔廣告係 FTC 所認定的，如具有重要因素時，實具必要的。

3.對訂正表示方法質疑之澄清: 訂正表示在將來廣告範圍、訂正期間及量三者有相互密切的關聯，（1）訂正廣告範圍有時要求在和欺罔無關係之其他商品廣告中予以表示， 對此欺罔效果排除目的並不一致提出質疑，但如前所述廣告並不只是消費者對商品之忠實，且有對企業之忠實效果，亦卽欺罔效果不只是心理的，也對競爭秩序有影響，職是之故，如考慮廣告之特性時，卽不能一概而論訂正廣告之違法。（2）訂正

廣告命令設定一定表示期間和積極表示命令有極大不同。通常設定一年內爲之，如不爲之，則禁止其廣告。但廣告主往往選擇一年內不廣告之途。因此 FTC 所下之命令，無法排除欺罔行爲所留下虛僞印象繼續侵害結果，故對防止欺罔行爲或慣行之目的沒有相關聯，豈不是爲懲罰廣告主之命令被提出質疑，但是如一年內廣告不爲廣告，①以前殘存在消費者之印象已達到除去效果，②被欺罔廣告所侵害之競爭者，在侵害者無廣告期間回復其失去之地盤之機會，如此實現競爭上的原狀予以回復。如此對消費者及競爭秩序之回復即爲有效。有時如廣告主在一年內不去廣告，但欺罔效果很大，諸如對生命、身體危險性極大情形時，即使廣告主不去廣告，FTC 也要發出要求廣告主在一定期限爲訂正廣告命令。(3)訂正廣告量，一般係要求廣告費之25％，其算定根據不太明確，而此25％基準也常常不太切合實際，例如對長年爲欺罔廣告所築起之競爭「王國」即顯不足，反之，則太過嚴格。

明乎此，訂正廣告所要求之在將來的廣告範圍、訂正期間、訂正廣告量，應依具體個案檢討，一般化係不可能，而其命令之合法性之檢討亦同。

同上所述，訂正廣告與傳統的禁止命令比較之下有如下之優點:

1.排除欺罔廣告給予消費者殘餘效果; 單單爲禁止欺罔廣告之命令，消費者並不獲得告知過去欺罔廣告之事實，因此，將來仍有可能去購買。又積極表示之命令，未要求「被否定之事實」爲公開表示之情形亦同，故訂正廣告足以彌補此缺點。

2.訂正廣告對回復因欺罔廣告而受侵害之誠實競爭者之市場占有率有幫助。單純禁止命令，不能剝奪廣告主依欺罔廣告所獲取之金錢及利得，亦無回復競爭上之不平衡，忽視被欺騙消費者未被告知及對競爭者在競爭上之侵害，而訂正廣告要求其明白表示係 FTC 認定廣告之虛

僞性，對消費者及競爭者即具效果。

3.同意命令對防止遲延解決及系爭之迴避有助益；乃因傳統禁止命令之確定要經過相當時間，因此，在此期間廣告主得盡力為欺罔廣告，繼續獲得不法利益，而訂正廣告正足以剝奪為繼續虛偽廣告之動機，要求廣告主在將來廣告中表明過去欺罔行為，而其在期間之利得亦為因訂正表示而喪失顧客相抵銷，廣告主沒有審理或審判上訴訟利益，而接受較不嚴格之同意命令予以結束事件。

4.能抑制欺罔廣告之效果，乃因欺罔廣告之結果，如知會受到要求訂正廣告之命令之可能性，則廣告主即會相當注意廣告之是否違法。

以上訂正廣告之優點在何種情形下才會發揮？亦即下訂正廣告命令之條件為何？

1.欺罔廣告殘存效果很大時：大企業所為全國性廣告，其所為企業形象或商品形象之虛偽廣告，如僅僅為單純禁止命令，對以前欺罔廣告產生虛偽印象難以除去又不足回復競爭秩序，故訂正廣告往往係針對大企業為之。向來 FTC 之活動被批評為只拍蒼蠅，不敢打老虎，訂正廣告本質上即對大企業發出方有可能性，而對於市場競爭地位弱小企業，其虛偽廣告對消費者殘存效果甚少又無反競爭效果，故對其發出訂正廣告可能性不大，單純禁止命令即為已足，即使弱小企業因欺罔廣告而提高市場占有率，市場更加競爭，如不是很強之企業，對之發出訂正廣告即不適當，否則市場占有率仍再度被集中在某一企業。

2.對頻繁為欺罔廣告之事業，為對其將來廣告行為予以規範目的：此種事業，即使發出禁止命令，但仍會利用其他新的欺罔行為花招，故應付此種情形，訂正廣告即係採取行動的有效方式之一。

3.欺罔廣告對生命，身體有危害時。

訂正廣告有其一定之優點及一定範圍之有效性，但在現實上是否有用？換言之，某種程度有用性判斷，仍等待若干訂正廣告實施的將來經驗來判斷，訂正廣告對消費者及廣告主之影響。更者對競爭者之影響，通過具體事件之調查、分析而予以判斷，但不難想的，訂正廣告雖對廣告主有某種程度之影響，卻對除去消費者錯誤知識及回復競爭有一定程度之有效性。

(三)返還命令

聯邦貿易委員會被認爲無調整型之返還命令權限,其主要依據有三:1.禁止命令係考慮行爲之禁止，而返還命令乃要求爲積極行爲之實現,2.禁止命令僅適用將來行爲之禁止，而返還命令卻是溯及過去行爲之適用，3.禁止命令不對過去損失予以補償，而僅是禁止爲將來欺罔行爲，但返還命令卻是懲罰的且是補償的。

但對以上三點論據，提出如下之反駁。

1.對第一點論據，認爲在制定法上及制定史上並無就返還命令予以排除之明文及意圖存在之反駁， 正如前述各種積極表示型之命令爲FTC 所發出，又如訂正廣告，設定冷卻期間命令等廣告主被要求積極行爲亦同，更者如具有獨占力之獨占公司所爲獨占慣行被 FTC 認爲係第五條不公平競爭方法，爲使競爭回復，令其企業分割之命令亦爲法院所支持。像如此性質之排除措施，爲防止違法慣行反復出現及除去慣行深遠影響實乃有其必要，且通常爲法院所支持，因此主張 FTC 所爲禁止命令只有爲禁止過去行爲論據並無理由， FTC 在必要時仍得要求廣告主爲積極行爲。

2.對第二點論據之反駁： 第一， 廣告主因欺罔廣告而取得之利益， 係誠實競爭者相對的損失情形時， 競爭者在此情形下競爭重大地位卽受影響， 如爲單單禁止爲欺罔行爲是不適切的， 故依違法所得之

金錢返還予顧客係回復受欺罔行為致被破壞競爭秩序唯一方法。第二，如由廣告主保有因欺罔廣告所得之不當利益，廣告主保有行為，即是不公正交易慣行，而繼續違反第五條情形，此種情形為了使此慣行終結，必然的結果是令廣告主返還其不當保有之利益於顧客，因此此類命令一方面係針對過去之行為，但另一方面也是企圖為了將來回復競爭之目的之效果而為之。故 FTC 所為命令從其意圖、目的、效果來說排除違法殘存之效果防止將來類似行為再發生，亦具有禁止將來行為之適用。如僅挑出返還命令僅針對過去行為溯及的適用來批判係不正確的。

　　3.返還命令是懲罰性的反駁：返還命令係命廣告主不當保有之利得返還給顧客，何以稱得上懲罰，且此種返還命令，即使具有供給私人利益之附隨效果，但卻很明顯地並非對私人侵害令其補償為目的。

　　向來對廣告主以違法行為所獲取及保有之不當利益情形，一般均發出單單禁止將來違法行為之命令。又私人並不得依 FTC 法向廣告主提民事訴訟，及眾所周知的，依不法行為提起民事訴訟有種種障礙，因此於此種情形之下，違法廣告主即有可能保有不當利益，故向來之命令即沒有抑制違法效果，亦放任違法者比競爭者獲取資產上有利競爭地位。更者不能回復消費者之損失，基此種種即有返還命令之構想，一方面回復消費者損失，另一方面競爭上的原狀回復效果，以彌補向來命令之缺失。

　　雖然返還命令有如上優點，但也有其限制及難以解決之問題，返還命令是否均能對違法行為做適切排除措施？

　　返還命令最容易被支持情形是消費者已支付價金，但廣告主尚未或不交給商品或服務，或是廣告主利用不公正慣行欺罔消費者，致消費者支付價金卻獲得無價值之商品或服務之對價等情形，於此情形只要命令

其回復原狀即可。但從廣告主保有不當利益之本身即是否公正慣行此一觀點，廣告主繼續違反第五條情形，即不限前述情形，依商品、服務之品質或性質的不實廣告，消費者支付超過商品或服務實質上價值之金錢即是，此時 FTC 形成返還命令即成困難，換言之，在以下情形之一，形成返還命令即顯困難: 1.FTC 被要求差額之計算， 2.廣告主對金錢或財產之取得與保持並非完全不當得利時， 3.或是廣告主即使有不當行為，但並未收到超過商品或服務品質實質上價值之對價，例如誘餌廣告或非本質的不實表示，成問題的欺罔或不公正慣行並未對商品或服務之品質或價值給予影響，對消費者並沒有經濟上之損失等等，因此在理論上姑且不論，但在現實上，形成返還命令即顯困難。最後，即使欺罔或不公正行為存在，在取得或保有顧客之金錢或財產之行為本身並非到達不公平慣行之程度時，此種情形即非下返還命令之狀況。

即使損失額能夠確定，但在顧客不能確定情形，現實執行之際亦發生困難。

FTC 於有必要排除違法行為反競爭效果時，命廣告主返還顧客之金錢，不管用何種方法使廣告主保有之不當得利吐出來，以便除去顧客經濟損失，是否應返還給顧客亦有疑問。

如上所述， 返還命令， 在執行上， 理論上有種種界限， 但從不當得利保有行為係繼續違法行為觀點來說， 在理論上已被確認違法， 返還命令理論即是引導針對不當得利返還為目的新的排除措施理論再構成有其深遠意義存在。 而返還命令在已述一定領域範圍、 現實上， 此種排除措施， 在消費者保護、 競爭秩序回復及違法防止等機能上極為有效。

六、美國聯邦貿易委員會對廣告代理業製作與宣播不實廣告禁止命令之探討

　　現代係分工社會，廣告常常並非廣告主所能獨立完成，而往往委諸於專業之廣告代理業者。廣告代理業其所製作之廣告係不實或誤導廣告時，公平會得對廣告主為禁止命令固勿論之，唯成問題者係是否得對廣告代理業者為禁止命令（注七三）？在美國關此問題曾有諸多事件，不過法院最終仍支持 FTC 之禁止命令，亦即依 FTC 法第五條，不管是廣告主或廣告代理業者均得之為禁止命令之對象（注七四），茲就有關事件，略述於後。

　　(一)Britstol-Myers Co. 事件（注七五）

　　本事件確立了廣告代理業如有參與欺罔廣告之製作與傳播行為即可能為 FTC 法所規範，但 FTC 認為本事件之廣告主擁有廣告製成及傳播之最終權限，而認為廣告代理業並無 FTC 法上之責任。

　　詳言之，本事件係有關牙膏不實廣告，因廣告代理業參與製作並傳播不實廣告，FTC 認為廣告代理業係接受廣告主所期望、要求之廣告內容製成廣告並利用電視廣播商業廣告。其後亦依廣告主之審查、變更，最後得到廣告主之認可，廣告代理業才依原訂程序發行、傳播給大眾，雖廣告代理業參與廣告之作成與傳播，但最終權限仍保留在廣告主手上，因此，FTC 認為此違反公益之慣行，僅對廣告主為禁止命令即可中止此慣行，故並未對廣告代理業下達禁止命令。

注七三　日本贈表法第四條僅規定事業不得就其有關「自己」所供給之商品或服務之交易條件為虛偽不實廣告，故公取委（公平交易委員會）並不得對廣告代理業為禁止命令。

注七四　依我國公平交易法第四十一條及第二十一條規定是否得導出公平交易委員會得對廣告代理業、廣告媒體業為行政處分？頗值研究。本文認為理論上公平交易委員會具有此權限，唯第二十一條規範事業就其自己商品或服務之交易條件不得為虛偽不實或引人錯誤之廣告，但並不規範為他人商品或服務之交易條件不得為虛偽不實或引人錯誤之廣告。又本條第四款係明文規定民事上連帶賠償責任。

注七五　內田耕作，廣告規制の研究，成文堂，昭和五十七年九月一日，頁341。

(二)Colgate-Palmolive Co. 事件 (注七六)

本事件係刮鬍膏不實試驗廣告，廣告代理業以①自己並非 FTC 法上所稱之「商業」，FTC 無對其下禁止命令權限，②其僅係廣告主之代理人，只不過爲廣告主而製作、傳播廣告，有關商業違法行爲所致之責任應歸廣告主，③其對商業廣告內容且不知虛僞，故無意圖違反 FTC 法等三項理由抗辯。FTC 就其抗辯不予採納，其原因是對於①廣告代理業爲了產品行銷全國目的及州際商業需要而製作並傳播電視商業廣告係不爭事實，實難謂廣告代理業與商品在州際間流通一點關係也沒有。對於②廣告代理業想出用沙紙來試驗廣告產品——刮鬍膏之功效，將刮鬍膏塗在沙紙上再用刮鬍刀輕輕卽可將沙紙上之沙粒刮乾淨之構思，不論其係爲自己的利益或他人之利益，廣告代理業只是借詞推諉責任而已，對於③是否違反 FTC 法並不需證明廣告代理業欺騙之意思，故其抗辯亦無理由。本事件最終爲最高法院支持 FTC 之禁止命令。

本事件比起前一事件在追及廣告代理業之責任來得更進步，亦卽判斷廣告代理業是否違法之基準在廣告代理業是否積極地參與設計不實廣告之發起者以定其責任。蓋如所有廣告代理業之廣告均係經廣告主爲最後之決定，而得免除廣告代理業責任，則所有廣告代理業製作、傳播不實廣告將永遠不需負責。

(三)Carter Products, Inc. 事件 (注七七)

本事件係噴霧刮鬍霜虛僞不實比較廣告，FTC 分別對廣告主及廣告代理業下達如下之禁止命令：禁止①使用虛僞之操演來誹謗競爭產品

注七六　內田耕作，廣告規制の研究，成文堂，昭和五十七年九月一日，頁343。

注七七　內田耕作，廣告規制の研究，成文堂，昭和五十七年九月一日，頁351。

之品質及特性，②如沒有正確而原本（genuine）描述比較其產品與競爭產品時，則不得用實際操演方式傳達其產品比其他競爭產品之優秀且禁止就競爭產品之濕潤保持特性不實表示。

　　廣告代理業不服 FTC 之命令，向法院抗辯謂其僅係代理人地位，因接受廣告主之訂單，依廣告主意思行事，故其行爲應無違法責任。法院認爲執行他人意思、指示之行爲，對行爲之結果責任之判斷適切基準在行爲人（廣告代理業）實際參與不實廣告程度而定，基本上係 FTC 認定事實問題，從廣告代理業依廣告主之指示紀錄文件看，廣告代理業爲廣告主工作了幾年，且產品命名前廣告代理業已深知產品爲何性質、功效，又經廣告代理業董事長證實有關廣告內容濕潤性之描述係代理業所提出，故廣告代理業已實際參與不實廣告行爲之發起、製作與傳播，FTC 對其下禁止命令係有權限且妥當的。

　　本事件與前述(二)事件之判斷廣告代理業責任基準相比較，使廣告代理業負責範圍擴大，亦卽本事件係以代理業實係參與不實廣告之程度爲責任判斷基準，但前述(二)事件係代理業是否積極地發起不實廣告行爲爲責任判斷基準。

　　(四)Quinton Co. 事件（**注七八**）

　　本事件係喉糖不實廣告，FTC 對廣告主及廣告代理業爲如下之禁止命令，禁止①服用其喉糖卽能殺死附著組織之細菌表示，②能長期且永久地減輕激烈疼痛表示。廣告代理店雖曾以其係履行契約上之義務卽①研究廣告主產品及產品市場義務，②檢討新產品銷售機會，③如何促銷新產品給予建議，④新產品進入市場對已存在市場上產品之一般建言，⑤在廣告主預算內製作廣告，⑥經廣告主承認，作成銷售計畫，⑦

　　注七八　內田耕作，廣告規制の研究，成文堂，昭和五十七年九月一日，頁353。

爲廣告主之目的，與廣告媒體業訂契約。但廣告之構思如全係廣告主提供，則廣告代理業之機能角色卽喪失，且事實上完全由廣告主提供構思情形並不多見，換言之，廣告內容之構思及觀念之選擇與開發係雙方協力的，廣告代理業依廣告主所決定之構思與選擇而製作傳播廣告。卽使廣告代理業自信廣告主提供之資訊沒有虛僞，但欺罔不起於廣告主提供之虛僞資料而係起於廣告代理業參與廣告製造傳播；又基於公益，故廣告代理業仍應與廣告主負同一責任。況且廣告是否誤導大衆，廣告代理業居於專家地位，故廣告代理業比廣告主更清楚。因此製作不實廣告之代理業法律上責任，不得轉嫁予廣告主。

　　本事件除再確認判斷代理業責任之基準 —— 參與不實廣告之程度、範圍之外、更豐富化了此基準內涵，導入了「廣告代理業之專門領域」之概念，是本事件最大之意義。

　　從以上四事件可知，最初以廣告代理業係受廣告主最後的統制、指示，廣告主擁有最終之權限，故不課廣告代理業在 FTC 法上之責任爲原則。其後以廣告代理業實際參與欺罔廣告行爲時，則應課以 FTC 法責任爲原則。但廣告代理業實際參與廣告之製作與傳播有種種態樣且程度上亦有所不同，因此代理業之責任也因其義務及廣告型態之不同而不同，亦卽責任因廣告是否爲廣告主或廣告代理業支配範圍、廣告主提供廣告內容及廣告代理業選擇廣告方式等情形來判斷。但有如下情形對廣告代理業課以責任是毫無疑問地，①廣告主提供之資訊係虛僞的，廣告代理業明知或應知而不知情形而製作虛僞廣告。②廣告主提供之資訊非虛僞的，但廣告代理業選擇製作或傳播方式係虛僞的（**注七九**）。

第二款　日本

　　日本獨占禁止法深受美國反托拉斯法之影響，但其獨占禁止法卻一

注七九　內田耕作廣告規制の研究，成文堂，昭和五十七年九月一日，頁
　　　　364。

併繼受聯邦貿易委員會法第五條之設計，使牽涉到廣大消費者和企業利益的不公正交易方法一併受到公正交易委員會的制裁（第二條第九項、第十九、二十條），例如不當贈品類及不當表示防止法此一反獨占法之特別法，亦屬委員會管轄，和美國聯邦貿易委員會一樣，有相當廣泛的準立法（第七十六條）準司法及準執行權力（第二條第九項，第七十二條）。

依日本獨占禁止法第二條第九項規定，公正交易委員會就眾多不公正交易行為「指定」為「不公正交易方法」，此項「指定」可分為「一般指定」及「特殊指定」，以如前述，關於利用虛偽不實或引人錯誤廣告行為來誘引顧客予之交易，亦在一般指定第八項所規範。又依同法第二十條，凡違反前條（即事業不得使用不公正交易方法）規定時，公平交易委員會，得依第八章第二節程序之規定命令排除不公正交易方法之措施。茲就有關排除不公正交易方法（含禁止不實或引人錯誤廣告行為）行政程序簡略述之於後。

一、禁止私的獨占及公平交易法（以下簡稱獨占禁止法）

若有違反獨占禁止法行為發生時，公平交易委員會依同法第八章第二節規定之程序，命令排除措施。此程序基本上採用審查─審判─審決三階段（參閱本文附錄二圖表）以下說明此程序。

(一)審查程序

所謂審查是指公平交易委員會針對違反獨占禁止法之被懷疑行為進行一連串之調查活動而言。

1.審查之開始

公平交易委員會對於有違反獨占禁止法行為嫌疑之事業、事業團體等進行調查（由審查部或地方事務所審查課職員為之，以下同），開始調查之契機多由一般的報告（通稱「申告」）及依公平交易委員會職權所得之探知。

（1）一般的報告（申告）

獨占禁止法四十五條一項規定「任何人對於認為有違反法律規定之事實時，可向公平交易委員會報告其事實，並要求採取適當之措施」。申告方式並無明文規定，不限定文書或口頭，也可以電話為之，申告者亦未必明示自己的住址、姓名，惟可能的話，明示住址、姓名，對申告事實盼做具體的敍述。在審查部審查情報管理室或地方事務所審查課部接受申告。

若有申告時，公平交易委員會對違反被疑行為必須進行調查（四十五條二項），故公平交易委員會對相當程度具體內容之申告進行調查。

（2）探知

公平交易委員會透過新聞報導、謠傳、統計資料之分析等來判斷違反被疑行為之眞假。

2.審查

（1）公平交易委員會對於申告案或自行探知之違反被疑行為認為有必要進行調查時，卽進行違反被疑行為是否存在之調查。調查方法上有得到事件關係人任意協助所做之調查（任意調查）及行使強制處分權限進行之調查（主件調查）等。後者多半在卽使期待事件關係人協助，對違反被疑行為之調查亦無法獲得結果情況下為之。

（2）法院之緊急停止命令

公平交易委員會在審查過程中，卽使認為有違反行為，在依審決命令排除措施之前，還需要相當時日。因此法院認為有緊急必要時，依公平交易委員會之申述，對於有違反獨占禁止法嫌疑之行為者，命令其暫時停止該當行為（六十七條三項）。

再者，對於緊急停止命令，被申述者若能寄存法院所定之保證金或有價證券可免其執行（六十八條一項）。

3.伴隨審查終了之措施

對於違反被疑行爲之調查終了時，公平交易委員會可採取 (1) 或 (2)之措施。

(1) 法律上之措施

A、認爲有違反行爲時勸告其採取適當措施(四十八條一項)。

B、認爲已無違反行爲時，認爲有特別必要時，勸告其採取適當之措施（四十八條二項）。

　　(a) 勸告爲事實及法令之適用，記載應採取之措施（主文），係以送達勸告書謄本爲之（規則二十條一項）。勸告書謄本上附有記載對於勸告之接受與否期限之通知書（同條二項）。又接受與否之回答期限通常爲勸告日起二週以內。

　　(b) 接到此等勸告者應立卽以書類通知公平交易委員會是否接受（四十八條三項，規則二十一條）。行爲時接受勸告時，公平交易委員會不經審判手續可爲與該當勸告旨趣相同之審決（四十八條四項）。此爲對無爭執之事件所爲之簡單處理手續，依此手續所爲之審決通稱「勸告審決」。不接受勸告時，卽開始進行審決手續。

C、該當於上述A或B時，將違反事件交付審判手續，若認爲適合公共利益時決定開始審判（四十九條一項）。對於違反事件之勸告，除不被接受時之外，有時不加勸告直接開始審判手續。

D、被認爲有關對價之不當交易限制等之事實時，爲徵金之納付命令（四十八條之二第一項）。

(2) 其他措施

A、認爲有違反被疑行爲時，給予警告等之行政指導（二十七

條之二等）。

B、認爲無違反被疑行爲時，就此結束。

C、對申告者之通知。

(二)審判程序

1.審判程序之性質

審判程序是公平交易委員會爲行政處分時，爲確保其公平性，聽取處分對方主張之程序。由於是聽取處分對方主張之程序，故其構造多爲程序之主宰者與對方之二面關係（糾問構造），公平交易委員會之審判程序爲確保程序更加公平，故採用類似訴訟程序之三面關係（當事者構造）。

再者，審判原則上採公開方式爲之（五十三條一項）。

2.審判程序之主體

審判程序之主體爲審判機關、審查官、被審者，若有必要時，可增加參加者。

審判機關有公平交易委員會之委員長及委員（委員會審判）及事務局職員之審判官（審判官審判）二種。關於採取何者，並無明確規定，惟審判官審判居多。

委員會審判的情形是在委員長及二名委員以上出席（規則二十五條）下進行；審判官審判的情形是在委員會任命之事件擔當審查官（通常爲三人或指定一人爲擔當審查官）進行審判程序（五十一條之二，規則二十六條）。

審查官在進行審判程序時，爲維持審判開始決定，列席審判，提出證據及爲其他必要之行爲（五十一條之三，規則二十九條）。

被審者對公平交易委員會之主張、立證，依規定可行使防禦權，除自己主張、立證之外，可請求委員會或審判官對參加人進行審訊等。（五十二條一項，規則四十七條）。當然，被審者可委請律師或經公平交

易委員會認可之適當人選充做代理人（五十二條二項）。

在審判程序之參加方面，①公平交易委員會依其職權，對於審決結果可讓有關之第三者參加（五十九條），②相關之公家機關或公共團體基於公益認為有必要時，徵得公平交易委員會同意後，可以參加（六十條），二者皆以當事者身分參加審判程序（五十九條、六十條，規則三十二條）。

3.審判程序之進行

（1）審判日前之程序

審判程序係從審判開始決定書謄本送達被審者開始（五十條二項）。被審者對此之答辯書必須立即向公平交易委員會提出（五十一條）。

答辯書上必須記載對事實之承認與否，被審者之主張及證據等防禦方法（規則二十四條一項）。

為使審判手續迅速進行，在第一次審判日前，先進行準備程序，明示審查官、被審者雙方之主張，有時在審判進行時磋商。只要審判官認為準備程序適當，審判程序中任何時間皆可進行（規則四十條之二）。

（2）開始程序

依規定第一次審判日在寄出審判開始決定書謄本日起三十日後（五十條四項）。在第一次審判日，審查官首先根據審判開始決定書陳述事件概要（規則四十一條一項），其後，被審者根據答辯書陳述意見（規則四十一條二項）。

若陳述旨趣不明時，委員長、委員或審判官可要求補充說明（規則三十九條一項），審查官、被審者在得到委員長、審判官許可後，直接向對方發問（規則二十九條二項）。

（3）證據調查

開始程序完成後，進行證據調查（規則四十二條一項），證據調查原則上在審查官或被審者請求後為之（規則四十三條一項），惟委員長

或審判官認爲有必要時，得依職權進行證據調查（規則四十三條二項）。證據調查之請求首先由審查官爲之（規則四十四條一項），然後被審者爲之（規則四十四條二項）。

若有證據調查之請求時，委員會或審判官須決定接受與否（規則五十條）。證據之採用與否並無明確規定，惟當事者請求調查證據須以有其必要性爲前提，原則上採用。若與事件無關連性之證據或重複證據，無調查必要時，可以不採用。再者，不採用審查官或被審者所提之證據時，須明示其理由（五十二條之二）。

(4) 最後意見陳述

證據調查結束後，審查官對於事實及法律之適用可陳述意見（規則五十八條一項）。又最後須給被審者陳述意見之機會（規則五十八條二項）。上述手續完成時，審判手續亦告結束（通稱「結審」）。

(5) 審決案

A. 審決案之作成與送達

若爲審判官審判，審判官在結審後二十日以內須作成審決案，與事件記錄同時提交委員會，且將審決案謄本送達被審者（規則六十六條）。

B. 對審決案提出異議及對委員會直接陳述

被審者在接到審決案二週內，可以文書方式向委員會提出異議聲明（規則六十八條）。

再者，若爲審判官審判，被審者可向委員會直接提出陳述（五十三條之二）。

C. 審決案之調查

委員會根據事件記錄，對審決案之異議申述書及所聽取之陳述調查審決案，認爲審決案適切時，爲與審決案內容相同之審決（規則六十九條一項），若認爲異議申述合理或有必要時，可爲與審決案內容相異之審決（規則六十九條二項）。此外，若認爲異議申述等合理或有必要時，

對違反事件可自行展開審判或指定審判官指示應審理之處，命令其重新進行審判手續（規則六十九條二項）。

若爲委員會審查，結審後即作成審決。

4.對審判官之處分提出異議

①接受根據獨占禁止法第五十一條之二規定，審判官依同法第四十六條一項各號之處分者對該當處分不服時，②審查官或被審者關於審判官所爲之審判手續之處分（①的部分除外）違反法令，或認爲嚴重不當時，可以文書向委員會提出異議（規則六十一條之二、六十二條）。

5.伴隨審判程序終結之措施等

審判程序結束時即進行審決。又審判程序因審決開始決定之取消或審判程序中止而結束。

(三)審決

1.審決之種類

（1）勸告審決

勸告審決於接受勸告情形時爲之（四十八條四項，參考前記(一)之3之(1)）。

（2）同意審決（五十三條之三）

同意審決係爲圖違反事件迅速解決之措施。即被審者於審判開始決定後，承認審判開始決定書記載之事實及法律之適用，對公平交易委員會不經其後之審判程序，以文書表示接受審決意旨，且爲排除該當行爲提出有關自願採取具體措施之計畫書，若公平交易委員會認爲適切，可不經其後之審判程序即予審決。再者，若爲審判官審判，同意審決之提出經由審判官爲之（規則五十九條）。

（3）審判審決（五十四條）

審判審決係指審判程序結束時所爲之審決，又稱爲正式審決（參考前記(二)之3之(5)）。

2.審決之方式

審決特別規定須依委員長及委員之合議爲之（五十五條）。又審決以文書行之(審決書)，審決書上必須記載公平交易委員會認定之事實及對此之法令適用、其他事項（主文及證據）（五十七條一項，規則七十一條），並得附記少數意見（五十七條一項）。對被審者須送達審決書謄本，惟不像審判般進行宣告或宣判。

3.審決之效力

審決自審決書謄本送達被審者時生效（五十八條一項），具有與一般行政處分同樣的如下效力:

(1) 執行力

爲實現審決目的之內容的效力，在具體上審決之收信人須爲主文所述之措施。例如違反行爲爲不公平之交易方法時被命令之措施: 不公平交易方法之撤回，對顧客及需要者之通告及向公平交易委員會報告所採之措施。

(2) 不可變更力

公平交易委員會一旦審決，其內容無法取消或更改。

(3) 不可爭力

審決之收信人應自審決生效之日起三十日內提起撤銷公平交易委員會之審決之訴，否則該審決即告確定。

4.審決之執行免除

在審判審決，命令停止違反行爲等措施時，被審者得交付法院所定之保證金或有價證券，在該當審決確定前可免除執行(六十二條一項)。在實務上，通常在提起審決取消訴訟的同時進行申述。

二、不當贈品類及不當表示防止法（以下簡稱贈表法）（注八〇）

注八〇　黑田武、元永剛，やさしい景品表示法，公正取引，第 434 期，1986年12月，頁46-51。

依贈表法第一條可知本法係獨禁法之特別法，其最大特色在獨禁法所規範之不當引誘顧客行為，為了迅速予以處理，而制定了事件審查、審判手續之特別法。乃因附贈品或不當廣告之行為，能夠在短期內達成不當引誘顧客之效果，且此違法行為具有波及性及昂進性之特徵，因此為達成禁止違法行為之目的，必須迅速予以處理，故對違反行為下達禁止命令，如當事人對禁止命令不服而在一定期間（告示之後三十日內）未提出，此禁止命令效力即同確定審決之效力，也因此省略了獨禁法上審判全部手續。茲下簡述違法事件之處理程序（參閱附錄三圖表）：

(一)開始

同獨禁法情形，從一般消費者、同業者之報告及職權探知，有時亦從都道府縣知事措置請求，開始調查。

(二)調查機關

調查機關除了公平交易委員會（下稱公平會）之外，為了迅速處理公平會事件，在昭和四十七年修正贈表法第九條之二規定，賦予都道府縣知事亦有部分權限，使違反事件處理體制大幅強化，至於兩者如何分擔事件，則依「違反贈表法事件關係事務處理綱要」，大致上違法明確、地方性、輕微案件由都道府縣知事處理。公平會分設有地方事務所，地方事務所分擔在其地方事務所管轄地區之違法事件，除此之外，則由公平會交易部處理，但為處理有效率起見則由兩單位協議之。

(三)調查手續

首先蒐集廣告物，命行為人為必要之報告或資料之提出，或聽取事實，一般均由當事人或關係人任意協助，但必要時，依獨禁法第四十六條第一項規定：①命令事件關係人或參考人出面接受審訊或徵詢彼等之意見或報告，②命令鑑定人出面鑑定之，③對於帳簿書類等物件之持有者，命令其提供該當物件或留置所提供之物件，④進入事件關係人之營業所或其他必要之場所，檢查其業務、財產狀況、帳簿書類及其他物件

（贈表法第七條第一項）。即使是都道府縣，亦有權依關係事業之報告，進入事件關係人之營業所，檢查帳簿書類及其他物件。

（四）公聽

公平會為下禁止命令之前，為使禁止命令係必要妥當且公平判斷目的，給予被處分人表達意見之機會，依「贈表法公聽規則」在舉行公聽前一週送達記載①公聽日，②公聽地點，③事件要旨，④適用法令等事項文書予當事人。公聽通常由公平會委員長或公平會指定職員，如交易部贈品表示監視課長或地方事務所長為主導人。公聽時可委任代理人，但須向公平會提出委任狀，公聽時，為辨明事件而陳述有利於己之事實、意見及證據（贈表法第六條第二項），公平會就收集之事實、資料證據及公聽結果以決定其禁止命令，如當事人未出庭，則直接下達禁止命令。

（五）事件處理結果

1.禁止命令：命令內容為主文、事實及法令之適用三項。主文含①行為之禁止：　如不實廣告行為之中止，②防止行為再發生之必要事項：例如今後不再為同樣行為或今後一年間為同樣行為時，應向公平會呈報，③有關連事實之公示：例如命廣告主先前之廣告係經公平會認定為違法行為，為了排除一般消費者之誤認對交易對象為訂正通知、新聞廣告等行為，④為其他必要事項：例如基於①至③之命令應為之行為，向公平會報告等。

2.嚴重警告：公平會就違法行為為公聽後認為尚未達到下禁止命令程度，但認為廣告主應為如同禁止命令之「準措施行為」，於是以事務局長署名，發出記載①違反事實，②法令適用，③排除違法行為應有之措施及今後不得再為違法行為之「嚴重警告」文書。此種情形，廣告主應向公平會提出由違法行為之產業負責人簽名，而記載①廣告主所採排除措施，②今後不再為違法行為等主旨之「誓約書」。

3.警告：違法行為當不至為禁止命令、嚴重警告程度時，以交易

部長或地方事務所長署名，發出記載①違法事實，②法令適用，③應排除違法行爲之措施之「警告」文書。此種情形廣告主應向公平會提出由事業負責人或董事長或違法行爲有關事務負責人簽名，記載事業已採取措施之始末文書。

另外，如違法行爲輕微，以口頭（口頭警告）代替文書之交付。

4.調查結果並無違法事實時，則終結事件處理程序。

5.事實上調查無法進行時，亦爲「調查中止」予以結束事件。

(六)都道府縣知事之指示等

昭和四十七年修正贈表法賦予都道府縣知事處理違法事件一部分權限，其權限如次：

1.對違反第四條不實廣告行爲，對事業下達「指示」令其處理違法行爲或有關連必要事項之公示（贈表法第九之二條）。

2.如事業不遵從指示或認爲有必要防止違法行爲再發生時，向公平會要求爲適當措施（贈表法第九之三條）。如尚不及爲「指示」或「請求措施」程度，則爲「必要注意」。

3.爲「指示」或「請求措施」之前，認爲必要時，得要求事業或有關連事業報告，進入事務所檢查、質問（贈表法第九之四條），如報告虛僞、不爲報告，進入事務所予以妨礙或拒絕，對其科處罰鍰。

4.都道府縣處理違法事件受公平會指揮監督。

(七)有關事件向新聞界發表

公平會就如下違法事件得向新聞界發表：

1.爲禁止命令時。

2.爲嚴重警告，經公平會認爲向新聞界發表係適當者。

3.其他事項在贈表法上運用係適當者。

第三項　小　　結

　　美國 FTC 係屬獨立行政委員會，不被政治影響所拘束，委員均爲
中立的專家而非行政首長之政治聯合，具有彈性反應能力以處理迅速變
遷及複雜工商業社會之專門知識及行政效率。FTC 下轄消費者保護局
及 FTC 一半以上幕僚人力投入管制不實廣告法律工作，如此可以統一
事權發揮管制廣告功能。FTC 依法律授權制定貿易慣行規則、貿易管
制規則、產業指導及政策聲明，不僅給予利害關係以口頭公開說明意見，
參與法規制定程序，及使產業界了解 FTC 執法態度及澄清意見，而自
動遵守相關法令。在行政處分方面，以中止性保證及同意處分等非正式
程序，不必擴大調查或舉行聽證，使業者同意中止某些不實廣告，不僅提
高效率且達到管制目的，FTC 採用非正式程序解決問題比率高達70％，
有學者稱:「非正式行政程序實是行政程序之命脈」。另有爲禁止命令之
前聽證程序，使當事人有陳述意見、詰問證人及提出證據等機會，在程序
上保障當事人權益。又鑑於禁止命令有其本質上缺失，爲彌補其缺失乃
有發出「積極表示命令」、「訂正廣告命令」、「返還命令」等新類型命令。

　　日本乃繼受美國法律，因此亦有類似美國行政組織、行政命令、行
政指導、非正式程序及正式審理程序等制度，唯值得注意者係於昭和四
十七年修正贈表法賦予都道府縣知事一部分權限，依歷年統計表（附錄
四）可知除第一年（即昭和四十七年）以外，都道府縣處理案件均比公
平會處理案件多出數倍。尤其輕微或違法行爲清楚明確無爭論之事件，
得以迅速處理。

　　非正式程序雖有①節省行政機關及事業者大量資源，②彈性解決問
題，③澄清行爲是否違法之不安性，使業界安心從事競爭行爲等優點，
但亦有如下之缺失①易於官商勾結，②妥協內容不易強制執行，③談判
不對等，傷害企業自由（**注八一**）。

注八一　蘇永欽、陳榮傳、魏杏芳、何君豪、楊富強，「非正式程序」與「補充性
　　　　規則」——簡介二個落實公平交易法的重要機制（下），經社法制論叢，
　　　　第八期，行政院經建會健全經社法規工作小組，八十年七月，頁68。

我國公平交易法自實施以來所爲處分中半數以上係針對虛僞不實及引人錯誤廣告，然而有更多被檢舉之不實廣告待調查案尚未進行，充斥於各媒體之各類不實廣告仍復如常地照刊不誤，在行政執行資源有限，經驗全無，一般工商業者又對公平法欠缺認識情況下，執行困難重重可想而知，如何有效運用有限資源乃係當前迫切問題，而如何將廣大權限賦予其他機關包括地方政府、民間團體亦是重要課題。

一、有效運用有限的行政資源方面

1.對於不實廣告除公平法之外，在其他不下數十種行政法規亦有規定，於是發生職權、法規競合現象，應與行政單位協調配合，以期減少重複調查或互相推諉情形發生，例如藥品、食品、化粧品、農藥、醫療器材、醫師業務、一般商品或服務標示、專利商標或其他法定應標示事項等均涉兩個以上行政機關，實應儘速協調配合。

2.現行法對藥品、食品、化粧品、農藥、醫療器材及醫師業務廣告均採事前審查制度，行政機關，事前應嚴加審理，以期防患未然。

3.報章雜誌之廣告屬事後追懲，對違法之事業均應有效地予以追懲。

4.在法體制許可之下，引進「非正式程序」使案件能迅速解決，以便大部分行政資源能集中在違法行爲嚴重、影響深遠且有爭議之事件上，但也應設計防止非正式程序所帶來後遺症之法制度，在制度上能有效予以排除。

5.改進「禁止命令」之缺失，引進如同美國新類型之命令，如「積極表示命令」「返還命令」的可行性。

二、廣大權限賦予其他機關

除前所述第二節建議給予同業團體或消費者團體有民事訴訟當事人適格之外，依公平會第九條規定：「本法所稱主管機關，在中央爲行政院公平交易委員會，在省（市）爲建設廳（局），在縣（市）爲縣（市）

政府……」，　因此實應加強地方主管機關配合協助辦理公平交易法之能力，尤其係地方性、輕微性且明顯違法之不實廣告事件，地方主管機關最爲適合迅速處理之單位。

第四節　自律委員會之設置與競爭規約
　　　　　制度之建立

第一項　概　　述

　　以現行有關規範廣告之法律，不該存在之不實及誤導廣告，卻充斥於報章雜誌、電視廣播等大衆傳播媒體上，而廣告主亦再三反覆爲之，其原因不外在自由經濟的現行體制下，競爭異常激烈，事業無不利用廣告推銷產品，開拓市場，難免過分渲染；而廣告製作業者及大衆傳播媒體維持生存最大經濟來源係廣告費用之收入，在不願甘冒觸犯客戶，流失客戶之危險，自然屈服於客戶之壓力。其次，消費者始終沒有意識到不實及誤認廣告無時無刻、無孔不入地侵蝕其消費自由，剝奪其存在市場經濟中的主體地位，詐取其有限所得，破壞其生活品質、權益，聽任廠商擺佈及依廠商計畫而消費。再者商會及消費者團體未能健全其組織及發揮其監督廣告功能，糾正、檢舉不實及誤認廣告。最後，有關官署對廣告的管理、取締執行不利等因素，眼睛看到的，耳朵聽到的，雙手觸摸到的、鼻子嘴巴嗅到的、嚐到的不實及引人錯誤廣告產品如洪水般氾濫於市場中，禁不勝禁情況下，要防止虛僞不實及引人錯誤廣告可說是千頭萬緒，不過針對目前出現之弊端，一一予以改善塞並參考外國經驗亦不失爲良策，亦卽除法律予以規範管制及救濟外，另一途徑卽業者自律，包括廣告主自我約束，廣告業及廣告媒體業善盡社會責任，拒絕製作刊登不實及誤認廣告，建立自律及競爭規約制度，另外，消費者及消

費者團體之監督、商會之約束等，爰於下依次敘明。

一、廣告主自我約束

此為所有法律規範及非法律規範之基礎，廣告主為對其產品負責及建立長久良好信譽，即應避免不實廣告，然此項具有商業道德特質之自我約束，往往與企業大小有關，亦即大的公司行號有其財力、人力去檢視產品廣告，而其他小公司、獨資行號，縱有心去防止但限於財力、人力因素，也就任憑不實廣告之產生與宣傳，只好寄望消費者睜大眼睛，自求多福了，更何況有些企業根本存心製作宣傳不實廣告，則要求自我約束，可能止於口號罷了。

二、廣告業及媒體自律

有關廣告業之自律，在美日等國由廣告業者組成協會，制定了廣告業務準則或倫理綱領，對於不良、不實廣告予以建議修正改善或拒絕製作，採取自我管制措施，提高廣告道德水準，協助政府管制廣告。

有關媒體之自律，由於大眾傳播媒體在經濟成長過程扮演重要角色，對經濟發展影響甚鉅，唯各類傳播工具之財源主要來自廣告，業者因利之所趨而忽視其社會責任，對廣告毫無選擇地接受，助長不實廣告之氾濫，為阻遏不實廣告治本之道之一即傳播事業有選擇地接受廣告，所謂有選擇即對廣告之規範，業者有的自行擬訂刊登廣告準則與在廣告部門成立審查小組，亦有的業界訂立廣告規則、新聞倫理綱要，更者政府制定法律，行政命令對媒體加以限制，取締並推展廣告淨化、倫理化運動。

三、消費者及消費者團體之監督

總歸不實廣告問題之解決還是需要消費者意識到其權益日益被侵蝕，起而捍衛其權益，有鑑於個人力量之單薄，將多數無組織之個人力量組織成團體，藉團體組織之力量，調查市場供需情報，將消費者之意見反映給行政及立法部門，以及代表個別消費者與廠商交涉，促其改

善、停止不實廣告並請求損害賠償。

　　由消費者自行組成團體，保護自己權益擔負審查廣告及制裁任務，防止不實廣告氾濫係最直接、具體而有效之方法，蓋前述廣告主及廣告業者，媒體之自律規範內容幾乎完全係道德上訴求，欠缺強有力之監督、制裁效果。

　　除了由消費者及消費者團體之監督之外，另一個對不實廣告監督力量來自事業界組成之團體，制定了競爭規約，此種由業者自組團體之監督，其優點在能熟悉業界不公平競爭手法並能迅速予以判斷，進而解決問題，茲於下說明日本在這方面之規範及其實施成效。

第二項　日本公正競爭規約制度

　　公正競爭規約制度，係業界依據不當贈品類及不當表示防止法，就有關贈品及廣告之事項，自主的制定規則，經公平交易委員會之認定後，業界之贈品或廣告行為即以此為依據或予以規範。

一、設置制度之理由

　　(一)欲對於附不當之贈品銷售產品或不實廣告予以有效防止。蓋附過多或高額贈品銷售產品和不實廣告往往係從某一公司行號開始，馬上招致其他競爭事業者為對抗此行為而跟進或採取更進一步措施，如此一來在廣告方面，其廣告效果相互影響而減弱，無目的浪費成本、費用，也使消費者產生不信任感，其結果即為事業者極欲避免，但附大量、高額贈品或不實廣告，如已流行於業界，由一公司停止此行為，恐怕該公司銷售額會立即減少而蒙受損失，因此忍痛犧牲利潤卻不敢冒然中止行為，但如競爭事業均停止此行為，事業間不再互不信任，則得終止此無益之宣傳競爭行為。

　　因此由同業間協議，明確定出不當行為及容許行為之基準，相互遵

守約束，如有違反基準行為則由其間自我規制 —— 依公正競爭規約訂立之有效果而自主地懲罰制裁。但如仍不能防止，則依贈表法採取一定措施。

(二)公正競爭規約所採之自主規制，均為業者熟悉故較能遵守，且如出現違反規約行為能馬上知悉並作客觀判斷立刻制止、解決問題，使公正競爭規約自主規範成為有效且具可行性之重要因素。

二、設置制度之沿革

公正競爭規約制度係參考公正交易規約制度（昭和三十三年於修正獨禁法時提出於國會，但終究未制定成法律，公正交易規約制度卽業者協定不使用經業者間認定之不公正交易方法，確定健全合理交易習慣之交易條件，限制有關營業方法），又此公正交易規約係模仿美國交易慣行規則 (trade practice rule)，FTC 鑑於在某些產業中經常有違法行為出現，但因排除命令之手段太過麻煩，又考慮人力、財力之資源浪費無度之下，召集事業代表，舉行交易慣行會議，指示、解釋該產業適用法律，作成協議及法律指導基準，其目的卽制定了交易慣行規則，有效率地防止違法行為，而此交易慣行規則係以有關不公正交易方法及欺罔行為為內容，由交易慣行會議作成，並基此規則制定了正式聯邦貿易委員會規則。其後為防止交易慣行會議成為卡特爾溫床，逐漸由 FTC 主導制定具有明確又有法效力之交易管制規則 (trade regulation rule)。

為了執行公正競爭規約，設置了現行公正交易協議會，其前身係贈表法制定前，為了規範附贈品販賣而依據獨禁法訂定了「特別指定」，針對特定行業如醬油業、味噌業、新聞業，制定了這類業者必須遵守自主規則之特別實施綱要並設置自主規制組織之公正交易協議會，此協議會於贈表法制定後卽移至成為現行公正競爭規約之執行機關。

三、公正競爭規約之制定者

大多數由既有之事業團體、公會等制定，亦有由事業間協定。為了

執行公正競爭規約而設置公正交易協議會之團體，但亦有在既有之事業團體、公會之內部組織設置公正交易協議會。

四、公正競爭規約之認可

(一)公正競爭規約之制定及變更，均必須由公正交易委員會認可，其認可應符合下列要件（贈表法第十條第一、二項）。

1.規約能妥當適切防止不當地引誘顧客，確保公正競爭

規約內容當然係關於贈品及廣告事項，然並不一定必須與法律基準完全一致符合，依該當業界之實態、商品之特性，被認為係適合之贈品方式、種類或正常商業習慣或其廣告被認為係能輔助一般消費者選擇適當的商品時，即使加重法律限制、程度為內容，亦不違反要件，例如就有關以孩童為主要購買者之商品全面禁止附抽獎金為販賣方式或禁止即使不是該當法律所稱之不實或誤認廣告亦可。但如限制附贈品銷售或其他方式之廣告為競爭規約內容致有阻害有效競爭或阻止新事業加入市場，即不符合要件，如折扣之禁止、廣告量之限制、全面禁止附贈品等行為。規約之參加者並不須全部事業均加入，但參加者太少、規模太小，則規約內容並非正常商業習慣或廣告基準不一而有混亂商業競爭之虞，如此之規約可能不被認可，又參加人太少，規約實效亦大打折扣，實稱不上業界之規約，故不符要件。

2.沒有侵害一般消費者或相關事業之利益

基本上符合第一要件，即符合本要件，一般消費者利益是立於產品購買者立場之消費者的共通利益，而非一部分人之主觀判斷利益，亦非個人利益。例如禁止附某項贈品，該贈品實為該販賣商品必備之部分，或為節省事業成本，決定禁止一定種類之廣告，如此即侵害一般消費者利益。

3.無不當差別待遇

無正當理由，規定加入規約給予差別待遇，例如外資事業不許加入

或一定規模以下之事業無表決權。又如規約內容對中小企業不利益，規定某些事項應透過電視廣告等，否則不符要件而不被公平會認可。

4.加入或退出規約無不當限制

例如無正當理由限定一定資本額以上之事業才能加入，或某公會會員視為當然加入規約或不許成員退出規約。

(二)公平會認可規約前，通常召開公聽會，雖然此非法律上義務，但鑑於公正競爭規約之效果，保障利害關係人陳述意見機會，聽取學者專家及消費者意見，以為公平會認可判斷參考。

(三)認可係行政 法學上之確 認行政處分， 規約符合贈表法第十條時，公平會認可後，基於已受認可之公正競爭規約行為，即使違反獨禁法，但在撤銷認可前，公平會不能依違反獨禁法方式處理。

如適合被認可之公正競爭規約(即實質上符合認可條件)，在未經公平會認可前，其行為的性質即不違反獨禁法，其係為保障法之安定性，故特別設計此一效果。此與不景氣卡特爾不同，亦即即使不景氣卡特爾符合被認可之要件，但未被公平會認可，公平會仍得認其行為違反獨禁法。

五、公正競爭規約之內容

茲僅述關於廣告規約，贈品規約則略而不述。

關於廣告規約之內容：

(一)禁止不實及引人錯誤之廣告

例如①家電規約， 禁止表示其產品性能係萬能的， ②肉品規約，禁止從陳列肉品之外表看來會使消費者誤認其肉品內部或全部均係品質優良之廣告。

(二)特定的用語意義及使用基準

例如表示係「信州特產」，必須是長野縣製造且其品質含粉50％以上方可使用此用語。

(三)必要標示事項

例如標示肉品之種類、部位、用途、進口肉等，又如中古車規約，販賣業應備中古汽車價格指導資料表。

(四)廣告之基準

如不動產廣告規約，計算房屋至公共建築之距離多少？係以一分鐘走 80 公尺計算爲基準。又雖非贈表法之不實及引人錯誤廣告行爲，但爲預防可能成爲不實或誤認廣告而予禁止亦無妨，唯應注意不得太過嚴苛，例如比較廣告較易流於不實或誤導，於是全面禁止該業界比較廣告。且爲保護消費者，亦能規定該業界一定事項應予標示之義務。

六、規約之效力

公正競爭規約，對未參加者並無法律上之拘束力，但事實上其結果公平會仍適用規約相同基準以爲判斷行爲是否違法。例如不動產事業其參加者制定規約內容之一是某出售房屋距離某公共建築（如火車站、公園綠地……等）係以一分鐘走八十公尺計算爲基準，但未參加規約之不動產事業爲誤導消費者而以一分鐘一百公尺計算，如此卽違反交易習慣，公平會仍得依規約爲基準認定其廣告爲引人錯誤廣告。亦卽公正競爭規約既經公平會認定，則公平會在判斷其是否違法卽不能適用不同於先前認定之基準，如此方不矛盾，其結果實質上未參加者亦適用規約。

其次，公正競爭規約對參加者其效力正如同契約或共同行爲之性質，參加者必須依公正競爭規約從事商業競爭活動，不問參加者行爲是否違反贈表法，如其有違反公正競爭規約行爲，第一次委之於規約之業界自主解決，此卽公正競爭規約制度設置之基本精神，但如行爲嚴重或影響層面大，則向公平會檢舉，由公平會基於贈表法下達排除命令措施。

七、公正競爭規約之批評

有謂公正競爭規約及執行公正競爭規約機關 —— 公正交易協議會係卡特爾之溫床。事實上公正競爭規約本身卽是卡特爾，而其內容卻是法

律所明定， 如謂關於贈品及廣告之自主 規定具有誘發違 法卡特爾之特徵，乃言過其實，而實際上日本公正交易協議會成爲卡特爾之情形尚無發生。

　　又有謂公正競爭規約之制定係保守的，維持現況，未能應商場之變動而修正，遭致不合商業習慣之批評，乃是事實。蓋公正競爭規約往往係在贈品或廣告行爲競爭激烈情形下制定，爲防止再發生弊端，故嚴格規定，但因日後商場變遷卻不及修改公正競爭規約，致發生規約不合時宜之弊。

第六章 總 結 論

　　事業為銷售其商品，除直接在商品本身作標示或表徵以外，常透過宣傳廣告或其他公開活動傳達商品資訊，以招徠消費者之購買。事業所提供之商品資訊,涉及之範圍極廣，其中有關商品之價格、數量、品質、內容、製造方法、製造日期、有效期限、使用方法、用途、原產地、製造者等資訊，常被消費者引為決定購買與否之主要判斷依據。因此事業者即利用此消費者購買行為之特性，藉著引人入勝之廣告保持和消費者之間的接觸，並冀以誘引其成立交易，於是乎事業者為加深消費者之印象，並進而促長商品的銷售量，其所為之廣告自是竭盡心智，花樣百出，日益出奇翻新，正因為商場的激烈競爭所致，部分事業者乃不思正途而作虛偽不實或引人錯誤之廣告。

　　公平交易法第二十一條：「事業不得在商品或其廣告上，或以其他使公眾得知之方法，對於商品之價格、數量、品質、內容、製造方法、製造日期、有效期限、使用方法、用途、原產地、製造者、製造地、加工者、加工地等,為虛偽不實或引人錯誤之表示或表徵。事業對於載有前項虛偽不實或引人錯誤表示之商品，不得販賣、運送、輸出或輸入。」其採行列舉的方式似有不周之處。因工商企業發達之社會，虛偽不實或引人錯誤表示之方式不止於條文所列舉的價格、數量、品質、內容、製造方法、製造日期、有效期限、使用方法、用途、原產地、製造者、製造地、加工者、加工地等數端，對照德國不正競爭防止法第三條有關之規定及前述如誘餌廣告、寄生廣告、比較廣告、商品或服務之交易條件為消費者購買決定之重要因素而消極地省略、故意隱匿、不標示或雖客

觀眞實標示商品或服務主要或非主要交易條件，但卻足以導致消費者錯誤，以此手段爲行銷策略，其行爲實須予以規範，然成問題係我國公平交易法第二十一條是否能有效防止此類行爲？我國公平交易法第二十一條並未同德國不正競爭防止法第三條有「其他營業狀況」或日本贈表法第四條第二款「其他交易條件」及第三款「除前二款之外，有關商品或勞務之交易事項」之概括規定，足以防止千變萬化的廣告行銷手法與策略，致造成我國公平交易委員會對前述若干違法廣告處分案之理由欄中並未很明確指出其廣告究竟係違反公平法第二十一條何種情形之窘境。因此未來修法，對列舉規定以外之其他交易條件應予納入，始較周延，故建議在第二十一條第一項加入「其他交易條件」。

雖然我國公平交易法針對虛偽不實及引人錯誤廣告行爲視爲不正競爭行爲而列入第二十一條予以規範，並在第五章對違法者施以民事制裁，包括防止或排除侵害請求權、損害賠償請求權、三倍賠償制度，及公布判決書等權利。又對廣告代理業，廣告媒體業在符合要件之下請求連帶賠償責任，乍看之下，民事救濟制度似乎十分完整周密，但仔細予以分析，可能是一毫無作用之陪襯條文。

首先，同業競爭者之防止或排除侵害請求權之行使，可說是不正競爭防止法向來傳統上最重要之權利，然而行使本請求權必須「營業上之利益有受侵害之虞」。如具有獨占地位或具有寡占地位的事業共同成爲原告，或較容易證明其營業上利益有遭受損害之虞，但是在一個許多中小企業並存的業界，尤其利用不實廣告方式來競爭者大皆係中小企業，則其他中小企業如何證明其營業上利益受侵害之虞；反之，具有獨占地位之事業或同業競爭者均爲違法行爲，其結果在向來主張僅有競爭者才具有請求權適格，如此情形下豈成爲無人請求結果，或謂消費者可依民法請求之，但防止或排除侵害行爲之請求權須法有明文方得行使，而我國民法並無明文賦予消費者此種請求權。因此在同業競爭者無受損害之

虞，甚或不行使權利之下而消費者又無防止或排除侵害行為請求權，豈不讓違法行為繼續反覆存在於社會中。

其次，在損害賠償請求權之行使，除有同上述情形之外，茲所應論者係三倍賠償制度，不僅在損害之計算難以估計，三倍賠償又有何意義，再者亦違反我國「有損害斯有賠償，無損害則無賠償」之損害賠償制度基本架構，故建議刪除三倍賠償制度。又廣告代理業及媒體業在今日廣告專業化佔最重要地位，扮演重要角色，對其明知或可得而知不實或誤導廣告仍予以製作或宣播情形予以規範，實係進步制度，應予以肯定。然卻發生是否得對之為防止或排除侵害請求權？依何條對之為損害賠償請求權？又廣告代理業與媒體業負責程度不一而有失公平及前章第二節中所述諸問題。

論者或謂依第三章可知美國的防止不正競爭行為有關法律，係從侵權行為性質至商法性質而發展為行政性質的法律。FTC 對管制不實或誤認廣告成效卓著，故僅由行政權予以規範即可。但是，不正競爭行為的行政規則再怎麼發達對於那些因不正競爭行為而遭受利益損害的私人，卻絲毫沒有削減其請求權之必要。行政機關不但能力有限，而且，像權利過度膨脹之類的事也絕對不會發生。此外，在理念上，行政機關雖可稱為消費者的代言人，但若期待她能常常行使這項權能，則似乎太過樂觀了。更何況若將競爭行為之規範全面性地委任行政機關來監督、保護，則會招致家長式統治之弊端，並且使私人或消費者的自治或自衛能力如花朵般枯萎而死；更甚者，使行政機關的職能發揮能力也衰退殆盡？行政機關有必要以某種程度介入競爭秩序中，這樣對各方面也才有益處可言。但是，並不應該使其所扮演的角色過分膨大；而是要賦予那些因不正競爭行為而受害的私人，可以有對抗不正行為的權能，並且，使他們能夠和政府機關的職能相輔相成。

在一個像現代這般發達的工業社會中，以私人單獨的力量要來維護

其利益，著實是件不容易的事。因此，應該讓那些以維護擁有共同利益為目的的團體、或該集團擁有意念和能力的少數人，可以藉由自己提起訴訟，來抑制不正競爭之發生，以維護該集團的利益。如此一來，代表各個私人或集合私人利益之團體、私人及政府機關等三者，就可以相互彌補其不足，以增強彼此的功能，為抑制不正競爭行為而努力。

　　關於不正競爭防止法僅允許「有損害營業利益之虞者」行使不正競爭行為的禁止請求權，故僅擁有競爭地位者才有此權利，而非所有具有「市場地位者」。而且，並不視行為類型來考慮受侵害的地位之性質，一律皆以「有損害營業利益之虞」為要件，以致防止或排除侵害請求權之行使僅係紙上談兵而已，甚至受損害無「法」請求，加害者逍遙法外。放寬「有損害營業利益之虞」的要件及賦予消費者請求權，以使不正競爭防止法重具生命，並對公平競爭秩序之確立有所貢獻。不過在承認消費者具有訴權及賦予同業團體或消費者團體具有訴權之後，接踵而來之問題有①消費者之範圍如何劃定？究竟應以商品或服務之實質消費者為範圍？抑以商品或服務在特定市場之比較可能消費者為範圍，以前者為標準，明顯失之過狹；反之，如以後者為標準，則何謂特定市場？又何謂可能消費者？均難確切界定；稍一從寬，賠償請求權人可能氾濫。②同業團體及消費團體之組成、認定，損害賠償額如何分配。③如何防止濫訴問題，留待解決。

　　各國對防止不正競爭行為之立法例，就虛僞不實或引人錯誤廣告而言均有刑罰制裁，例如美、英、德、日、韓等國，卽使在我國若干法律中對不實廣告亦有刑罰規定，如專利法第九十二條、商標法第六十二條、醫療法第七十七條及刑法第二五五條。但是亦有不少僅對不實廣告處以行政罰，如食品衛生管理法第三十三條、農藥管理法第四十八條、藥事法第九十一、九十二條、化粧品衛生管理條例第三十條、商品標示法第十五條等。也因此產生不實廣告行為之非難性程度是否達到應處以刑

罰？此可從公平交易法草案與公平交易法相比較得知，原草案對行爲人處以三年以下有期徒刑、拘役或科或併科十萬元以下罰金。但於立法院審議時予以刪除刑罰規定。立法者刪除刑罰規定之理由何在？值得加以研究。

　　如前第二章所述在界定不正競爭行爲時候仍傾向於使用「違反良心」「市場道德」「激怒人們正義感之行爲」，故行爲之本質係違反公序良俗信義誠實，濫用權利、混亂競爭秩序，具有社會倫理非難性。當然虛僞不實及引人錯誤廣告行爲亦不例外。其次關於此行爲非難性是否達到刑罰之程度？從比較上來觀察，除各國立法例對虛僞不實或引人錯誤廣告行爲均有刑事制裁之外，我國公平交易法法定不正競爭行爲亦均有刑事制裁（除第二十四條外，乃因要符合罪刑法定主義），何獨對虛僞不實或引人錯誤廣告行爲網開一面？再者刑法第二五五條：「意圖欺騙他人，而就商品之原產國或品質，爲虛僞之標記或其他表示者，處一年以下有期徒刑、拘役或一千元以下罰金。明知爲前項商品而販賣，或意圖販賣而陳列，或自外國輸入者，亦同。」兩相比較之下，即顯不妥，亦即爲何商品之原產國或品質虛僞廣告行爲值得刑事制裁，而其他有關商品之交易條件虛僞行爲或是有關服務之虛僞標示行爲不值刑事制裁？論者或謂①我國對虛僞不實廣告行爲見慣不怪，且行爲發生頻率太高，執行恐牽連太廣，②立法者受既得利益團體之壓迫，不得不屈服現實。然而刑罰之本質並非著重懲罰，亦有教育功能，況對輕微案件或不會再犯之行爲人，法院仍得處以罰金、緩刑或易科罰金，甚至檢察官予以不起訴處分，即可免除執行短期自由刑之弊，且能儘速解決案件，至於行爲惡性重大或影響深遠或經常再犯者，施以刑事制裁，實乃適當之措施。蓋今日造成不實廣告充斥市場其主因乃在廣告主依現行法規定即使被連續處以罰鍰，仍存有可觀利潤之下，違法廣告何以能消聲匿跡？因此對於虛僞不實及引人錯誤廣告行爲，因行爲本質具有欺騙性或嚴重侵害他人權益，

施以刑罰制裁，並無不當。

如前述建議被立法者採納之後，又產生下述三問題，一是廣告主之職員刑責，二是不實或誤導廣告係由廣告主之職員或受任人所為，廣告主刑責，三是廣告代理業或廣告媒體業刑責。有關第一問題，似可依一般刑法理論予以解決，亦即如職員明知廣告主為不實或誤導性廣告仍予以幫助，依刑法總則有關幫助犯或共同正犯理論，論以幫助犯或共同正犯。唯應考慮刑法第五十七條各款情形，尤其係職員等受僱人具有期待不可能性時。關於第二問題，似可參考德、日立法例，對明知之廣告主，應與該職員或受任人一同處罰或科以罰金。有關第三問題，廣告代理業或媒體業明知廣告主所宣傳或登載之廣告係不實或誤導性廣告，仍予以宣傳或登載之刑責，解決途徑本文認為有二，其一是依如同問題一，論以幫助犯或共同正犯，其二是參考美國 FTC 法第十四條 (b) 項之規定，如廣告代理業或媒體業拒絕提供、告知廣告主之名稱、地址時，再施以刑事責任。

唯有如此方能有效制止不實或引人錯誤廣告，雖刑罰之功能並非萬能，本文亦非「亂世用重典」理論之支持者，動輒處以刑罰，並非解決問題根本之道，唯對於明知之職員、受任人、廣告主、代理業、媒體業，使其負擔相當之刑事責任，在法理上亦屬妥當。

如前所述，對於虛偽不實及引人錯誤之管制與救濟，除可由受害者向法院請求民事救濟或刑事追訴（我國公平法無刑罰規定）之外，另外一重要管制或救濟途徑即行政機關發動行政權，論者或謂廣告之管制勿須假借政府之手，消費者本來就可以保護自己之權益，而另一方面競爭同業者也會反制不實廣告之同業，如此即可達管制目的，然實際上目前充斥於市場上不實廣告，幾乎達到氾濫程度，消費者根本不知其究竟享有何種權利以對抗不實廣告，即使知悉但鑑於可觀之訴訟費用及冗長之訴訟過程，訴訟上精神之勞累及金錢之負擔可能永遠無法得到補償，縱

使受害範圍廣泛，目前並無妥當之訴訟制度使如一盤散沙之消費大衆予以集結其力量對抗不實廣告主。 再者競爭同業即使勇於出面抗衡， 但訴訟上要如何證明其受到損失及其損失與受益具有因果關係卻是相當困難。

　　在現行諸多法令中 亦有賦予行政機關管制 不實廣告權限， 例如藥品、食品、化粧品、醫師業務等廣告，其主管機關爲衞生署及各省市衞生局，農藥廣告則爲省市政府，報章雜誌之廣告主管機關爲新聞局，一般商品之標示或專利商標之標示屬經濟部，但仍然無法扼阻不實廣告。公平交易法自八十一年二月實施以後，第二十一條亦對虛僞不實及引人錯誤廣告予以規範，公平交易委員會卽成爲管制不實廣告之主要行政機關， 公平會所做的第一個處分案， 卽是有關引人錯誤廣告， 倍受廣告主、廣告代理業及廣告媒體業的矚目，以期能減少不實及誤認廣告，導正事業促銷活動，提高市場競爭公平性。然而在行政資源有限、執行經驗全無， 一般工商業者亦習於不公平競爭生態、 對法令欠缺認識情況下， 執行困難重重可想而知，因此如何有效運用有限資源及如何將法律賦予之廣泛權限分配給其他行政機關如地方政府及民間團體，乃當前迫切而重要之課題。

　　美國 FTC 係屬獨立行政委員會，不被政治影響所拘束，委員均爲中立的專家而非行政首長之政治聯合，具有彈性反應能力以處理迅速變遷及複雜工商業社會之專門知識及行政效率。FTC 下轄消費者保護局及 FTC 一半以上幕僚人力投入管制不實廣告法律工作，如此可以統一事權發揮管制廣告功能。FTC 依法律授權制定貿易慣行規則、貿易管制規則， 產業指導及政策聲明， 不僅給予利害關係以口頭公開說明意見、參與法規制定程序，及使產業界了解 FTC 執法態度及澄淸意見，而自動遵守相關法令。在行政處分方面，以中止性保證及同意處分等非正式程序，不必擴大調查或舉行聽證，使業者同意中止某些不實廣告，

不僅提高效率且達到管制目的，FTC 採用非正式程序解決問題比率高達 70%，有學者稱：「非正式行政程序實是行政程序之命脈」。另有為禁止命令之前聽證程序，使當事人有陳述意見詰問證人及提出證據等機會，在程序上保障當事人權益。又鑑於禁止命令有其本質上缺失，為彌補其缺失乃有發出「積極表示命令」、「訂正廣告命令」、「返還命令」等新類型命令。

　　日本乃繼受美國法律，因此亦有類似美國行政組織、行政命令、行政指導、非正式程序及正式審理程序等制度，唯值得注意者係於昭和四十七年修正贈表法賦予都道府縣知事一部分權限，依歷年統計表（附錄四）可知除第一年（即昭和四十七年）以外，都道府縣處理案件均比公平會處理案件多出數倍。尤其輕微或違法行為明確無爭論之事件，得以迅速處理。

　　我國公平交易法自實施以來所為處分中半數以上係針對虛偽不實及引人錯誤廣告，然而有更多被檢舉之不實廣告待調查案尚未進行，充斥於各媒體之各類不實廣告仍復如常地照刊不誤，因此，如何有效運用有限資源及如何將廣大權限賦予其他機關包括地方政府、民間團體乃是重要課題：

　一、有效運用有限的行政資源方面

　　　1.對於不實廣告除公平法之外，在其他不下數十種行政法規亦有規定，於是發生職權、法規競合現象，應與行政單位協調配合，以期減少重複調查或互相推諉情形發生，例如藥品、食品、化粧品、農藥、醫療器材、醫師業務、一般商品或服務標示、專利、商標或其他法定應標示事項等均涉兩個以上行政機關，實應儘速協調配合。

　　　2.現行法對藥品、食品、化粧品、農藥、醫療器材及醫師業務廣告均採事前審查制度，行政機關事前應嚴加審理，以期防患未然。

　　　3.報章雜誌之廣告屬事後追懲，對違法之事業均應有效地予以追

懲。

4.在法體制度許可之下，引進「非正式程序」使案件能迅速解決，以便大部分行政資源能集中在違法行爲嚴重、影響深遠且有爭議之事件上，但也應設計防止非正式程序所帶來後遺症（①易於官商勾結，②妥協內容不易強制執行，③談判不對等，傷害企業自由）之法制度，在制度上能有效予以排除。

5.改進「禁止命令」之缺失，引進如同美國新類型之命令，如「積極表示命令」、「返還命令」的可行性。

二、廣大權限賦予其他機關

除前所建議給予同業團體或消費者團體有民事訴訟當事人適格之外，依公平法第九條規定：「本法所稱主管機關，在中央爲行政院公平交易委員會，在省（市）爲建設廳（局），在縣（市）爲縣（市）政府……」，因此實應加強地方主管機關配合協助辦理公平交易法之能力，尤其係地方性、輕微性且明顯違法之不實廣告事件，地方主管機關最爲適合迅速處理之單位。

以現行有關規範廣告之法律，不該存在之不實及誤導廣告，卻充斥於報章雜誌、電視廣播等大眾傳播媒體上，而廣告主亦再三反覆爲之，其原因不外在自由經濟的現行體制下，競爭異常激烈，事業無不利用廣告推銷產品、開拓市場，難免過分渲染；而廣告製作業者及大眾傳播媒體維持生存最大經濟來源係廣告費用之收入，在不願甘冒觸犯客戶、流失客戶之危險，自然屈服於客戶之壓力。其次，消費者始終沒有意識到不實及誤認廣告無時無刻、無孔不入地侵蝕其消費自由，剝奪其存在市場經濟中的主體地位，詐取其有限所得，破壞其生活品質、權益，聽任廠商擺佈及依廠商計畫而消費。再者商會及消費者團體未能健全其組織及發揮其監督廣告功能，糾正、檢舉不實及誤認廣告。最後，有關官署對廣告的管理、取締執行不利等因素，眼睛看到的、耳朵聽到的、雙手觸摸

到的、鼻子嘴巴嗅到的、嚐到的不實及引人錯誤廣告產品如洪水般氾濫於市場中，禁不勝禁情況下，要防止虛僞不實及引人錯誤廣告可說是千頭萬緒，不過針對目前出現之弊端，一一予以改善堵塞並參考外國經驗亦不失爲良策，亦卽除法律予以規範管制及救濟外，另一途徑卽業者自律，包括廣告主自我約束，廣告業及廣告媒體業善盡社會責任，拒絕製作刊登不實及誤認廣告，建立自律及競爭規約制度，另外消費者及消費者團體之監督、商會之約束等。

總歸不實廣告問題之解決還是需要消費者意識到其權益日益被侵蝕，起而捍衞其權益，有鑑於個人力量之單薄，將多數無組織之個人力量組織成團體，藉團體組織之力量，調查市場供需情報，將消費者之意見反映給行政及立法部門，以及代表個別消費者與廠商交涉，促其改善、停止不實廣告並請求損害賠償。

由消費者自行組成團體，保護自己權益擔負審查廣告及制裁任務，防止不實廣告氾濫係最直接、具體而有效之方法，蓋前述廣告主及廣告業者，媒體之自律規範內容幾乎完全係道德上訴求，欠缺強有力之監督、制裁效果。除了由消費者及消費者團體之監督之外，另一個對不實廣告監督力量來自事業界組成之團體，制定了競爭規約，此種由業者自組團體之監督，其優點在能熟悉業界不公平競爭手法並能迅速予以判斷，進而解決問題。

參考文獻

一、中文文獻

（一）書籍

1. 王澤鑑，民法學說與判例研究，第三冊，臺大法學叢書編輯委員會編輯，1983年10月三版。

2. 立法院經濟委員會編印，審查公平交易法草案參考資料，七十六年九月。

3. 何之邁，企業經濟力集中之法律問題，黎明文化事業股份有限公司，七十八年十二月出版。

4. 呂榮海、謝穎青、張嘉眞合著，公平交易法解讀，月旦出版社有限公司，1992年2月。

5. 李鴻禧，憲法與人權，臺大法學叢書編輯委員會編輯。1989年10月五版。

6. 林益山，商品責任及保險與消費者保護，六國出版社，七十六年八月。

7. 周德旺，透視公平交易法，大日出版社，八十一年五月，一版。

8. 范建得、莊春發合著，公平交易法 Q&A，範例100，商周文化事業股份有限公司，1992年4月25日出版。

9. 范建得、莊春發合著，系列1公平交易法，健新顧問股份有限公司，八十一年四月出版。

10. 洪美華著，論商標法上商標近似的法律問題 —— 兼論美商在華訴權之爭議，中華民國全國工業總會編印，七十四年十一月。

11.徐火明，從美德與我國法律論商標之註冊，瑞興圖書股份有限公司，八十一年一月一日，臺北出版。

12.曾陳明汝，美國商標制度之研究，自版，七十五年九月增訂再版。

13.曾陳明汝，專利商標法選論，自版，六十六年三月臺初版。

14.曾陳明汝，工業財產權法專論，國立臺灣大學法學叢書編輯委員會編輯，七十九年九月增訂新版。

15.經濟部編印，各國公平交易法有關法規彙編，七十五年四月一日。

16.鄭玉波，民法問題研究(二)，臺大法學叢書編輯委員會編輯。

17.廖義男，企業與經濟法，自版，六十九年四月出版。

18.蘇永欽，民法經濟法論文集（一），國立政治大學法律系法學叢書（二十六），七十七年十月。

19.顏伯勤，廣告學，三民書局，七十三年三月版。

(二)期刊論文

1.公平交易法宣導手冊8，不實廣告的規範，行政院公平交易委員會，八十一年元月。

2.公平交易法問答資料，行政院公平交易委員會，八十一年元月。

3.公平交易法的立法精神與目的，廣告雜誌，1992年3月。

4.公平交易法與廣告，動腦雜誌178輯，1991年。

5.王志剛，公平交易法的實施成效與檢討，公平交易委員會與中興大學合辦公平交易法與產業發表研討會，八十一年九月。

6.行政院公平交易委員會公報，第一卷第一期。

7.行政院公平交易委員會公報，第一卷第二期。

8.行政院公平交易委員會公報，第一卷第三期。

9.行政院公平交易委員會公報，第一卷第四期。

10.行政院公平交易委員會公報，第一卷第五期。

11.行政院公平交易委員會公報，第一卷第六期。

12.行政院公平交易委員會公報，第一卷第七期。

13.行政院公平交易委員會（81）公處字第022號至035號。

14.何之邁，限制競爭的發展與立法 —— 從法國限制競爭法觀察，中興法學二十二期，七十五年三月。

15.汪渡村，公交法 V.S.廣告業，法律與你雜誌，第五十三期，1992年3月。

16.汪渡村，從消費者之保護論廣告之規制，軍法專刊，第三十四卷第四期。

17.杜瑋，美國反托拉斯執行問題之研究，政大法研碩士論文，七十九年六月。

18.辛學祥，論廣告之法律性，法令月刊，第三十六卷第八期。

19.林永汀，論公平交易法的連帶損害賠償責任，司法周刊，第五五○期，第三版，八十年十二月十八日。

20.林玲玉，專利授權與反托拉斯法，政大法研所碩士論文，七十年六月。

21.林榮耀，從憲法保障國民經濟之規定，談公平交易法之制定，法學叢刊，第一○三期。

22.周中臣，從言論自由之觀點論遊行法律規範之建立，政大法研碩士論文，七十八年六月。

23.周德旺，公交法下的廣告誡律，廣告雜誌，1992年3月。

24.徐火明，公平交易法對百貨業之影響，公平交易委員會與中興大學合辦公平交易法與產業發表研討會，八十一年九月。

25.徐火明，從公平交易法論廣告之法律規範，瑞興圖書股份有限公司，八十一年十一月一日，臺北出版。

26.徐火明，論不當競爭防止法及其在我國之法典化(一)，中興法學二十期，七十三年三月。

27. 徐火明，論不當競爭防止法及其在我國之法典化（二），中興法學二十一期，七十四年三月。

28. 高金枝，消費者訴訟之比較研究，臺大法研碩士論文，七十三年七月。

29. 黃美瑛，美國反托拉斯執行組織與運作之研究，經濟研究三十一期，八十年六月。

30. 莊春發，廣告與競爭 ── 參進障礙抑是參進手段（上），企銀季刊，第九卷第四期。

31. 莊春發，廣告與競爭 ── 參進障礙抑是參進手段（下），企銀季刊，第十卷第一期。

32. 張澤平，商品與服務表徵在不正競爭防止法上的保護規範，中興法研碩士論文，八十年六月。

33. 張文郁，集體訴訟制度之研究，輔大法研碩士論文，七十六年六月。

34. 陳玲玉，論引人錯誤廣告與廣告主之法律責任，臺大法研碩士論文，六十八年。

35. 陳玲玉，「引人錯誤的廣告」影響競爭秩序，中國論壇，第二〇六期。

36. 陳清秀，公平交易法之立法目的及其適用範圍 ── 以德國法為中心，植根雜誌，第八卷第六期，八十一年七月。

37. 陳俊斌，消費者保護立法之研究，臺大法研碩士論文，七十七年六月。

38. 曾世雄，違反公平交易法之損害賠償，公平交易委員會籌備處與政治大學合辦之公平交易法研討會，八十年十一月十日。

39. 曾陳明汝，巴黎工業財產權保護同盟公約之研究，臺大法學論叢，第十三卷第一期，七十二年十二月。

40.董倚玲，論虛偽不實廣告，中興法研碩士論文，六十年六月。

41.廖義男，公平交易法應否制定之檢討及其草案之修正建議，法學論壇，第十五卷第一期，七十四年十二月。

42.廖義男，西德營業競爭法，臺大法學論叢，第十三卷第一期，七十二年十二月。

43.廖義男，論不正當之低價競爭，臺大法學論叢，第十四卷第一、二期，七十四年六月。

44.廖義男，消費者保護法之行政監督，臺大法學論叢，第十八卷第三期，七十八年六月。

45.翟宗泉，研論自由與律師業務廣告，法令月刊，第三十八卷第二期。

46.蔡神鑫，美國商標法上虛偽廣告之探討，法學評論，第五十一卷十一期。

47.鄧振球，商標不正競爭之研究，輔大法研碩士論文，七十七年六月。

48.鄭哲民，公平交易法與電腦軟體業關係之研究，公平交易委員會與中興大學合辦公平交易法與產業發表研討會，八十一年九月。

49.鄭雅萍，商標使用之法律問題，臺大法研碩士論文，七十六年五月。

50.賴源河，公平交易法與消費者保護之研究，中興法學，第十四期，六十七年十月。

51.羅傳賢，從程序保障觀點比較中美消費者保護行政法制，經社法制論叢，第五期，行政院經建會健全經社法規工作小組，七十九年一月。

52.蘇永欽、陳榮傳、魏杏芳、何君豪、楊富強，「非正式程序」與「補充性規則」—— 簡介二個落實公平交易法的重要機制(上)，

經社法制論叢，第七期，行政院經建會健全經社法規工作小組，八十年一月。

53.蘇永欽、陳榮傳、魏杏芳、何君豪、楊富強，「非正式程序」與「補充性規則」── 簡介二個落實公平交易法的重要機制(下)，經社法制論叢，第八期，行政院經建會健全經社法規工作小組，八十年七月。

(三) 報紙

1.周紹賢，廣告? 你少蓋了，工商時報，八十一年九月二十三日，二十一版。

2.周德旺，公交法廣告管理條文一概念有誤，聯合報，八十一年二月十七日，十一版 。

3.陸俊賢，廣告主、代理業、媒體明年起要小心了，不實廣告將以公交法處罰，經濟日報，八十年四月二十七日，七版。

4.梁玉芳，「醫藥廣告，七成來路不明」，聯合報，八十一年十月二十八日。

5.蕭雄淋，談著作名稱之保護，著作權漫談(七十三)，自立晚報，八十年十一月十八日，二十版。

二、日文文獻

(一)書籍

1.入江啓四郎著，國際不正競爭と國際法，成文堂，1967年9月25日。

2.小野昌延編著， 注解不正競爭防止法，青林書院，平成三年十月，初版二刷。

3.小島庸和著，工業所有權と差止請求權，法學書院，昭和六十一年十一月三十日。

4.內田耕作，廣告規制の研究，成文堂，昭和五十七年九月一日。

5. 內田耕作，廣告規制の課題，成文堂，1992年12月20日初版。

6. 內田修編，判例工業所有權法，有信堂，1976年6月20日，第二刷。

7. 中山信弘編集，工業所有權法の基礎，基礎法律學大系35，青林書院，昭和五十九年四月二十八日初版。

8. 北川善太郎及川昭伍編集，消費者保護法の基礎，基礎法律學大系34，青林書院，昭和六十一年一月三十日初版。

9. 水田耕一，實踐不正競業，社團法人發明協會，1982年。

10. 田中壽編著，不公正な取引方法——新一般指定の解說，社團法人商事法務研究會，昭和五十七年九月二十日初版。

11. 田中誠二、菊地元一、久保欣哉、福岡博之、阪本延夫合著，獨占禁止法，勁草書房，1981年7月31日，第一版。

12. 田倉整、元木伸編，實務相談不正競爭防止法，財團法人商事法務研究會，平成元年五月三十日。

13. 向田直範，流通系列化と獨占禁止法，經濟法學會編，有斐閣，1982年。

14. 吉原隆次、佐伯一郎，工業所有權保護同盟條約說義，テイハン股份有限公司，昭和五十七年八月十五日。

15. 滿田重昭，不正競業法の研究，社團法人發明協會，昭和六十年七月，初版。

16. 實方謙二，獨占禁止法と現代經濟，成文堂，昭和五十二年。

(二)期刊論文

1. 八田英二，廣告の經濟的效果，公正取引，第333期，1978 年7月。

2. 小野昌延，不正競爭防止法改正の諸問題，收於無體財產權法諸問題，法律文化社，1980年12月。

3.小野昌延，不正競爭防止法と商標法，收於工業所有權の基本課題（下），原增司判事退官紀念，有斐閣，1972年3月初版。

4.小橋馨，不正競爭防止訴訟における原告適格ジュリスト，第1005期，1992年7月25日。

5.中山信弘，不正競爭防止法の改正向けて，ジュリスト，第1005期，1992年7月25日。

6.中川政直，米國における表示規制の動向（上），公正取引，第322期，1977年8月。

7.中川政直，米國における表示規制の動向（下），公正取引，第324期，1977年10月。

8.川井克倭，イギリスの取引表示法の成立の經緯とその內容，公正取引，第211期。

9.川井克倭，欺瞞的表示をめぐる法制度 —— 獨占禁止法中心とした表示關係法制の理論と構造，收於獨占禁止法講座不公正な取引方法，經濟法學會編。

10.土肥一史，比較廣告における他人の登錄商標の使用，收錄於工業所有權 —— 中心課題の解明，染野信義博士古稀紀念論文集刊行會，勁草書房，1989年1月10日，第一版。

11.川越憲治，景品．廣告規制と獨禁法制，ジュリスト，有斐閣，第873期，1986年12月1日。

12.田村善之，不正競爭行爲類型と不正競爭防止法，ジュリスト，第1005期，1992年7月25日。

13.丹宗昭信，日本の不當表示法の問題點（上），公正取引，第205期，昭和四十二年。

14.丹宗昭信，日本の不當表示法の問題點（下），公正取引，第206期，昭和四十二年。

15.江口順一，ぎまん的廣告による不正競爭とアメリカ法，收錄於
　　工業所有權法諸問題，石黑淳平、馬瀨文夫先生還曆紀念，法律
　　文化社，昭和四十七年三月十五日。

16.向田直範，先進諸國におけるおとり廣告の規制，公正取引，第
　　382期，1982年8月。

17.伊從寬，不當表示規制における公正競爭確保と消費者保護の問
　　題，公正取引，第220期，昭和四十四年。

18.江戶英雄，業界における公正競爭規約，公正取引，第322期，
　　1977年8月。

19.利部脩二，不當景品類及び不當表示防止法，公正取引，第142
　　期，1962年。

20.利部脩二，實務家のための景品表示法基礎講座一至二十三，公
　　正取引，第465至492期，1989年7月至1991年10月。

21.利部脩二，景品表示法二五年を振り返つて，公正取引，第443
　　期，1987年9月。

22.波光嚴，廣告、表示規制の動向と問題點，公正取引，第367期，
　　1981年5月。

23.松尾和子，不正競爭防止法における一般條項，ジュリスト，第
　　1005期，1992年7月25日。

24.松枝迪夫，不當廣告に對する連邦取引委員會の命令と判例(1)，
　　公正取引，第217期，昭和四十三年。

25.松枝迪夫，不當廣告に對する連邦取引委員會の命令と判例(2)，
　　公正取引，第217期，昭和四十三年。

26.松枝迪夫，不當廣告に對する連邦取引委員會の命令と判例(3)，
　　公正取引，第219期，昭和四十三年。

27.松枝迪夫，不當廣告に對する連邦取引委員會の命令と判例(4)，

公正取引，第221期，昭和四十三年。

28.岩崎晃，廣告の經濟分析（下），競爭促進の觀點からの評論，公正取引，第350期，1979年12月。

29.阿部滿，不實表示の法理，東京都立大學，第31卷2期。

30.渋谷達紀，比較廣告(一) —— イギリス法を中心に，民商雜誌，第88卷1期，1983年。

31.渋谷達紀，比較廣告(二) —— イギリス法を中心に，民商雜誌，第88卷2期，1983年。

32.宮崎紀男，安賣に表示に關りする各國の規制，公正取引，第347期，1979年9月.

33.黑田武，アメリカにおける比較廣告の實態について（上），公正取引，第434期，1986年12月。

34.黑田武、元永剛，やさしい景品表示法1至23，公正取引，第412至434期，1985年2月至1986年12月。

35.川敏明，諸外國における景品表示規制，公正取引，第260期，昭和四十七年。

36.鈴木恭藏，獨占禁止法と消費者保護，法律のひろぽ，第36卷第6期，1983年6月。

37.鈴木常雄，欺瞞的な廣告について，公正取引，第180期，1965年。

38.播磨良承、高橋秀和，比較廣告の合法的領域に關する考察（上），公正取引，第432期，1986年10月。

39.播磨良承、高橋秀和，比較廣告の合法的領域に關する考察（下），公正取引，第433期，1986年11月。

40.播磨良承，廣告と競爭限制 —— 英米法にみる比較廣告と不正競業法(2)，公正取引，第363期，1981年1月。

41.播磨良承，廣告と競爭限制 —— 英米法にみる比較廣告と不正競業法(3)，公正取引，第363期，1981年 2 月。

42.播磨良承，廣告と競爭限制 —— 英米法にみる比較廣告と不正競業法(4)，公正取引，第363期，1981年 3 月。

附錄一

聯邦貿易委員會（FTC）的組成結構

聯邦貿易委員會
FEDERAL TRADE COMMISSION

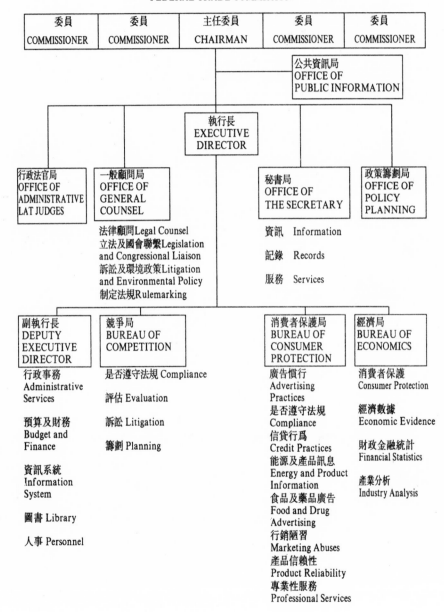

委員 COMMISSIONER	委員 COMMISSIONER	主任委員 CHAIRMAN	委員 COMMISSIONER	委員 COMMISSIONER

公共資訊局
OFFICE OF
PUBLIC INFORMATION

執行長
EXECUTIVE
DIRECTOR

行政法官局
OFFICE OF
ADMINISTRATIVE
LAT JUDGES

一般顧問局
OFFICE OF
GENERAL
COUNSEL

秘書局
OFFICE OF
THE SECRETARY

政策籌劃局
OFFICE OF
POLICY
PLANNING

法律顧問Legal Counsel
立法及國會聯繫Legislation
and Congressional Liaison
訴訟及環境政策Litigation
and Environmental Policy
制定法規Rulemarking

資訊　Information

記錄　Records

服務　Services

副執行長
DEPUTY
EXECUTIVE
DIRECTOR

競爭局
BUREAU OF
COMPETITION

消費者保護局
BUREAU OF
CONSUMER
PROTECTION

經濟局
BUREAU OF
ECONOMICS

行政事務
Administrative
Services

預算及財務
Budget and
Finance

資訊系統
Information
System

圖書 Library

人事 Personnel

是否遵守法規 Compliance

評估 Evaluation

訴訟 Litigation

籌劃 Planning

廣告慣行
Advertising
Practices
是否遵守法規
Compliance
信貸行為
Credit Practices
能源及產品訊息
Energy and Product
Information
食品及藥品廣告
Food and Drug
Advertising
行銷陋習
Marketing Abuses
產品信賴性
Product Reliability
專業性服務
Professional Services

消費者保護
Consumer Protection

經濟數據
Economic Evidence

財政金融統計
Financial Statistics

產業分析
Industry Analysis

附錄二

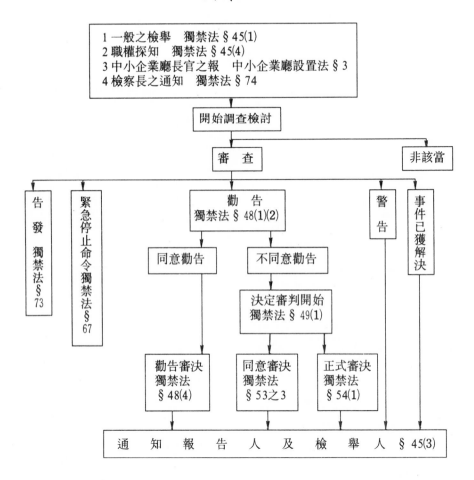

```
┌─────────────────────────────────────────────┐
│ 1 一般之檢舉　獨禁法 § 45(1)                  │
│ 2 職權探知　獨禁法 § 45(4)                    │
│ 3 中小企業廳長官之報　中小企業廳設置法 § 3    │
│ 4 檢察長之通知　獨禁法 § 74                   │
└─────────────────────────────────────────────┘
                     │
              開始調查檢討
                     │
        審　查                    非該當
```

告發　獨禁法 § 73

緊急停止命令獨禁法 § 67

勸告　獨禁法 § 48(1)(2)

同意勸告　　不同意勸告

決定審判開始　獨禁法 § 49(1)

勸告審決　獨禁法 § 48(4)

同意審決　獨禁法 § 53之3

正式審決　獨禁法 § 54(1)

警告

事件已獲解決

通　知　報　告　人　及　檢　舉　人　§ 45(3)

附錄三

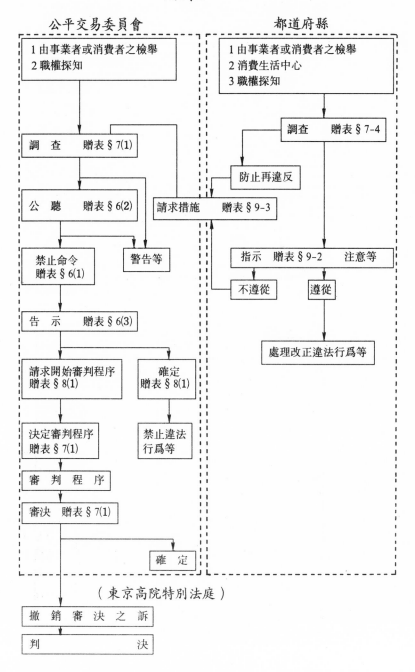

公平交易委員會　　　　　　　　都道府縣

1 由事業者或消費者之檢舉
2 職權探知

1 由事業者或消費者之檢舉
2 消費生活中心
3 職權探知

調　查　　贈表§7(1)

調查　　贈表§7-4

公　聽　　贈表§6(2)

請求措施　　贈表§9-3

防止再違反

禁止命令
贈表§6(1)

警告等

指示　贈表§9-2　　注意等

告　示　　贈表§6(3)

不遵從

遵從

請求開始審判程序
贈表§8(1)

確定
贈表§8(1)

處理改正違法行爲等

決定審判程序
贈表§7(1)

禁止違法
行爲等

審　判　程　序

審決　贈表§7(1)

確　定

（東京高院特別法庭）

撤　銷　審　決　之　訴

判　　　　　　　決

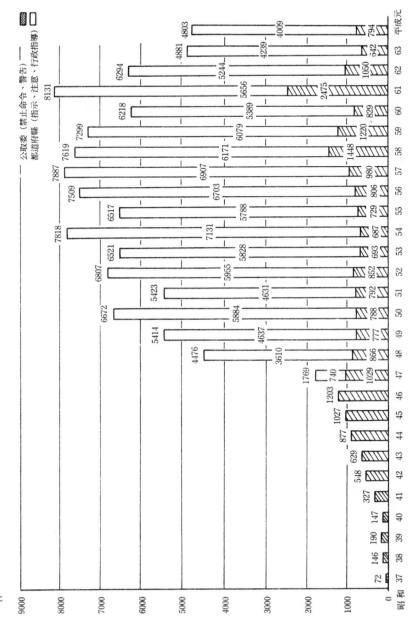

附錄 四

景品表示法違反事件措置件數の推移

公取委（禁止命令、警告）——
都道府縣（指示、注意、行政指導）

三民大專用書書目——行政・管理

企業概論	陳定國 著	前臺灣大學
管理新論	謝長宏 著	交通大學
管理概論	郭崑謨 著	中興大學
管理個案分析（增訂新版）	郭崑謨 著	中興大學
企業組織與管理	郭崑謨 著	中興大學
企業組織與管理（工商管理）	盧宗漢 著	中興大學
企業管理概要	張振宇 著	中興大學
現代企業管理	龔平邦 著	前逢甲大學
現代管理學	龔平邦 著	前逢甲大學
管理學	龔平邦 著	前逢甲大學
文檔管理	張翊 編	郵政研究所
事務管理手冊	行政院新聞局 編	
現代生產管理學	劉一忠 著	舊金山州立大學
生產管理	劉漢容 著	成功大學
管理心理學	湯淑貞 著	成功大學
品質管制（合）	柯阿銀 譯	中興大學
品質管理	戴久永 著	交通大學
可靠度導論	戴久永 譯	交通大學
執行人員的管理技術	王龍興 譯	
人事管理（修訂版）	傅肅良 著	中興大學
人力資源策略管理	何永福、楊國安 著	
作業研究	林照雄 著	輔仁大學
作業研究	楊超然 著	臺灣大學
作業研究	劉一忠 著	舊金山州立大學
數量方法	葉桂珍 著	成功大學
系統分析	陳進 著	前聖瑪利大學
秘書實務	黃正興 編著	實踐家專

三民大專用書書目——經濟・財政

— 3 —

— 5 —

三民大專用書書目——會計・統計・審計

書名	著者	學校
公司理財	黃柱權　著	政治大學
公司理財	文大熙　著	專科學校
珠算學（上）（下）	邱英桃　著	商學
珠算學（上）（下）	楊渠弘　著	淡水工商
商業簿記（上）（下）	盛禮約　著	中原大學
商用統計學	顏月珠　著	臺灣大學
商用統計學題解	顏月珠　著	臺灣大學
商用統計學	劉一忠　著	舊金山州立大學
統計學（修訂版）	柴松林　著	政治大學
統計學	劉南溟　著	前臺灣大學
統計學	張浩鈞　著	臺灣大學
現代統計學	楊維哲　著	臺灣大學
現代統計學題解	顏月珠　著	臺灣大學
統計學	顏月珠　著	臺灣大學
統計學題解	顏月珠　著	臺灣大學
推理統計學	顏月珠　著	臺灣大學
應用數理統計學	張紫波　著	銘傳管理學院
統計製圖學	顏月珠　著	臺灣大學
統計概念與方法	宋汝濬　著	臺中商專
統計概念與方法題解	戴久永　著	交通大學
迴歸分析	戴久永　著	交通大學
變異數分析	吳宗正　著	成功大學
抽樣方法	呂金河　著	成功大學
商情預測	儲金滋　著	成功大學
審計學	鄭碧娥　著	成功大學
管理數學	殷文俊、金世朋　著	政治大學
管理數學	謝志雄　著	東吳大學
管理數學題解	戴久永　著	交通大學
商用數學	戴久永　著	交通大學
商用數學（含商用微積分）	薛昭雄　著	政治大學
線性代數（修訂版）	楊維哲　著	臺東大學
商用微積分	謝志雄　著	淡水工商
商用微積分題解	何典恭　著	淡水工商
微積分	何維恭　著	臺灣大學
微積分（上）（下）	楊維哲　著	臺灣大學
大二微積分	楊維哲　著	臺灣大學
機率導論	戴久永　著	交通大學

三民大專用書書目——心理學

三民大專用書書目——美術・廣告